墓と家族の変容

墓と家族の変容

井 上 治 代 著

岩 波 書 店

目　次

目　次

第Ⅰ章　序論

第1節　研究の課題と視角

1　課題

社会学における戦後の先祖祭祀研究は、先祖祭祀の基盤である家の崩壊による先祖祭祀の変化――解体か、変質か――にその視点がおかれ、主に位牌祭祀を通じて、その変化がとらえられた。しかし、夫婦家族制が優勢な現在でも年忌や盆・彼岸などの先祖祭祀を執行する慣習的側面は継続されており、特に墓参の実修率が低下しないなど、それをどう解釈するか、現在もまだその問いに明確な回答が与えられたとはいい難い。

このような研究動向の中で、筆者はまず家族と関連の深い先祖祭祀のうち、とりわけ墓祭祀に着目する。現代日本における墓の形態の多くは家族墓で、代々継承者を決めて永続的に使用していく継承制をとっている。一般的に「墓を買う」ということは墓所としての土地を買うことではなく、永代に使用する権利(永代使用権)を買うことを意味し、その使用権は継承者が絶えて管理費が未納になれば権利を失う性格のものである。日本の伝統的な墓のあり方は「家族で入る」もの、家族は「連続する」ものという「永続性」が前提にあって成り立っている。それはかつての直系制家族であるところの家がもつ本質的特徴でもある。

ここで家族に関する用語の概念規定をしておきたい。直系家族とは、家族の外面から見た形態上の分類で、夫婦と、一人の既婚子とその配偶者、および彼らの子どもからなり、二つの核家族が既婚子を要として、世代的に結合した家族をいう。また、このような後継子の生殖家族との同居を世代的に繰り返すことにより、直系的に継続され再生産される家族の制度的側面を直系家族制という。直系家族制では、親の社会的地位・遺産・祭祀等は後継子によって独占的あるいは優先的に継承され、家族の直系的な世代的再生産の根拠となっている。この直系家族制の原則に立つ家族を直系制家族という[森岡 1997 : 13-17]。

一方、夫婦家族とは、家族の外面から見た形態上の一形式で、夫婦と未婚の子からなり、核家族が単独で存在する形態である。男女の結婚によって形成され、その夫婦の死亡によって消滅する、一代限りの家族の制度的側面を夫婦家族制という。子は長ずるにしたがって親元を去り、自分の生殖家族をつくる。夫婦家族制の原則に立つ家族を夫婦制家族という[森岡 1997 : 13-17]。また夫方妻方、双方の親子関係が同等に意識される家族である。

日本の直系制家族の典型である家は、家系上の先人である先祖を祀り、世代を超えて永続することが期待され(系譜的連続性)、またそれを可能ならしめる「世代的継承」(家長権の継承、祭祀権の継承等)に際立った特質がある。ところが、直系制家族の存続基盤は第二次世界大戦後、大きく変容した。夫婦制家族の理念が根づいた現代家族は、かつての日本の家制度のもとでみられたような、家の連続性を当然とする意識が希薄になった。つまり、超世代的にひとつの地域に存続しようと努めたり、家系の存続を強く求めて、後継子を養子で補充することも一般的ではなくなった。父子継承ラインは弱体化し、夫方妻方の双方の死者を祭祀の対象として想定するケースさえ見受けられるのが現状である。

以上のように夫婦一代性、双方性という夫婦制家族の本質的な特徴と、直系制家族の世代的継承に基づく系譜的連続性、単系性を基本とした先祖祭祀——墓や仏壇の継承——との間に整合性がなく、社会的・精神的な葛藤・確執となって今日的な問題が浮上してきていることは事実である。

先祖祭祀の重要な実修装置である墓は、現代社会で最も顕著に家意識を残すものの一つであるといってもいいだろう。墓に付随する家的システムと整合せずに顕在化した問題を中心に、墓祭祀の脱家過程を社会学的にとらえ、家族の変化に伴った先祖祭祀の変容を浮き彫りにしようというのが本研究の課題である。

また、この課題を論証することは、研究史的な課題——戦後における先祖祭祀の変容の内実が、家の衰退との関連で廃絶か、連続か、いまだ定まった結論が得られておらず、それをどう結論づけるかという課題——の解明に取り組むことでもある。

2　視　角

先祖祭祀の変化を研究するためには、先祖祭祀の基盤である家族の変化がとらえられなければならない。そこでまず家族変動の研究視点について示しておくことにしたい。

日本の夫婦制家族では、親は介護が必要な高齢期になると子の家族と同居する「晩年型同居」が多くみられ、墓・仏壇の世代的継承規範もこれまではさほど薄れず、親から子へと継がれてきた。逆に、形態上は直系家族でありながら家業の継承意識が薄れたり、親子が一つ屋根の下で暮らしながらもかつてのように一つの家族という意識はなく、実際は食事や家計を分離している家族もあるように、変質を遂げた直系制家族も少なくない。

このように現代日本の家族は、どこかに直系制家族の名残を残した夫婦家族であったり、形態上は直系家族でありながら産業化や都市化の波を受けて夫婦家族制理念が浸透した直系制家族が多く見受けられる。つまり直系家族制と夫婦家族制は、矛盾的でありながら相互浸透的な関係にあるといえるだろう。それゆえ現代家族の変容を知るには夫婦家族における直系制家族の特質の残存のしかたを追跡する手法が有効であると考える。

森岡清美は、日本の家族変動を直系家族制から夫婦家族制への類型変化ととらえ、その速度や程度を知るためには、家族そのものにおける夫婦家族率、および家族分類と同居家族の分類のずれに着目するほか、①社会的地位の継承、②財産相続、③先祖祭祀の継承からのアプローチが重要であるとする[森岡 1993：31]。筆者は、森岡のあげる③先祖祭祀の継承、なかでも墓祭祀の継承を指標として、夫婦家族制の浸透と直系家族制の残存との相互規定的なあり方を追跡しようとするものである。なぜならば、そこが家族と先祖祭祀の接点であるからである。本研究は家族変動の把握に主眼があるわけではなく、家族の変化に関しては、この接点を通して得られる知見に過ぎないが、家族理念の変化に基づいた宗教レベルの変化がとらえられることに意義があると考える。

先祖祭祀の中でも墓の継承を指標とする筆者の手法は、核家族化などの一九五〇年代後半からの高度経済成長期にみられる家族の変化をとらえるのに有効であるばかりか、一九八〇年代より顕著になった家族内の個人化や、離婚率の上昇、晩婚化、少子化、非婚化(生涯未婚化)、「ネットワークとしての家族」に親和的な新たな変化にも、その切れ味を示すであろう点を強調しておきたい。それは、一代限りの夫婦制家族が増えて家族が不連続化し、新しい傾向の生き方が市民権を得た現在でも、人が死ねば、いまだ家意識を残した墓が立ちはだかっているからである。

例えば、生涯未婚者や子どものいない夫婦、離婚して単身になった人などは、継承者がいないということで墓を売ってもらえなかったり、子どもがあっても娘だけでは、娘による実家の墓の継承問題が起きている。少子化社会にあっては、一組の夫婦が夫方妻方、双方の仏壇や墓などの祭祀継承を課せられるケースが増え、妻方の墓の継承困難はより顕著になっている。また、自立的に生きようとする妻の中には、墓を通じて夫側の家への所属を強いられることに苦痛を感じている者もいる。夫婦家族制理念が根づき、男女平等意識が根づいた社会では、父系単系で継がれてきた墓祭祀が疑問視されてこよう。

こういった状況の中、家意識の残存による永続規範に支えられた「墓の継承制」が、オグバーンのいう一種の文化遅滞(cultural lag)(1)を起こしたが[オバグーン(雨宮他訳)1944：185-264]、一代限りの夫婦制家族がさらに個人化するといった現代的な流れの中で、状況適合的に変化が起こりはじめ、代替システムが登場している。

その一つが、一九九〇年ごろから継承困難な人々の受け皿として登場した継承を前提としない墓である。さらには九一年より墓石を建てずに自然に還る散骨という葬法が登場し、九九年には墓域を設けるが、墓石を建てず墓石の代わりに樹木を墓標とする樹木葬が出現するなど、継承制から脱却し、自然を志向する傾向が見受けられる。本研究は、従来の家の永続規範に基づく墓の継承制からみると問題を抱える人たちが、いかにして伝統的な形態から脱却しようとしているかを視野に入れ、家族変動と先祖祭祀の変容の解明を試みるものである。

第2節　先祖祭祀研究の成果と課題

本節では、日本の先祖祭祀研究における本研究の射程を明らかにするために、戦後の先祖祭祀研究を社会学を中心に、人類学、民俗学を交えて研究史的に検討する。その際、本研究は、地域でいえば日本、時代でいえば第二次世界大戦後、階層でいえば庶民を対象として、家族と先祖祭祀の変容を分析するものであるため、膨大な先祖祭祀研究の中でも、本研究の対象にかかわる先行研究に限ることを前もって断っておきたい。

先祖祭祀の研究方法については、M・フォーテスが、タイラーの示唆を踏まえて、宗教的アプローチと社会構造的アプローチの二つをあげている［フォーテス（田中訳）1980：164］。筆者は、宗教的信仰と慣行のシステムとして、つまり死や他界、霊魂や幽霊などの力についての諸概念、そして祈禱や供犠の儀礼についての信念や教義を決定的要素とする宗教システムとして考察する宗教的アプローチではなく、主として当該社会の、とりわけ家レベルでの、社会関係の構造の一様相として研究する社会構造的アプローチ(2)を選択するため、本節でとりあげる研究もその方向に沿ったものに限定する。

また、「先祖」と「祖先」の語があるが、森岡清美や上野和男がそれを「同義の異語」と指摘しているように(3)、筆者もこの二語を同義としてとらえ、そのうえで森岡のいう古代から一般的に使われていたと推定しうる「先祖」の語、上野のいう「民俗語彙」としての「先祖」の語を使用することにする。ただし、原文をそのまま引用する時のみ、研究者の選択した言葉で表記する。

1　家・同族における先祖祭祀の研究

家・同族と先祖祭祀の研究

戦後の先祖祭祀研究は、敗戦直後（一九四六年）に刊行された柳田國男の『先祖の話』（筑摩書房）が出発点となったことは言うまでもない。日本人の霊魂観、特に先祖観を民俗的事実を通して検証した柳田学説は、社会学では有賀喜左衛門をはじめとし、その後に続いた研究者によって評価と批判が加えられた。

この期の先祖祭祀研究の特徴は、家・同族研究を通じて進められたことである。なぜならば竹田聴洲が「家は実に祖先崇拝の座である」と言及したように、祖先崇拝は家の構造そのものに胚胎しているからにほかならない。よって祖先崇拝の構造を明らかにするには、まずその前提として家の構造が明らかにされなければならないとし［竹田 1957：13］、竹田は宗教の側面から家・同族と先祖祭祀の関連について究明した。一方、中野卓が家を「家産にもとづき家業を経営し、家計をともにし、家の祖先を祀り、家政の単位また家連合の単位となる制度体（制度的核たる団体）」と定義したように［中野 1958：51］、日本の家は宗教性を内包しているがゆえに、家・同族研究の側面からも先祖（祭祀）の解明は進んだ。米村昭二も「祖先崇拝は、家と同族に固有の行事であり、この二つを祭祀単位としてきた。また、家と同族は、祖先崇拝によって、排他的で恒久的なコーポレーションとして存続することができたのである」とし、家・同族における先祖祭祀の位置や機能について論及した［米村 1974：27–28］。

柳田・有賀が指摘した先祖

有賀喜左衛門は、柳田國男の先祖研究を評価しながらも、柳田の論及し尽くせなかった次の二点について持論を提示した。

その一点は、柳田が『先祖の話』で明確にした「家の創始者（とそれ以降の代々の人々）」としての先祖［柳田 1946：6-7］に加えて、有賀は、同族に着目し「家の出自の先祖」が二重に存在していることを明らかにした。この二重とは、「一は個々の家の創始者以後の代々の人々をさすが、他は家の本末の系譜が存在する場合に本家の先祖（代々を含めて）をさす」［有賀 1969a：338］。つまり後者の先祖を、その家が存在するに至った「家の出自の先祖」と位置づけ、「本家と末家との関係においては、末家にとって本家は出自の家であったから、末家は有力な出自（本家）を持つことがその地位を高める結果となった」と説明する［有賀 1969a：343］。

本来「出自」とは、「ある個人とその人の祖先との間に認められる社会的・文化的な連結をさす」（傍点筆者）［正岡寛司 1993：976］、また「親族のコンテクストで個人の由来と帰属を規定する」(傍点筆者)［清水昭俊 1996：428］とあるように、一般的には「個人」を基点としてとらえる概念である。しかし日本のそれは、分析単位が「個人」だけではなく「家」それ自体も単位となっているところが特徴的である。

さらにこの二重の先祖にも二種類があることを指摘した。それは①同族制社会で分家・別家が自分の家の先祖と本家の先祖の二重の先祖を祀る、②新たにできた別本家(4)の系譜にも現実の創設者以外に、権威づけのために中世やそれ以前の豪族(源平藤橘など)を家の始祖とする二重の先祖の存在をもつ、である。そしてこの二つを機能面から整理して「一は現実の家の共同関係と結びつくものであり、二は現実の家の共同関係とは結びつかないが、これを強くまとめる作用を持つもの」と整理した［有賀 1969a：345］。

柳田や有賀によって明らかにされた先祖の類型をまとめると、本家末家それぞれの家で祀る家の創始者(それ以降)と、末家の出自として祀る本家の創始者、さらに本家の出自として権威づけに祀る源平藤橘といった伝承的擬制的先祖の三種類である。

有賀が柳田の知見に対して異論を提示したもう一点とは、柳田が曖昧なままにしておいた先祖と氏神との関係に、二重の先祖という視点から言及したことである。日本では屋内に仏壇と神棚が併存していることを重視し、家の初代以来の代々の先祖が仏教の戒名を受けてあの世に行くようになっても、家の中ではカミガミを祀った神棚と仏壇とを別にしてきたことは、カミガミと先祖の間に何らかの差別を認めていたことを示すとし、その背景に「家の現実の先祖を出自の先祖と区別した伝統」をあげている［有賀 1969b：379］。日本人にとって仏教を受け入れる信仰基盤に氏神信仰がある。神棚には出自の先祖としてのカミガミを、仏壇には初代以来の歴代の先祖を祀り、ともに個々の家を守る守護神であると位置づけた。そして「ホトケ」の語源にも及び、「ホトケとは仏に由来する言葉であるが、それは大乗仏教における仏(覚者)とは異なる家の守護神の意味を持っていた。そして仏教渡来以前から先祖にはこの意味があった」と、ホトケ観念の分析へと発展させた[有賀 1969a : 351]。

先に触れたように、筆者は先祖祭祀を信仰や信念体系などから研究する宗教的アプローチをとるものではないが、その視角から二つほどつけ加えておくことにしたい。有賀が、カミガミも先祖も守護神的存在であるといったが、米村昭二が言及しているように、先祖が祝福と恩恵を与えるのは、祀られる権利や家長に預託された責任が満たされた場合においてのみであって、祭祀が不十分であったり、不注意や怠慢によって、祭祀が断たれ、その権威が否定された場合、先祖は「祟る」と観念されている[米村 1974 : 28–29]。これが家の永続規範と表裏をなしている。

また孝本貢は、宗教的側面から有賀にない柳田の論及として、「死んで自分の血を分けた者から祭られねば、死後の幸福は得られないと言う考え方」、すなわち「血食の思想」[柳田 1967 : 210–211]をあげている。それは彼岸での救済観であり、かつ、死者の彼岸での苦悩は子孫に影響を及ぼすという信念を含む救済思想でもあって、先祖祭祀をとらえる場合に、重要な指標を構成するものであると指摘している[孝本 2001 : 5]。

櫻井・伊藤の「先祖の類型」

櫻井徳太郎は、柳田や有賀の指摘した先祖観を踏まえて、これらを整理し先祖観の類型化を試みている。櫻井は、日本人の先祖観を形成する要素として、第一、直接経験的領域を通して具象的に祖先を観念する場合の〈直接経験的具象的祖先観〉と、第二、間接経験的に祖先観が形成される領域の〈間接経験的観念的祖先観〉、第三は、経験の範囲を超え、実際の血縁的系譜を超越し、イデオロギーとして形成された観念としての〈イデオロギー的抽象的祖先観〉の三つをあげている[櫻井 1977 : 196–206]。

ここで注目されるのは、第三の〈イデオロギー的抽象的祖先観〉に、「絶対天皇制統治イデオロギーを強調浸透させるために提唱された家族国家観」にみられる超系譜的空想的祖先観[櫻井 1977：204]が加わった点である。

この先祖観に関しては、森岡清美が、「わが国近代の国家権力が民衆に示し、民衆に受容と実践を迫った、祖先を介して家と国を結びつける信念体系」としての「祖先教」について言及している[森岡 1976：24-45]。その中で森岡は、櫻井の第三の先祖観を、①近世以前の豪族名家の系図に表われる「伝承的」もしくは「擬制的祖先観」と、②近代の家族国家観の基礎とされた「抽象的なイデオロギー的祖先観」とに再分されなければならないと指摘している。その根拠として、有賀が指摘した①に属する「出自の先祖」は、自家の出自を遡らせて中央名族（一般的にいえば源平藤橘）の系譜に結びつけるところに成立する、いわば「下から積み上げた祖先観」であるのに対して、②は国家権力の側で「上から下へとおろしてきた祖先観」であると、その違いを述べている。しかし、こうした天降り的祖先観、イデオロギー的祖先観が可能であるひとつの条件は、積み上げる伝承的擬制的祖先観という地盤があったからだとして、森岡は重層的構造があることを指摘している[森岡 1976：25]。

同じ時期に、伊藤幹治は、日本人の先祖観を総体としてとらえるためには、〈実態としての先祖〉と〈観念としての先祖〉という二つの型の先祖をどうしても設定する必要があるといっている。民間の「ホトケ」（家の創始者とそれ以降の人々からなる）を〈実体としての先祖〉といい、有賀が設定した権威づけのための「出自の先祖」を〈観念としての先祖〉と類型化した[伊藤 1974：17-18]。

日本の家は血縁よりも系譜を相対的に重視してきた。この「系譜性」は「永続性」と表裏の関係にある。「永続性」は系譜の観念に根ざして存在し、逆に「系譜性」は永続性が前提となっている。この二つの原理の接合が「系譜的連続」という概念である。伊藤は、この概念が家の二つの先祖と構造的に連関していると指摘する[伊藤 1974：20]。

伊藤は観念としての先祖のカテゴリーに入るものとして、中野卓「神話的な先祖」[中野 1967 : 16]、諸戸素純の「始祖」[諸戸 1972 : 375-388]、櫻井徳太郎の「間接経験的観念的祖先」「普遍的抽象的祖先」[櫻井 1990 : 449-457]をあげた[伊藤 1974 : 21]。

伊藤も、家族国家観について「家」と先祖の構造的な展開として言及し、家族国家観の成立の基礎に、日本の社会の深部にある自己と他者、あの世とこの世、生者と死者とがそれぞれ〈連続〉しているという基本的な考え方や、「公」と「私」の関係を貫く論理、すなわち、分家にとって本家は「公」の関係にあり、本家にとって分家は「私」の関係にある。しかし分家も自分の分家を創設する時点で、「公」の位置におかれるといった〈転移〉という土着の論理が貫いていると指摘するに留まっている。

研究の展開

家・同族組織との関連で進められてきた先祖祭祀研究を、戦後から一九七〇年代までたどってきたが、途中で総括的な研究大会が開催されていることを付け加えておこう。それは一九六七年の日本民族学会・第六回研究大会(於東京教育大学)である。「祖先観と社会構造」を全体テーマとしたこの大会では、日本の先祖観について櫻井徳太郎が「日本人の祖先観——歴史民俗学的立場——」と題して、先祖の類型化を行った。これは先に触れた七〇年代に活字化された櫻井の先祖の類型化のもととなる発表である。さらに中野卓が「家・同族と先祖の観念」、ヘルマン・オームズが「家のシンボルとしての先祖」という論題で報告をし、家・同族の構造的側面から先祖祭祀を位置づけようというアプローチの総括的な大会となった。

このように先祖祭祀研究は、家や同族組織と先祖祭祀の関連で進められ、一九七〇年以降もこのアプローチによる先祖祭祀研究が展開されたことは先に言及したが、しかし別の角度からの研究が急務となったことも事実であった。なぜならば戦後の民法改正で制度的に家が解体され、続く高度経済成長期の社会変動に伴って起きた核家族化で、実体的にも家が解体されていったからである。先祖祭祀にとって構造的な関連を持つ家の解体は、危機を余儀なくされると予測された。そうなると、先祖祭祀の基盤である家の崩壊による先祖祭祀の変化に、その視点がおかれるようになるのである。

人類学からの先祖祭祀研究の展開についても言及しておくことにしたい。日本の先祖祭祀について研究した外国人研究者にはロナルド・ドーア[Dore 1958]、デイビッド・プラス[Plath 1964]、ヘルマン・オームズ[Ooms 1967]、ロバート・スミス[Smith 1974]らがいる。彼らはみな一九七〇年代以前の先祖祭祀研究において指導的な立場にあった文化人類学者のマイヤー・フォーテスの影響を少なからず受けている。フォーテスは、ラドクリフ＝ブラウンの構造主義を継承しながら、これを発展させた。彼の方法論の特徴は、アフリカに典型的にみられる単系出自を基礎とする親族組織との関連で、社会構造的枠組に絞って研究している点である。フォーテスにとって、系譜関係とは出自関係を指し、さらに出自集団とは単系集団のみを示す。

このように人類学では最初、単系出自を基礎とする親族組織をもつアフリカを主たるフィールドとしてモデル構築を行い、それが先祖祭祀の概念規定となっていたが、その後オセアニアなど他の地域の研究が進み、また親族イデオロギーではなく、実際の親族行動や集団構成などの究明に関心が移るに連れて、厳密に単系的な出自集団などそもそも存在しうるのかといった疑問が提示された。非単系的出自集団の研究が進む中で、さまざまな社会における系譜観念の多様性のみならず、その恣意性が、そしてさらには親族イデオロギーと親族集団・行動との乖離などが明らかにされた[田中真砂子 1996：865]。

そうなれば、果たして先祖祭祀が単系親族組織をもつ社会に固有の現象なのかどうか、単系親族組織ではない社会では先祖祭祀は存在しないのかどうか、存在するとすればどのような特質を持つのか、といった問題が提起された。その結果、双系出自の場合をも含めて論じ、地域的偏差や多様性を認める方向で研究が進んでいった。ちょうど日本の先祖祭祀研究が家・同族における単系的な先祖祭祀から、双方的な親子関係をその特徴にもつ夫婦制家族における同様の祭祀行為に関心が移行した時期と重なった。双系出自を含めた地域性研究で得られた知見が、夫婦制家族における広義の死者祭祀の解明にもつながることを想定しつつ研究が展開された。

2　先祖祭祀研究の二つの流れ

二つの流れ

前項で言及した先祖祭祀研究の展開を踏まえて、一九七〇年代以降には二つの研究の流れが認められると、上野和男[上野 1992 : 12–14]や孝本貢[孝本 1992a : 23]が指摘している。

①は主に人類学や民俗学の領域から、相対的に伝統的な社会に目を向け、家のさまざまな偏差や非家的(双系的)先祖祭祀の存在を掘り起こすなど、先祖祭祀の地域的多様性を明らかにする地域偏差研究である。②は主に社会学の領域から試みてきた、戦後の家制度の廃止と高度経済成長の影響をを受けた家族の変化、つまり直系家族制の家から夫婦制家族へと移行する中で家と関連の深い先祖祭祀の変容を探る動態的研究である。

筆者は①を視野に入れながらも②の視座から調査・分析を進める。特に「先祖祭祀の動態的研究」でいえば、先祖祭祀の「座」であった家が法的にも崩壊し、夫婦制家族理念が浸透したにもかかわらず、墓参などの先祖祭祀の実修的側面が衰えをみせないという現状を、どう理論づけるか、この課題に挑んでみたい。

まずはじめに地域的多様性を明らかにする地域偏差アプローチとその研究成果に触れ、次に先祖祭祀の変化を明らかにする動態的アプローチとその研究成果について言及する。

先祖祭祀の地域偏差の研究

異文化間の比較的視座をもつ人類学は当然、異なった地域の親族や先祖祭祀の形態には常に敏感で、一九七〇年代以降の日本人研究者においても、多様な先祖祭祀の形態に注目した研究が展開されていった。

蒲生正男は、長子相続(所謂「姉家督」をも認めた)であろうと、長男子相続であろうと、あるいは末子相続であろうと、差別的価値の永続をめざして単系的相続を特徴とする限りその家族は「家」であるとして、「家」のさまざまな「偏差」を指摘した[蒲生 1970 : 52-53]。ここでは蒲生の家の概念規定の妥当性を問うものではない。七〇年代以降の先祖祭祀研究において、日本の社会構造的特性の地域偏差、すなわち東北型－西南型、同族型－講組型－年齢階梯型といった形で提示された社会構造の多様性が研究対象となったことをおさえておきたい。それが親族・家族組織とも関連することから、主に人類学は先祖祭祀のあり方の地域的多様性と社会構造的多様性の相関関係の発見に力を注いできた。すなわち単系よりも双系的、家的よりも非家的といった社会・親族構造やそこにおける先祖祭祀のあり方を丹念に拾いあげてきたのである。

村武精一は、早くから民俗学の分野で報告されていた半檀家制(複檀家制)を手がかりに、先祖祭祀からみた系譜関係の諸形相の五つのモデルを提示し、その中で家の構造に関係しない親子関係が存在することを明らかにした。またこれらのモデルを、奄美・沖縄社会での親族集団や祭祀集団への所属と比較し、日本の先祖祭祀は単系出自および家原理ではとらえきれない地域偏差・多様性もっていることを指摘した［村武 1970：120-130］。

この村武の指摘は興味深くはあるが、親子関係や親族組織のあり方を寺檀関係で判断することに、筆者は一考の余地があると考える一人である。寺檀関係とくに半檀家はかなり複雑なもので、種々の形態が報告されている。竹田聴洲は、一家の中で家族が別寺の旦那という事態が成立ないし保持された背後には、関係する旦那寺の利害が絡むという事情も看過できないという［竹田 1976：140-142］。寺存続の利害と先祖の祭祀を託す檀家側の要請で半檀家制になったところもあるとすれば、これをもって一概に親子関係の類型化を試みるのは、筆者としては避けたい(5)。

民俗学の方法論は、人類学のような異文化間の比較的視座に立つものではないが、日本国内に現在も残る民俗的事象を丹念に掘り起こしている。「位牌分け」「オヤジマイ」など、単系だけではない地域的に特徴ある先祖祭祀形態に注目して、先祖祭祀の地域的変差や多様性を明らかにする研究の成果が報告されている。

非単系的な先祖祭祀の研究は、村武につづいて牛島巌や上野和男の位牌祭祀の研究、さらに上野の祖名継承法の研究などが展開された。特に一九七五年以降、非単系の家族や親族組織として注目されたのは奄美の先祖祭祀であった。父方の先祖に加えて母方の先祖の位牌や墓を祭祀する双性的な先祖祭祀が報告された。こうした先祖祭祀が奄美における伝統的で双性的な親族組織（ハロウジ）と関連する事実が明らかにされたのである。この場合の「双性的」とは、laterality と lineality の語を区別すべきであると考える研究者の間で、bilineal の訳語を「双系的」とし、それと区別した bilateral の訳語として当てた語である［蒲生 1970：50-51、73 注5］。筆者は後者を「双方的」という。詳細は後述するが、ここでは親子関係、親族関係を分析するのに、出自・系譜観念を示す「系」のない用語とその概念が意識されたこと、また子どもにとって父方母方の双方と同等の結びつきを意味する語であることに注目しておきたい。

先祖祭祀の実修装置には屋内の仏壇と屋外の墓が一般的である。これまで多くの研究が位牌や仏壇を対象に研究を行ってきた。それにはR・スミスや森岡清美らの研究があるが、それは「動態的研究」の項で述べるとして、ここでは地域偏差研究における位牌祭祀研究を取りあげる。

代表的なものとして上野和男による位牌祭祀の類型化をあげておきたい。上野は全国的な七つの事例から、日本の伝統的で多様な祭祀形態を「世代深度」と「祭祀対象者との親族関係」を指標として、先祖祭祀の観念や家族の類型との関連から位牌祭祀の類型化を試みた。それは父系型・位牌分け型・双系型の三類型に大別でき、「父系型」は世代深度が比較的深く、父方の先祖の位牌のみを排他的に祀る形態で、家的原理に基づく一般的な位牌祭祀といえる。「双系型」は世代深度が比較的浅く、父方の先祖のみならず妻＝母方の先祖をも合わせて祀る形態である。父系型・双系型の中間にあるのが「位牌分け型」で、父方の先祖の位牌に加えて世代限定的に妻＝母方の先祖を祀る形態である[上野 1985：243]。「双系型」の調査地は奄美で、「位牌分け型」は長野県佐久地方、群馬県、栃木県、伊豆利島、愛知県などの村落で確認され、関東・中部地方、東北地方南部に分布の可能性がある[上野 1985：218]。

以上のような興味深い知見が掘り起こされたが、奄美は南九州だけではなく琉球文化の影響を受けた地でもあるため日本文化圏とは言い難い。本研究では日本の版図の内でも日本文化圏に限って地域比較をしないと意味がないと考える。同じ日本文化圏にある「位牌分け」地域では、墓はどうなっているのか。位牌は容易に複製できるので関係者でそれぞれに祀りやすいという傾向があるが、一人の死者をあちこちの墓で祭祀しているのか否か。位牌祭祀だけで親子関係・親族組織の地域的多様性は言い切れるものではないと思われるので、筆者は「位牌分け」地域ではない地域であるが、墓祭祀からの分析を試みる。

社会変動に伴う先祖祭祀の動態的研究

世界の人類学のフィールドが、単系親族組織から非単系的組織を持つ社会を含む方向に移行し、日本でも伝統的な社会における非家的・双方的な先祖祭祀の研究成果が蓄積された。同じ頃、社会学の分野では、双方的な親子関係をもつ夫婦家族の増加によって、家族構造の変化による先祖祭祀の動態的研究が主流となった。

外国人研究者の中にあって、R・スミスは単系親族集団という枠組をはずして、「リニッジ組織を完全に欠く」社会を視野に入れて調査を行った［スミス(前山訳)1981：3］。具体的には一九六三年に都市部、農村部の両方における大量サンプルの位牌調査を行い、戦後の日本社会で位牌祭祀の対象者を分析し、日本人が誰を先祖と考えるかを明らかにした。複製の位牌、弔い上げを過ぎて五〇年や一〇〇年を経た位牌、母方親族、非親族のもの(恩人や愛人、先生や他人)の位牌まで確認し、都市部で妻方、母方、養子の実家などの非系譜親族の位牌をも祀っていることを指摘している。調査対象となった世帯の大多数が夫婦家族であり、非系譜親族の位牌の中では妻の親族のものが他の母や養子の親族のものよりはるかに多かったことから「家中心的祖先崇拝に向かって家族中心的祖先崇拝の台頭のためのくさびが打たれている」と推断している［スミス(前山訳)1983：269］。今までの文化人類学の単系親族組織を持つ社会に特有の先祖祭祀という分析枠組では全くすくい取れない範囲の人々に対する祭祀が、スミスの調査によってとらえられた。

スミスは、親族集団内の連帯にかかわる先祖崇拝とは別に、私的な人間関係から祀られる祭祀を分離させて、はるかな昔の死者に対する礼拝(これは本来、家にかかわる問題)は次第に影が薄くなっていき、近年故人となった親族の者に対して愛情を表現する傾向、すなわち単純化された形で礼拝を行う傾向がますます表面に出てきたと述べ、これを私的情愛の領域での memorialism(追憶主義)と位置づけた［スミス(前山訳)1983：354］。この見解は人類学者フリードマンに遡る。彼は、分析モデルを lineage level と domestic level に分け、祖先崇拝 ancestor worship と家庭祭祀に主眼をおく追憶主義 memorialism と区別した(6)[フリードマン(末成他訳)1991:122–123]。

フリードマンのこの見解はフォーテスにも継承された。前山隆は、フォーテスが言及している出自と親子関係の違い[Fortes 1970:106 他]を次のようにまとめている。

「かれは、出自関係 descent を親子関係 filiation から明別し、出自関係は『政治的法的領域』に係わり、単系的で、集団の成員権(市民権)に関する原理であって、相続問題と継承、集団内の連帯意識、権威の問題に本質的に直結しているのに対して、親子関係《フィリエーション》は『家庭内領域』に係わり、双系的で、子弟の教育や保護、つまり関係者間の情愛やモラルの領域に関する原理であるとする」[前山 1983:381]。

蒲生正男も、父系原理に基づく「同族」組織と、姻戚を含む双系原理に基づく「親類」組織とは、必ずしも機能的に分化されず、構造的に背反する性格を帯びている場合が多いと指摘する。たとえば、ムラのマキには「同族」や「系族」などの「出自集団」に比定しうる組織原理とは別に、「親類」に比定しうる親族原理がある。あるムラにおける、父方と母方の「親族関係者」の区分がかなり明確にされている事例や、何かにつけて妻=母方の血縁を意識し儀礼的に重視しているマキの存在、また盆や正月に母や妻などの実家のホトケオガミも欠かさないマキがあることを報告している[蒲生 1970:50–58]。

日本人による先祖祭祀研究も、家が解体され、夫婦家族制になっても死者への祭祀が行われている現実に遭遇して、その学問的な解明に向かった。いち早く家族問題研究会が家族の調査を実施(一九六五〜六六年)している。調査を行った森岡清美は、神棚・仏壇の保持率は農村、商業地区、住宅地区の順に低下し、同じ地区の中では拡大家族よりも核家族の保持率が格段に低くなっている状況から、この調査結果の示唆するところは、都市化が進み、核家族化が進むとともに、神棚・仏壇といった家の宗教性を端的に示す家庭内施設が、影をひそめてゆくということである、と分析した[森岡 1984 : 28]。

ところが、森岡が「影をひそめていく」と結論づけた仏壇が、一九七〇年代にはその購入者を増やし、仏壇ブームが起こった。また、都会の宗教浮動人口を吸収して勢力を伸ばした新宗教においても、先祖祭祀は強調される傾向がみられたり、世論調査などから墓参の実修率の高さがわかるなど、年忌や盆・彼岸の祖霊供養や先祖祭祀が継続されていることを示すデータが次第に確認されていった。新民法による夫婦家族制の理念が定着すれば先祖祭祀は衰退していくものと予測されたが、そうとは言い切れない状況があった。

そうなれば研究の方向は衰退論から、夫婦家族制を基盤にした双方的な先祖観の実態解明という変質論へと転換した。森岡清美は、先祖には、家系上の先人を中心にいわば直系的に連結されている「家を前提とした家的先祖」の他に、双系分枝上に連結されている「家を前提としない非家的先祖」の存在を想定した[森岡 1983 : 100]。森岡は「近現代日本における先祖祭祀の変容を、家の変化との関連で追跡し」[森岡 1984 : 3]、その結論を「直接経験したことはおろか間接経験さえない遠い先祖まで含む、系譜的な先祖観から、直接経験の範囲内の近親に限る代わりに、双系に拡がる先祖観への変化である。また、系譜上の先人であれば選り好みなく含めなければならぬ義務的な先祖観から、追慕哀惜の対象となる近親の故人に限る任意的な先祖観への変化である」と要約している[森岡 1984 : 224]。

高橋博子は、静岡県掛川市の中高年世帯を調査対象にし、仏壇新設置の契機が「配偶者の死」によることが多いことから、「夫婦伴侶性という現代家族の新しい機能は、先祖祭祀に於いても配偶者との横の関係の密度を高める。すなわち、配偶者と幽明境を異にした時、配偶者に対する祭祀は最も密度の高いものになる」という仮説を検証した。また「家の継承を第一義とする先祖祭祀の儀礼は減少する」が、先祖と子孫の「心的交流」は存在すると結論づけた。現代家族にとって仏壇・神棚祭祀は、縦系列の先祖祭祀より近親者の死霊供養の機能を果たすと分析し、「心的交流」

のキーワードを提示した［高橋 1975：39–52］。

また孝本貢は、位牌はその形質上、複製が容易に可能なので、位牌の調査のみをもって先祖祭祀の変容をみるのは十分でないということから、岡山県倉敷市の市営中央墓地の調査を行った。その論文に対するコメント[(7)]で藤井正雄は、孝本がそれまでに提示した三つの仮説を紹介している。すなわち①系譜的先祖観から、家族のすべての過去の成員を先祖とみなし、さらに霊友会系新宗教のそれに窺われるような双系的先祖観への変容、②祭祀継承者は家長－後嗣という属性は必要条件とはならず、兄弟の内で適当なものが選ばれるといった状況適合的となっていること、③霊友会的新宗教に窺えるように、現代家族の不安定な生活状態から、先祖の守護神的性格は観念されにくくなり、処罰的な性格を帯びやすく、R・スミスのいうように、死者に対して助けを求めて祈願が行われる〈先祖崇拝〉よりも、死者のために祈りが捧げられる〈先祖供養〉に傾いていること、とまとめている［藤井 1988：108］。また孝本は、霊友会系諸教団における先祖祭祀観の特徴をもって、夫方妻方双方を含む「双系の先祖観」の存在を指摘し、「縁的先祖祭祀」などのキーワードを研究成果として提示した［孝本 1978a：63–64］。藤井も都市の宗教浮遊人口の実態を分析し、「底辺には故郷喪失・脱祖先観の思想がうずいている」と結論づけ、変動を浮き彫りにした［藤井 1974：219–224］。

先祖祭祀研究の課題

戦後における先祖祭祀の研究の展開をたどってきたが、いま課題となっているものを提示しておくことにしたい。

社会学における先祖祭祀研究の立場から孝本貢は、家・同族と先祖祭祀の研究は、それ自身が日本社会の実証的研究に基づいて蓄積されていったものであるがために、それが指し示した想定、つまり家・同族の弛緩・解体は先祖祭祀の衰頽《すいたい》・廃絶に連なるという説は後続の研究に強く影響を与えていったが、家・同族が弛緩・解体していくことと、先祖祭祀が衰頽・廃絶していくことが必ずしも直接結びつかないのではないかと問題提起する。

一九六〇年代までの先祖祭祀研究は、先祖祭祀の展望については衰頽、消滅を基軸にしていたが、七〇年代に入ると、先祖祭祀が衰頽・廃絶して行くであろうという見解が再検討を迫られていったと述べ、その要因として三つあげている。第一は、世論調査の結果に、先祖祭祀衰頽の傾向が示されていないこと、第二は、先祖供養を標榜する新宗教の教勢伸長があげられ、第三は、近隣文化圏での先祖祭祀をめぐる今日的状況に衰頽の傾向が見られないことをあげる[孝本 2001 : 7–10]。

さらに孝本は、現代日本社会における先祖祭祀のとらえ方には、廃絶の方向、連続の方向、私生活化の方向、思慕へ比重が強くなる方向、新しい先祖観の出現と、さまざまであり、定まった把握に至っていない。その枠組をどう把握し直すか、という研究史的な課題を指摘する[孝本 2001 : 11]。

筆者は、家・同族の弛緩・解体は先祖祭祀の衰退・消滅に連なるという立場に立って論を進める。ただし、あくまでもそれは家・同族と構造的関連を持った日本の伝統的先祖祭祀の衰退であること、またその変化は緩慢であることの二つを前提にしての見解である。本研究では、一九九〇年代以降の墓祭祀の変化で、家的な墓祭祀が衰退したあと、代替として出現した新たな墓、およびもはや墓に含むことのできない形態を分析し、筆者の見解の妥当性を検証する。

第3節　関連概念と基本想定

本研究のかかげる課題、つまり戦前の家制度時代に定着した墓祭祀の戦後における脱家過程をとらえようという課題に取り組むにあたり、「先祖」「祭祀」「供養」「墓」の概念規定と、基本想定を提示しておくことにしたい。

1 先祖

R・スミスは、親族集団内の連帯にかかわる先祖崇拝とは別に、私的な人間関係から祀られる祭祀を分離させ、前者のはるかな昔の死者に対する家的な礼拝は次第に影が薄くなっていき、近年故人となった親族の者に対して愛情を表現する傾向が表面に出てきたと述べ、これを私的情愛の領域での memorialism（追憶主義）［スミス（前山訳）1983：354］と位置づけた。柳田・有賀の知見、櫻井や伊藤の整理・分類などから得られた三種類の先祖のうち、①「直接経験的具象的祖先観」「実態としての先祖」「近い先祖」の流れが拡大し、②「間接経験的観念的祖先観」「観念としての先祖」「遠い先祖」や③「イデオロギー的抽象的祖先観」「普遍的抽象的祖先」の後退が位置づけられたといえよう。

森岡清美は、「家的先祖」の他に、「家を前提としない非家的先祖」を想定した。家的先祖を「系譜的な先祖」とし、非家的先祖を「近親に限る双系に拡がる先祖観念」、「追慕哀惜の対象となる近親の故人に限る任意的な先祖観」とし、戦後の変化は、家的先祖から非家的先祖への移行と位置づけた［森岡 1984：224］。

以上のような先行研究を踏まえ、筆者は、「先祖」を単なる一般的な故人と区別して、家族・親族にかかわる故人とし、系譜的連続観念をもった「家的先祖」の他に、それのない「非家的先祖」を先祖の中に含むものとする。ただし、一九九〇年代以降、「非家的先祖」すら祀ってこない——すなわち仏壇や墓を持たない家庭に育った——人々が増え、生涯にわたって墓や仏壇を持たないことを選択する人々の存在もある。「家的」「非家的」の二分法は「先祖」の概念が家との関連で規定されているが、筆者は、近親の故人を「先祖」という語で実感できない人々の存在を視野に入れ、家族・親族にかかわる故人をすべて「先祖」とするのではなく「近親故人」の語も加える。

2　祭祀・供養

「祭祀」とは、神、死者、先祖などを祀ること全般をさしていう。ただし仏教的コンテクストの中では、それを慣習的に「供養」といっていることから、「供養」の語を使う。

筆者は、先行研究における「家的な先祖祭祀」から「非家的な先祖祭祀」への変容をとらえるわけであるが、そのさい「非家的な先祖祭祀」を「近親追憶的祭祀」と位置づける(図Ⅰ-1)。それは「非家的」の概念をより明らかに想定した語として提示するものである。近親追憶とは、森岡清美とR・スミスの知見を踏まえ、家の系譜的ラインを重んじた家的先祖祭祀に対し、家庭内領域における夫婦・親子関係を主とする、近親の故人への追憶行為とする。そして戦後の墓祭祀の脱家過程は、「家的先祖祭祀」から「近親追憶的祭祀」への移行であると想定して、これを実態調査から立証しようとする。

家的先祖祭祀から近親追憶的祭祀へ移行する変化の指標として、次の二つを提示する。

一つは「脱継承」である。家は「系譜的連続」を特徴とするが、夫婦制家族は「夫婦一代」がその特徴である。この家の特徴が消失し、夫婦制家族の特徴に移行するには、家の系譜的連続性を可能ならしめている継承制から脱却すること、つまり「脱継承」が条件となってくるからである。

もう一つは「双方化」である。家の多くは父系の「単系」で継がれてきたが、夫婦制家族は「双方的」な親子関係が重視される。この家の特徴が消失し、夫婦制家族の特徴に移行するには、親子関係の「双方化」が条件となってく

図Ⅰ-1　家的先祖祭祀と近親追憶的祭祀

家		夫婦制家族
出自集団領域(lineage level)の系譜観念に由来する出自(descent)に基づく先祖祭祀(ancestor rituals) ‖ 家的先祖祭祀	⟶	家庭的領域(domestic level)の親子関係(filiation)を主とする追憶(memorialism) ‖ 近親追憶的祭祀

るからである。

日本の夫婦制家族は家の残滓を残しながら変化してきたため、つまり直系家族制と夫婦家族制は、相対的かつ相互浸透的な関係にあるため、直接的に「家的先祖祭祀」から「近親追憶的祭祀」へ移行するとは考え難い。理念レベルで「近親追憶」でありながら、行う儀礼は伝統的な行為であったり、散骨して墓石を建立せず、墓祭祀を行わなくても、弔い上げまで年忌は行うなど、過渡期的形態や、多様な形態が現われることが予想される。

3　墓

歴史的に日本の墓制をみれば、時代や地域によって多様な形態の存在が明らかにされている。また法的な解釈もあるが(8)、筆者が本研究でいう「墓」とは、①遺体または遺骨を葬った特定の施設(場所や、墓標などの標《しるし》を含む。以下同様)であり、②死者への祭祀を行ったり死者を追憶する施設である。原則として墓は①②の両方を満たすものであるが、一方だけで墓となるケースもある。たとえば遺体や遺骨が葬られたまま祭祀が絶えた――①の要素だけで②を欠いた――形態の無縁墓などは、①②がそろった墓が変化した形ととらえる。また、その場所に遺体または遺骨が存在することを条件とするが、それが地上に置かれているか、地下にあるか、地表に散らばっているか、などの状態は問わない。また、埋め墓と詣り墓の両方を墓とする両墓制などは、①と②が分離した形としてとらえて、埋め墓と詣り墓の両方を墓とする。

納骨堂については、墳墓を取得する前に遺骨を一時的に保管しておく形式のものは墓とせず、従来の野外墓地に代わる室内施設として、建物の内部に個別の納骨壇(ロッカー式、仏壇式など)を設け、使用権を取得して長期的に使用する納骨堂は、それを個々の墓を納めた施設とし、施設内部の各納骨壇(祭祀壇でもあり墓標でもある)を個々の墓とする。

「散骨」や「樹木葬」の場合、「墓」といえるのか。散骨の場合、ヨーロッパに多くみられるように、墓地として運営されている場所に散骨する区域が設けられているような場合は墓の範疇に入れる。それには何も墓標のない形態もあれば、花や樹木が墓標となっている場合もある。海、山、大地のような墓地以外の区域に遺灰をまいた場合は、①「遺体・遺骨を葬った特定の施設」ではないので、そこを墓とはいわない。もちろん、海や山といった自然そのものを墓と見立てる人も多いだろうが、そういったケースは墓に含めないことにする。

一九九九年に岩手県一関市の祥雲寺(臨済宗)が開設した樹木葬墓地は、「墓地、埋葬等に関する法律」に則り、墓地として認可を得た区域に、樹木を墓標として、遺骨を骨壺から出し直接土中に埋めて自然に帰す方法をとっている。樹木葬が今後どのような形態で広がるかわからないが、この祥雲寺の樹木葬の場合、①「遺体・遺骨を葬った特定の施設」であり、また②死者への祭祀を行ったり死者を追憶する施設としての機能も果たしていることから、筆者はこれを墓の範疇に入れる。

4　家族変動の時期と先祖祭祀の変化の時期

家族社会学の研究では、一九九〇年代に入ると森岡清美[森岡 1992b : 1-10, 1998 : 139-144]、光吉利之[光吉 1992 : 25-30, 1999 : 1-2]、牟田和恵[牟田 1998 : 111-138]、落合恵美子[落合 1998 : 145-150]らが、戦後の日本の家族変動を総括している。筆者は森岡清美の知見によりながら家族を次のように時期区分する。

第Ⅰ期は、家が法的に廃止されたものの、まだ家意識が優勢であり、家族が団体(corporate group)としての特徴を多く残していた時期(一九四五〜五〇年代)である。第Ⅱ期は、高度経済成長による急激な核家族化によって家族が小集団化(small group)し、夫婦家族制理念が定着した時期(一九六〇〜七〇年代)である。第Ⅲ期は、夫婦制家族の内部に規範解体が起こり、個人化が認められるようになり、家族の集団性がゆらぎ、個人が織りなすネットワーク(net-work)としての家族といった分析枠組が登場した時期(一九八〇〜九〇年代)である。

Ⅰ期とⅡ期の間に家族の第一段の変化が、Ⅱ期とⅢ期の間に第二段の変化が起こったことを意味している。第一段の変化は直系家族制から夫婦家族制へ、団体から小集団への移行で、第二段の変化は家族が個人化し、小集団から個人が織りなすネットワークとしての家族への移行である。

家族を基盤にした先祖祭祀が、先に記した家族変動に対してどのように変化したのか、先祖祭祀研究を展開してきた孝本貢は、戦後の先祖祭祀研究の特徴をとらえ、一九七〇年を境に、それより前を①家・同族と先祖祭祀、後を②戦後の社会変動と先祖祭祀の変容とし、二つに分けて論述している[孝本 2001 : 3-14]。研究は特徴ある社会事象が、ある程度顕著に確認されてから着手されるので、研究史からいえば一九七〇年ごろが転換期であった。このように先行する先祖祭祀研究は、家族のⅠ期からⅡ期への変化を大きな転機として展開されたことは間違いないが、その後は一括されていて家族のⅡ期からⅢ期への変化についての明確な先祖祭祀研究がほとんどみられない。そこで本研究はⅠ期からⅡ期への変化に加えて、Ⅱ期からⅢ期への変化をも射程に入れていることを言明しておくことにしたい。

また筆者は、家族の変化に伴って墓に顕著な変化がみえてくるまでには「時間差あるいは遅滞(time lag)」があると予測する。つまり第Ⅱ期の高度経済成長による急激な核家族化による家族の小集団化や夫婦家族制理念の定着が起こっても、墓には大きな変化はなく、それに変化が顕著になるのは一九八〇年代後半以降になると想定し、さらにそこに家族の第二段の変化が加わって、九〇年代以降の変化が起きたと想定して、現地調査でこれらの想定を確かめた。

5　本研究の構成

第Ⅰ章「序論」では、墓に付随する家的システムと整合せずに顕在化した問題を中心に、墓祭祀の脱家過程を社会学的にとらえ、家族の変化に伴った先祖祭祀の変容を浮き彫りにするという本研究の課題と、それに関連する概念規定と基本想定を提示した。

第Ⅱ章「直系家族制地域の家族と墓の変化」では、新潟県巻町角田浜を中心に、家族の変化を手がかりとして直系制家族の墓がどう変化したかを考察する。

第Ⅲ章「人口流出・親子別居地域の墓祭祀の変容」では、鹿児島県大浦町について、戦後の産業化による人口移動によって促進された急激な世帯規模の縮小、夫婦家族制理念の浸透が、家的性格の強い墓にどのように変化をもたらしたかを分析する。

第Ⅳ章「家族の変化と墓祭祀の双方化」では、夫方妻方、双方の親子関係を重視する夫婦制家族の特質の一つに着目し、それが父系という単系で継承されてきた墓祭祀に、どう影響を与えたか、「両家墓」や「子どもが娘だけ」というケースを対象とした調査結果から分析する。

第Ⅴ章「家族の個人化と脱家現象」では、家族の第一段の変化に加え、第二段の変化の影響が予想される一九九〇年代を中心に、新たに登場した継承を前提としない墓や、散骨・樹木葬などの分析を通じて、継承制から脱却する実態を把握する。

最後に第Ⅵ章「結論」として、本研究で得た知見を述べる。

注

(1) オグバーンは、近代産業社会にあっては物質文化は科学・技術の急速な発展に伴って早い速度で進展するが、人間の物質文化への適応を規制する適応文化であるところの非物質文化――具体的には宗教などの精神文化――の変動は、物質文化の変動によって引き起こされるとしても、時間的な遅滞を伴うとする。そのため当該文化の統合や均衡を崩壊させることもあるとし、文化遅滞(cultural lag)仮説を唱えた[オグバーン(雨宮他訳)1944:185-264]。

(2) 社会構造的アプローチとは、家族や親族集団が先祖祭祀という観念に基づいて宗教共同体的な性格を持つような社会で、系譜意識を持ち共通の先祖を媒介として構成される家族・親族集団と、その構造的な関連から先祖祭祀を分析する方法である。先祖祭祀は系譜の意識を表象するものであるから、当該社会でどういう系譜関係にある人々が親族名称上で一つのカテゴリーとしてまとめられているかが理解でき、それらの人々の所属集団を調べることによって基本的な社会組織のあり方を把握することができる。

(3) 森岡清美は、この「先祖」と「祖先」の二語について「相互交換的に用いられ、差異は指示的にも黙示的にも認められていないようである」といい、また「暗黙のうちに同義の異語とみなすようであり、かつ同義の一方に対する選好を暗示しているように思われる」[森岡 1983:96-98]とし、上野和男もまたこの二語を「互換的な用語として用いることにする。したがって『先祖祭祀』『祖先祭祀』も同義として用いる」と、森岡と同様、同義として使用している[上野 1992:18 註(2)]。しかし、同義でありながら森岡は「先祖」の語を使用する理由として、日本書紀などの歴史的史料にはもっぱら「先祖」の語が記されていることをあげ、「祖先」の語は近世の儒者の著述や、近代になって支配階級あるいは指導者層が「あらたまった言い方をする時」に使用していることをあげ、「同義ならば、古代から用いられ、近世以降士庶の間で一般的に使われていたと推定しうる先祖を、学術用語として採用するのが適当であろう」と述べている。先祖の語が民俗用語として使われてきたと指摘した森岡と同様に、上野も「民俗語彙としてはセンゾムカエ、センゾオクリ、センゾユズリ(先祖代々受け継がれている田畑のこと)のように『先祖』が用いられ、『祖先』が民俗語彙として用いられることはないように思われる」としているが、上野は「祖先」の語を使用している。ひとつに ancestor worship を翻訳する際に「祖先」の語があてられたため、「祖先」の語を使用する研究者が多い。

(4)　有賀は、「『別本家』という言葉は、柳田国男が『先祖の話』の中で初めて取り上げて見せた注目すべき概念である」といい、柳田がこの言葉の意味を充分には解説していないため、有賀自身が次のように規定している。「別本家の成立は、その家がどの家から出て来ようと、その家自体のマキを成立させて、その本家となることであった。しかしそこには政治的、経済的、社会的条件において、この家が有力であることが伴わないと、実際の出自の家の勢力から独立した本家にはなり得なかったということができる。だから別本家とは、すでにあるマキを出て、別のマキを独立に造るだけの力のある本家ということであり、新しい本家をいう。新しい家が一軒だけできるということではなかった」[有賀 1969b : 360-361]。

(5)　半檀家の中では、妻や婿養子、後入夫などの婚入家族員が、生家の寺檀関係を婚家でも持続させるという形態が広く見られる。そうなったいきさつも定かでないものが多いが、娘が他寺の檀家へ婚入の際に、娘の生家の旦那寺では婚家の旦那寺への寺送り状(離檀承諾書)を発行する代償として、一定の金子を娘側から徴する寺もあった。生家の旦那寺としては、娘が生涯旦那として死亡した後に見込まれる収入を失う代償として、一時金の徴収を求めたのである[竹田聴洲 1976 : 137]。また、「経営の困難な寺に女を檀家として分けた」という理由や[最上孝敬 1967 : 3、吉原睦 1995 : 33]、同様に、ある時期に家長の意志で女性家族員が一斉に宗旨と旦那寺を替え、それが恒常化した動機を説明するものとして、檀家数が所定の戸数に不足し、その不足分を補うためと伝えられているケースもある。真相はその通りかどうかはともかく、寺檀関係と寺益との調節という願いが背後にあったことを暗示する。それは寺側の願望であるとともに、寺を外護する檀家集団の願いでもあった[竹田聴洲 1976：143]。

一方、福田アジオは、もしも寺檀関係が先祖祭祀を明らかにする資料になるとすれば、それは寺檀関係に伴って展開する儀礼や行事ではない。子が親の寺檀関係をいかに継承するかという、親と子の帰属方式を分析し、その帰属方式の中に結果として先祖と子孫をつなぐ紐帯を発見することであるとし、村武精一に近い立場で半檀家に言及している[福田 1988：180]。その福田論文のコメントとして圭室文雄は竹田と同様に「寺院による檀家収奪という側面からの検討の要あり」と述べている[圭室 1988：197-198]。後に述べる筆者の調査地・新潟県西蒲原郡にも「半檀家」が存在するが、寺院の経済的な理由によって存続のためにとった策ではないかといわれている。寺存続の利害と先祖の祭祀を託す檀家側の要請で半檀家制になったところもあるとすれば、これをもって一概に親子関係の類型化を試みるのは難しい。

（6）　M・フリードマンは『東南中国の宗族組織』の「第5章　服喪制」の中で、「中国のいわば、男系親族の堅い核を成しているのは、まさに、男系第三イトコを含み、直系親上下四世代にわたる、この父系の範囲」で、「服喪すべき親戚の範囲を、家族よりは大きいが、族[リニージ]よりは小さい単位」として「五服」を説明している[フリードマン（末成他訳）1991：60-67]。この『五服』内の男系親族関係にある家庭を儀礼を通して結集するよう促進する原理と、家庭が各々独立した単位として、家庭内の儀礼を正しくとり行う指針となる原理との間には、ある種の緊張関係があった。後者の原理が支配的な場合、その構成要素を正確に定義することが難しい、一つの祖先崇拝の形態が出現する。四～五世代よりもさらに上の祖先に対する祭祀を家庭単位で行っていても、その家庭の成員は、その祭祀行為によって同じ祖先を持つ他の家庭の全ての男系親族とつながりを持つ、ということにはならなかった。このような場合の祖先は、もはやリニージ内の分節の焦点ではなくなり、父系的な単位の上下関係とは無縁のところで、子孫との関係を保つ存在に転化していた。父系の子孫の家庭ごとにそれぞれ個別に祭祀された人物は、明らかに愛着の対象であって、一つの世帯内の一家族の範囲を越える親族の結束の維持とは、直接結びつくことがなかった。従って、家庭レベルにおける祖先祭祀の儀礼には、祖先が明確な男系単位を区分する焦点として用いられる、親族の結束の儀礼と、祖先が単に祖先として、そのステータスとは無関係に父系の祖先として祀られる、追慕《メモリアリズム》とでも呼ぶべき儀礼の、両方を含んでいたように思われる。我々は通常、親族の結束の儀礼という観点から祖先崇拝を定義するが、中国の場合は、祭儀の場所が家庭から祠堂に移行したときのみ、祖先祭祀から追慕の儀礼が削除されるように思われる。ひとたび祖先が祠堂の祭壇に移されると、その祖先はもはや個人的な愛着の対象ではなくなり、リニージの分節の儀礼的な中心の一部となる」[フリードマン(末成他訳)1991：122-123]。

（7）藤井正雄がコメントしている論文は、孝本貢1988「現代における先祖祭祀の変容」石川利夫、藤井正雄、森岡清美編『生者と死者』三省堂、83-106、であるが、この論文はそれまでの孝本貢の業績をまとめたもので、該当する主な先行論文は次の通りである。1977「家族墓建立の諸要因」東京教育大学文学部社会学教室編『現代社会の実証的研究　正編』66-70。1978「都市家族における先祖祭祀観——系譜的先祖祭祀観から縁的先祖祭祀観へ——」宗教社会学研究会編『現代宗教への視角』雄山閣、52-65。1978「現代都市家族における祖先祭祀——岡山県倉敷市の事例——」『明治大学教養論集』112, 79-104。1978「民衆のなかの先祖観の一側面㈠——霊友会系教団の場合——」桜井徳太郎編『日本宗教の複合的構造』弘文堂、357-381。

（8）現行法の「墓地、埋葬等に関する法律」では、遺体または遺骨を納める施設として「墳墓」と「納骨堂」の二種類が規定されている。「墳墓」とは「死体を埋葬し、又は焼骨を埋蔵する施設」をいい、「納骨堂」とは「他人の委託をうけて焼骨を収蔵するため」の施設をいう。墳墓を設ける区域を「墓地」といい、墓地と納骨堂は都道府県知事の許可を得た区域でなければならないと規定している。

第Ⅱ章　直系家族制地域の家族と墓の変化

――新潟県巻町・妙光寺の檀家調査を中心に――

第1節　本章の課題と資料

本章は、家族の第一段の変化、すなわち戦後の産業化による人口移動によって促進された急激な世帯規模の縮小、夫婦家族制理念の浸透が、日本の伝統的な家族であるところの直系制家族やその墓に、どのような影響を与えたかについて、「世代的継承」を指標にして分析する。

資料は、筆者が一九九五年に実施した新潟県西蒲原郡《にしかんばらぐん》巻町《まきまち》の妙光寺檀家調査の結果を中心に用いる。調査地は次章の鹿児島県川辺郡《かわなべぐん》大浦町《おおうらちょう》と対比的に選定した。それは、第I章で示した先祖祭祀研究の二つの流れのうち、筆者は動態的アプローチを選択しながらも、地域性も視野に入れようという意図からである。調査地の選択の際、清水浩昭の分類によった[清水 1999:16–17]。清水は①人口の高齢化(老年人口割合の高低)と、②高齢者の居住形態(別居世帯割合の高低)によって全国を四つに分類しているが、その中で高齢化率が高く、かつ親子別居率が低い新潟県と、高齢化率が高く、かつ親子別居率が高い鹿児島県を選択した(図II-1)。前者は伝統的に長子相続の優勢な地域、後者は伝統的に非長子相続が多くみられる地域である。

鹿児島県の中でも大浦町にしたのは、県内でも高齢化率が顕著に高い地域であるからである。また新潟県の中で巻町にしたのは、そこにある妙光寺が一般的な境内墓地のほかに、一九八九年に継承を前提としない墓「安穏廟」をつくって活動を展開しているからである。この安穏廟は家族が単位となった墓祭祀が困難になって登場した共同墓の性格を持つものなので、鹿児島県大浦町の若者が流出した後にできた共同納骨堂との「共同性」の比較にも興味がもた

図 II-1　人口高齢化と居住形態の地域性(1995 年)

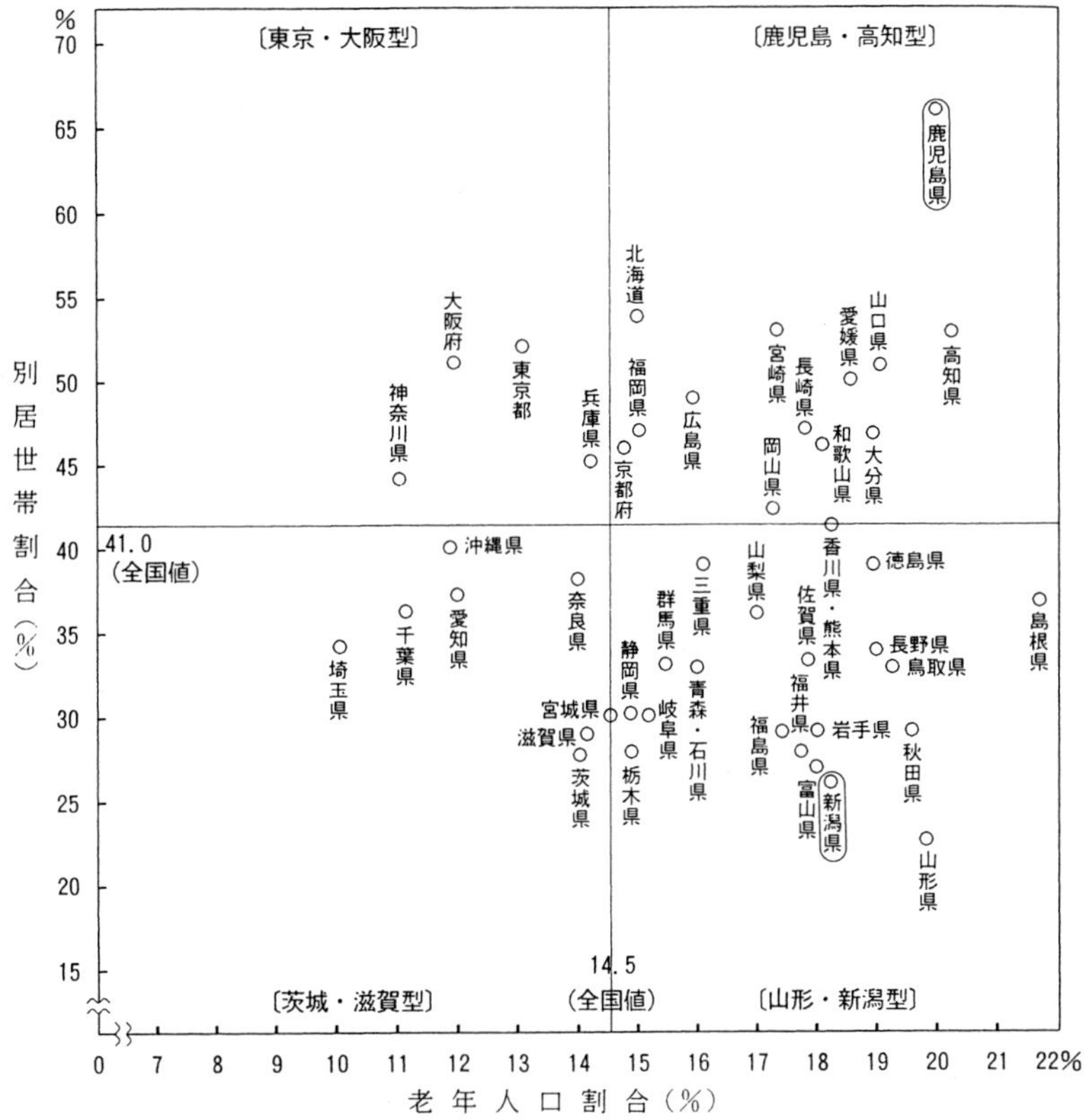

注：別居世帯＝(「夫婦のみ世帯」＋「単独世帯」)
資料：総務庁統計局 1995 年「国勢調査」
出典：清水浩昭「大都市圏と地方圏における過疎問題」『人口と開発』通巻 69 号
(財)アジア人口・開発協会，1999：17

れる。これらの比較は第Ⅲ章で触れることにする(一一六〜一一七頁)。

新潟県と鹿児島県の調査から、親子別居率の高低による違いを比較することと、付随的に東日本と西日本の違いが多少浮き彫りになることを期待してのことであるが、その違いを極めるところに意図はない。なぜならば日本の文化や家族を、東日本と西日本という二分法で画一的に分類できるものではないし、一地域の調査で代表させて論じられるようなものではないからである。特に新潟西蒲原郡の日本海沿岸地域は、直系家族制が優勢な地域ではあるが、純粋な農業地域でないことから、いわゆる東北日本型とは多少異なる要素を持っている。ただし、竹田旦が「父系による超世代的な連続を指向する観念は、西南日本でも例外なく看取される」と指摘するように[竹田 1973:9]、西日本型の家族も東北日本型の家族も、家の特徴ともいえる祭祀の超世代的継承がみられたという点で両者は異ならないので、(1)「墓の世代的継承」という指標からの、家や墓祭祀の変化の比較は有効であると考える。

第2節　直系制家族の世代的継承

1　直系制家族の循環と補充戦略

はじめに直系制家族の特質でもある家族の連続性を可能ならしめている「循環と補充戦略」についておさえておくことにしたい。

森岡清美は直系制家族のライフサイクルを、Ⅰ二世代の夫婦が重なるが、家長権は親のほうにある──→Ⅱ 父親の隠

図 II-2　直系制家族の世代的循環構造

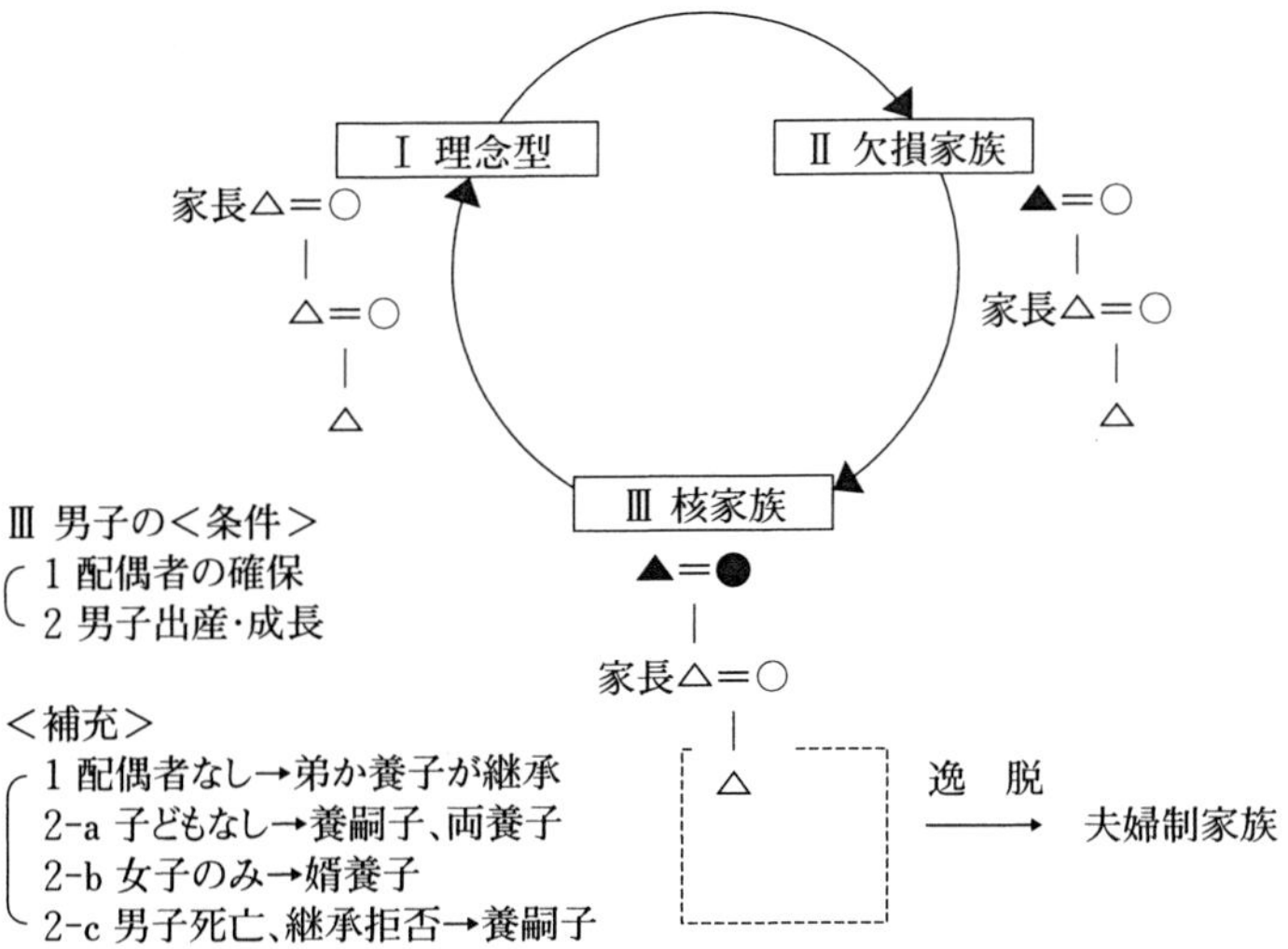

居あるいは死亡によって、若いほうに家長権が移っている→Ⅲ母親も死んで若い世代の核家族のみへ移行、という段階区分をした[森岡 1973:58-60, 124]。このⅢからⅠへ移行することによって直系家族は世代的に循環し、家の継承は「家長権の継承」をもって実質的に機能していく(図Ⅱ-2)。

ⅢからⅠへ移行する際、「長男子継承」が一般的な慣行となっている地域で、慣習通りの長男子継承を可能ならしめるためには、次のような条件が必要となってくる。

1　配偶者の確保……Ⅲの長男が配偶者を確保すること(Ⅰへの移行)

2　男子出生・成長……Ⅲの長男夫婦に男子が生まれ、成長すること

ところが、どの夫婦にも必ず男子が生まれるとは限らず、生まれたとしてもその成長は、病気などの突発的な事故を常にはらんでいる。そこで「男子出生・成長」という要件が満たされなかった場合は、一般的には次のように補充されてきた。

1　配偶者なし……弟か養子が継承

2a　子どもなし……養嗣子、両養子

2b　女子のみ……婿養子

2c　男子死亡、あるいは継承拒否……養嗣子

男系の単独相続に関して、坪内玲子は「人間の生殖活動を基礎とするので、たえず例外の取り扱いを考慮に入れる必要があった」とし、「発達した『家』制度においては、例外発生の頻度は高く、制度それ自体がこれらの例外の許容を前提として維持されてきた」と指摘している［坪内 1992：1］。左記の明治民法の家督相続人の条項（第九七〇条）をみてもわかるように、家督相続人を特定するのではなく、「立場 position」とその相関関係で規定している。つまり①親等（近い：遠い）、②性別（男性：女性）、③正当性（嫡出：庶出）、④性別と正当性（嫡出男：嫡出女：庶出男：庶出女）、⑤出生順（年長：若年）といった順序をもった諸要素の位階づけとして表現されているのである。

明治民法（第九七〇条）家督相続人

一、親等ノ異ナリタル者ノ間ニ在リテハ其近キ者ヲ先ニス

二、親等ノ同シキ者ノ間ニ在リテハ男ヲ先ニス

三、親等ノ同シキ男又ハ女ノ間ニ在リテハ嫡出子ヲ先ニス

四、親等ノ同シキ嫡出子、庶子及ヒ私生子ノ間ニ在リテハ嫡出子及ヒ庶子ハ女ト雖モ之ヲ私生子ヨリ先ニス

（昭和一七年、改正後の条文）

四、親等ノ同シキ者ノ間ニ在リテハ女ト雖モ嫡出子及ヒ庶子ヲ先ニス

五、前四号ニ掲ケタル事項ニ付キ相同シキ者ノ間ニ在リテハ年長者ヲ先ニス

「長男子相続」の場合、長男子を欠く事態が発生する頻度が高ければ、補充要員として次三男[2]の確保も必要となる。しかし長男が無事成長すれば次三男は分家あるいは他家の養子に出さねばならず、男子の確保も家の資源の大小に応じなければならないという制約がある。さらに長男であっても、義務の遂行に失敗しかねない性向や病気を理由に排除して、二男や養子が相続人となる場合もある。これらはまさしく家存続のための「戦略」といえる。その意味では、位階づけこそ異なるが「末子相続」「選定相続」や「姉家督相続」もまた世代的継承の戦略のひとつの方策である。

2　永続意識の変化と直系制家族の変質

永続意識の変化

直系制家族であるところの「家」は永続規範をもち、継承が困難な場合の補充戦略まで考えられていたことについて言及した。その家が法的に廃止された戦後、このような家永続の規範はどのように変化したのであろうか。統計数理研究所は、一九五三年から五年ごとに「国民性の研究」という全国調査を行っている。一九九八年の実施が一〇回目の調査となる。その中に「子どもがいないときは、たとえ血のつながりがない他人の子どもでも、養子にもらって家をつがせた方がよいと思いますか、それとも、つがせる必要はないと思いますか」という質問がある。五三年では「つがせる」が七割を超えていた。その後、高度経済成長が顕著になった六三年には「つがせる」が五割に下がり、さらに六八年で「つがせる」「つがせない」が四割とほぼ同じになり、七三年以降は数字が逆転して「つがせない」が多数派になった。五三年には七割以上が「つがせる」を支持していたものが、九三年、九八年では二割に減っている。それとは逆に五三年には「つがせない」を支持した人が一六％でしかなかったが、九三年五六％、九八年五八％

表 II-1　他人の子どもを養子にするか

単位：％(人)

	問	1 つがせる	2 つがせない	3 場合による	4 その他	5 D・K	計
Ⅰ(1953)	28-1	74	16	7	1	3	101(2,254)
Ⅱ(1958)	106	63	21	8	1	7	100(1,449)
Ⅲ(1963)	2	51	32	12	1	4	100(2,698)
Ⅳ(1968)	2	43	41	9	2	5	100(3,033)
Ⅴ(1973)	K3	36	41	17	1	5	100(3,055)
Ⅵ(1978)	K3	32	48	12	1	7	100(2,032)
Ⅶ(1983)	M3	27	51	15	2	5	100(2,173)
Ⅷ(1988)	K2	28	52	15	2	3	100(1,858)
Ⅸ(1993)	K2	22	56	16	1	5	100(1,833)
Ⅹ(1998)	K2	22	58	16	0	4	100(1,339)

出典：統計数理研究所『国民性の研究　第10次全国調査』1998年全国調査
統計数理研究所研究リポート 83, 1999：81

と高くなっている(表Ⅱ－1)。

このように、家の永続規範は弱まったことがわかる。ただし戦後も多くの墓は「〇〇家之墓」で、家制度時代と同様に世代的継承を必要とする継承制をとっている。夫婦制家族は、一代限りで消滅するライフサイクルをもった「不連続」の家族であるがゆえに、墓の継承には問題をはらんでいる。それが直系制家族であっても、その循環構造におけるⅢからⅠに移行する際の要件を欠いた人々が、もはや養子縁組をするというような補充戦略をとらず、直系制家族から脱却して夫婦制家族に向かう状況が起きていることも想像される。

直系家族の変質

三世代世帯を中心とする「核家族以外の親族世帯」は、国勢調査による実数でいうと、一九八〇年以降わずかに減少傾向はあるものの七〇〇万世帯前後で推移し、大きな変化はみられない。しかし、「核家族以外の親族世帯」の一般世帯に占める割合は、戦後一貫して低下し続け、六〇年に三〇・五％であったものが、九五年で約半数の一五・四％となった。

高度経済成長が顕著になってきた六〇年代には、「夫婦と未婚の子からなる世帯」の数が急激に増え、そして近年では「夫婦だけ世帯」あるいは「単独世帯」が増加している。このような変化は、三世代世帯を中心とする「核家族以外の親族世帯」、すなわち直系家族にも何らかの影響を及ぼしたであろうことは想像に難くない。

三世代世帯、つまり直系家族は、農業を営む家族に多い。熊谷苑子は農村家族の変容の実態を「生活時間調査」を通じて実証的にとらえた。その結果を、「世代分化」と「個人化」という言葉で表現している［熊谷 1998：46, 76–80］。戦後の農業の機械化によって生じた農家の余剰労働力は、農業経営の発展のためには注がれず、農外就労の場へ吸収され、いわゆる兼業農家を増加させた。実態は、親世代が「農作業」を中心に担い、子世代は「農外就労」を中心にした形態に変わり、それぞれの層での生活時間のあり方を規定する基軸が異なってきて、「世代分化」が起こっている。基軸が複数になると、「成員それぞれは、個的作業者とも呼ぶべき性格を帯びている。農家労働組織は、そのような個的作業者の集合体というべき」ものになり、「個的作業者の生活領域が家族生活の中で私的領域として固定していくプロセスを個人化」と熊谷は定義する［熊谷 1998：80］。そして、「都市勤労者家族に似た家族」と表現する。例えば「息子夫婦の仕事時間の配分は都市勤労者家族のそれに類似してきている」［熊谷 1998：76］とか、「男性の農外就労からの現金収入が主要な部分を占める岡山の農村家族においては近代以降の都市家族に近似した性別分業の存在を推測できる」［熊谷 1998：188］とある。一方、「親世代の夫婦と子世代の家族的核で構成されている直系制家族の典型的段階では、親世代と子世代との間で家計の分化が見られ、余暇活動に関わる支出や子世代の教育費などはそれぞれ個別に管理している部分から支払われる例が多くなっている」［熊谷 1998：45］とも指摘する。このように、同居という形態だけは残すが、親世代・子世代で家計の分化がみられ、はっきりとした家業の共有もなく、生活時間が世代によってまちまちである家族は、都会に多い二世帯住宅に暮らす新種の同居家族を彷彿とさせる。直系家族の変質、直系制家族の夫婦家族制への接近ともとれる変化がとらえられた。

第3節　家の継承と要員補充——明治期の角田浜村「戸籍簿」を中心に——

1　角田浜の概要

立地と沿革と人口

江戸時代には現在の新潟県にあたる越後国一帯では、一五万石の高田藩を最高として一一の小藩が分立し、越後のほぼ半分と佐渡は幕府の直轄領(天領)であった。一八七一(明治四)年の廃藩置県後、数回の統廃合で一八七六年に新潟県が誕生し、現在は二〇市五六町三六村となっている。なかでも西蒲原郡は越後平野のほぼ中央部にあり、五町六村から成っている。そのうち、日本海に接する巻町は最も佐渡に近い位置にあり、面積は七六・一四平方キロメートルで郡内で一番広く、人口は三万三八九人である。[3] 調査対象とした妙光寺は、西蒲原郡巻町のうちでも沿岸部の「角田浜」地区にある(図Ⅱ-3)。角田浜の戸数は二〇〇前後と近年あまり変化がなく、一九九五年三月現在で人口は、七七九人(男三六五人、女四一四人)である。

村の産業的基盤

角田浜は、海岸沿いで砂地が多く耕地には向かない土地柄だった。江戸時代の角田浜村は、一八五一(嘉永四)年の宗旨人別帳によれば、全一四六戸中、高持ち百姓は一二一戸ある。(4) そのうち、最高の九石台が二戸だけで、一石前後の百姓が七八戸、無高（「水呑」）は二五戸もある。石高の低い百姓で家族員数が一〇人以上という家がかなりみられ、生活を支える農業以外の経済基盤があったことをうかがわせる。それは漁業・製塩業と、大工・木挽などの出稼ぎで、とりわけ前者では、貨幣経済の発展とともに干鰯などの俵物や塩が商品価値を高めた。

農業より漁業優位の角田浜村においては、船主（フナモト、ナヤモト）の力が増大で、漁業権を独占していた。船主の中には、角田浜村で代々庄屋を世襲してきた家が含まれ、村落の有力地主層や富農層と重なっていることがわかる。船主の下には舟子（カコ）数人がそれぞれ隷属し、他船への移動などは原則として認められなかった。こうした舟子もまた、貧農層と重なっているものと思われる。

図 II-3　新潟県西蒲原郡巻町角田浜の周辺地図

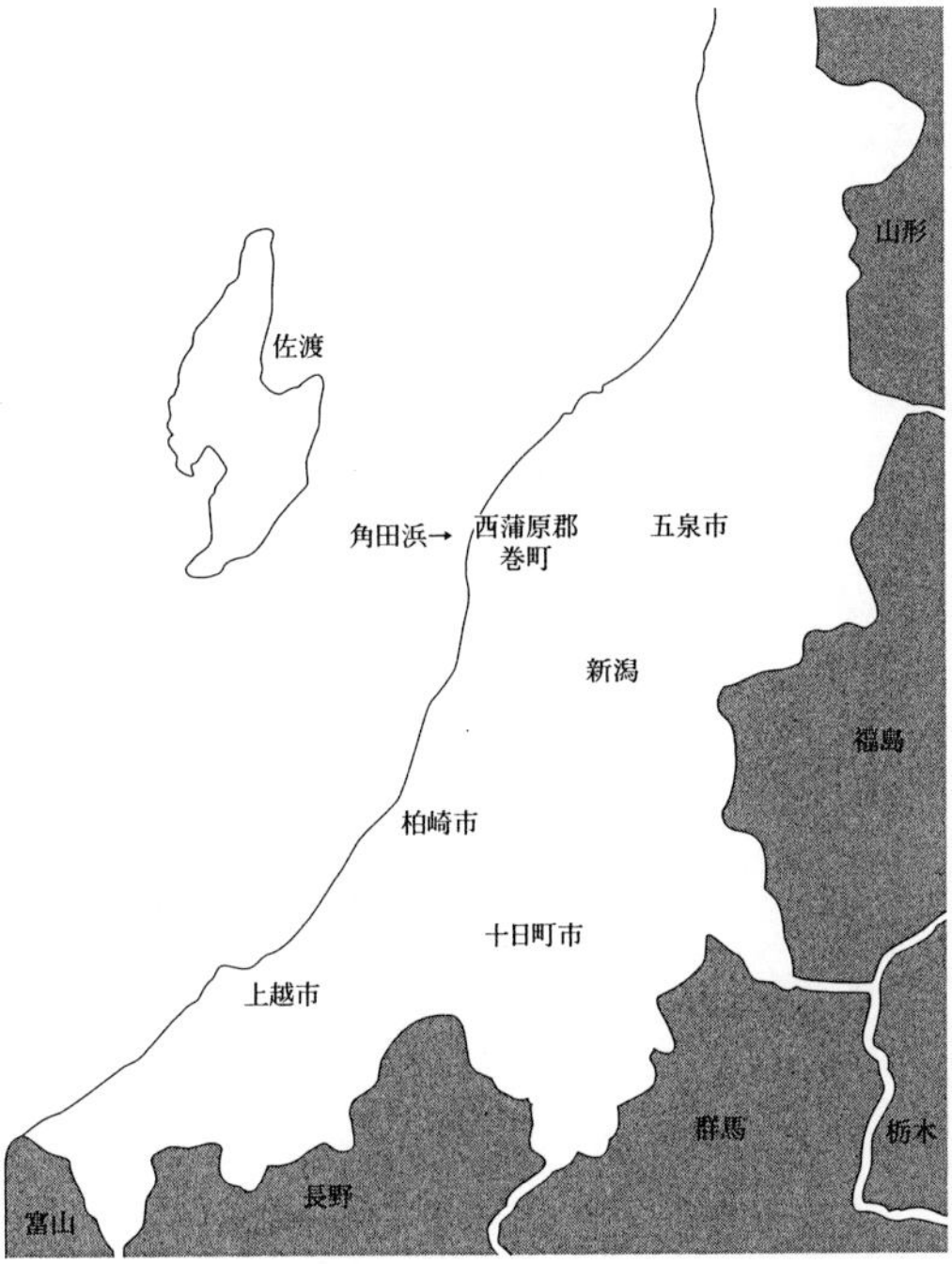

明治期になると、製塩業は衰退の一途であった。その背景を小村弌編『越後の女性とその社会的背景』では、塩の自由競争によって瀬戸内海の製塩業に対抗できなくなり、さらに日清戦争（一八九四〜九五年）後は外国塩の輸入が始まって、生産過剰による塩価下落のため大いに打撃を受け、日露戦争（一九〇四〜〇五年）後の専売制によって角田浜村の製塩業に終止符が打たれた

と説明する。製塩業の労働力は男三、女七の割合で、女性に依存していたために、製塩業の衰退は女性労働力の過剰をもたらし、女性の出稼ぎを促す結果になった。それが「毒消し売り」である。(5) 幕末に隣村の角海浜村から始まった毒消し売りは、角田浜村では一八九一(明治二四)年頃から始まり、一八九八年には西蒲原郡売薬営業組合規約ができている。村の七〇～七五%の女性が行商に出かけ、村の収入の六〇～七〇%を占めた[新潟中央高等学校社会科学クラブ 1961：68-78]。一方、大正期に入り一九二一年を過ぎた頃から、男性労働力を吸収していた漁業も衰退した。その背景には、信濃川氾濫による災害防止のために建設された大河津分水(一九二五年に完成)から流れ出た真水の影響で漁獲高が減ったことや、発動機船漁法の発達が沿岸漁業を衰退せしめたことがあげられている[小村 1963：57-58]。さらに昭和期に入ると、一九三三(昭和八)年に着手された樋曾《ひそ》隧道《ずいどう》が二年後に完成して土砂や農薬が海に流れ込むようになり、そのため沿岸では魚が捕れなくなったという[佐藤康行 2002：153]。

塩業につづいて漁業も衰退してくると、角田村一帯はさらに毒消し売りに依存する面が強くなり、一九二八(昭和三)年には毒消し売りは総数一一一五人を数えるまでになった[巻町 1988：504]。角田浜の人々の生活を長年支え続けた毒消し売りは、第二次大戦を経て一九五〇年前後まで存続し、高度経済成長が始まって産業構造が大きく変化する中で、衰退することになった。

宗教と祭り

角田浜地区では、熊野神社(祭神・素戔嗚尊)、脇宮・若宮神社(祭神・天押雲命)、同・権現さま(祭神・建御名方命)の三社がある。祭りは三社合同で四月四日に、また一〇月四日には招魂社も加えて行われる。寺院には日蓮宗の妙光寺と真宗大谷派の願正寺がある。願正寺は千年以上前の創建とされ、最初は天台宗であったが、親鸞の北越巡教の折、当時の僧侶が弟子となり改宗したと伝えられられている。角田浜は、一二七一(文永八)年一〇月二八日、寺泊港から船出した佐渡流罪の日蓮が強い西風のため漂着した地で、その時の「岸・岩・波」の三題目を遺した話が伝わっている。(6) また、日蓮が船待ちの時に近郷を悩ましていた岩穴に棲む大蛇を教化したと言い伝えられている。後日、その大蛇が法華信仰の守護神(七面大明神)となったといわれ、現在でもその岩屋(イワヤ)で「七面さまの祭り」が行われている。一三一三(正和二)年、日蓮の孫弟子にあたる日印(7)によって創建されたのが妙光寺である。鎌倉から佐渡までの日蓮の護送の任務にあった幕府の役人遠藤左衛門尉藤原正遠は、旅の途中で日蓮の教えに服して改宗、幕府への仕官をやめて佐渡で暮らし、日蓮が赦免されて鎌倉に帰る時は、高齢のために佐渡にとどまった。日蓮は遠藤正遠に自ら刻んだ「判」を贈り、霊山浄土での再会の約束の印とした。その後、子孫が角田浜の隣村五ヶ浜に移り、日蓮ゆかりの妙光寺の檀家となる。毎年四月二八日に遠藤家より「御判」を寺に迎え、御開帳法要が行われる。この行事が「御判さま」と呼ばれ、かつては全国から集まる信者で長蛇の行列ができたほどだったという。

2　角田浜村の家の継承と要員補充——明治期の「戸籍簿」分析——

明治期の角田浜(8)における家の継承と要員の補充について、一八八七(明治二〇)年頃に戸籍簿の台帳としてつくられたと思われる角田浜村の「戸籍簿」(台帳)の記載事項と、その他の資料から補足した調査事項をもとに分析を試みた。編成当時、寺社五、空家三戸分を除いて一七一番戸が存在した(寺の僧侶の分家一例を含む)。

佐藤康行は、同じ戸籍簿で、筆者が世帯数に入れた寺の僧侶の分家一例を除いた一七〇世帯の家族形態を分類し、核家族が三二戸(一八・八%)、直系家族が四四戸(二五・九%)、複合家族が九四戸(五五・三%)とし、複合家族形態が半数以上を占めていると結論づけた。また複合家族形態の内容として、多い順に①戸主の兄弟姉妹との同居、②戸主の子世代に既婚者と未婚者が同居、③戸主とその親の世代の兄弟姉妹（叔父、叔母）が同居している場合であると分析している［佐藤 2002：113］。筆者は、佐藤とは異なった分類方法をとる。まず、家族員が一人という世帯があるが、これはどの家族形態にも入れ難いので、国勢調査の分類に基づいて単独世帯とした。また複合家族を、森岡清美の定義に従って「夫婦、複数の既婚子と彼らの配偶者および子どもからなる」（傍点筆者）家族とし［森岡 1997：16］、佐藤が含めている傍系にある独身の叔父や叔母、または後継子以外の兄弟姉妹が独身で同居する形態を複合家族に含めない分類方法をとる。なぜならば、それらの形態は直系家族制においても出現しうるからである。例えば、夫婦と親と他の未婚の兄弟姉妹によって構成される家族は、直系家族制における次三男や女子がまだ婚出せずにいる状態か、それができずに生涯未婚で同居しているか、離婚して復籍したケースなどが考えられる。この未婚の兄弟姉妹は、そのうち戸主が死亡して戸主権がその子に移れば、戸主の叔父や叔母となるのである。筆者はまず国勢調査の分類方法を用いて家族員のあり方を把握し、そのうえで森岡清美の整理方法をもとに［森岡 1997：159］分類を試みた。その結果、一七一世帯のうち単独世帯五世帯（二・九％）、親族世帯の内訳は次の通りである。

親族世帯	n＝一七一	世帯数（％）
核家族	［夫婦のみ、夫婦と子、片親と子］	二五（一四・六）
直系家族	［夫婦と両親、夫婦と片親、夫婦と子と両親、夫婦と子と片親］	一七（　九・九）
核と傍系	［夫婦と他の親族（親、子を含まない）、夫婦と子と他の親族（親を含まない）］	二〇（一一・七）
直系と傍系	［夫婦と親と他の親族（子を含まない）、夫婦と子と親と他の親族］	九八（五七・三）

［他に分類されないが、直系と傍系であることが判断できる親族世帯］　五（　二・九）
その他　［他に分類されない親族世帯］　一（　〇・六）

以上のように核家族[9]は約一・五割と少なく、直系家族員だけの世帯は約一割とさらに少ないことがわかった。特徴的なのは、直系家族に傍系親族が同居する形態が約六割と多いことである。「核と傍系」「直系と傍系」の中で、複数の既婚子が夫婦そろって同居するような複合家族は一〇世帯と少ない。兄弟が死亡して、その遺族である妻や子が同居するケースは四世帯あった。前者のうち六世帯は、戸主夫婦に子どもがいないケースとか、前戸主(兄)死亡によって、兄の長男夫婦と現戸主(弟)の家族が同居するケース、実子と養子の二組の夫婦が同居するケースなどである。土地を多く所有した家では複数の既婚子が同居する複合家族を形成しやすいが、農地が少ない多くの家族では、直系家族を中心としながらも、人の生殖や生き死に対応しつつ、婚出、分家できない傍系親族を取り込むなど、絶えず例外やアクシデントに対応した家族形成がなされたのではないかと推測する。

戸主の性別は、男性一六五人、女性が六人であった。戸主はどのような立場の者がなっているのかを知るために、「前戸主」欄の記載のある場合は、戸主の前戸主との続柄を、前戸主欄が空欄となっている、いわゆる家を創設して戸主になった者は、戸主欄の親との続柄から判断し表Ⅱ－2を作成した。それによると、長男が約五割を越えて最も多く、二男が約二割、養子等は約一割、そのあと三男、弟、四男の順になった。女性戸主は、長女五人、二女一人で、長女の四人はみな分家して女戸主となったケースで、夫の死亡による妻の戸主権継承は一世帯のみであった。[10]

この結果から、二男以下で家を継承した者が意外と多いことに気づく。しかし、この中には長男が死亡したために二男以下が継承したケースや、二男以下が分家し、新たな家を創設して戸主となった者(二男一一人、三男四人、四

表 II-2　戸主の前戸主との続柄
および家創設者の親との続柄

性別	続　柄	戸　主 人数(%)	家創設 人　数
男性	長男	92(53.8)	—
	二男	35(20.5)	11
	三男	11(6.5)	4
	四男	3(1.7)	3
	養子等*	18(10.5)	—
	弟**	6(3.5)	—
	計	165(96.5)	18
女性	長女	5(2.9)	5
	二女	1(0.6)	1
	計	6(3.5)	6
合　計		171 (100)	24

*「養子等」18人は，実子以外の男性のことで，養子15人に，後夫3人である．

**実際の表記は，二男3人，三男2人，四男1人だが，戸主権は兄の死亡，退隠によって兄から継承している．

表 II-3　実質長男の継承　単位：人数(%)

前戸主との続柄	継承者	長男あるいは実質長男	非長男
長　男	92	92	—
二　男	24	19	5
三　男	7	3	4
弟	6	5	1
合　計	129	119(92.2)	10(7.8)

表 II-4　家の継承者にならなかった長男

長男の状態	人　数
独身同居	6
同居後分家	1
「廃嫡・退隠」	1
長男家族も同居	2
合　計	10

男三人）を含んでいる。そこで家を創設したケースや養子を除外して、家の継承順位と、二男以下の兄の有無を調べて、長男あるいは実質長男の継承の割合を算出した。前戸主の弟は実子ではないが、前戸主の死亡によって実質長男になっているので、家の継承順位を明らかにする時、対象に含まれると判断し数に加えている。そうした補正作業を行った結果、実子の中で長男あるいは実質長男による継承率は九二・二％の高率になった（表II－3）。ちなみに家の継承者とならなかった長男一〇人中六人が独身者、つまり「配偶者なし」である。残るは分家一人、「廃嫡・退隠」一人、長男家族も同居が二人であった（表II－4）。

　また実子以外の男子が戸主になっている一八人のうち、「養子」一五人をみると、「女子のみ」で「婿養子」を迎えたケースが一二人、「子どもなし」で養子縁組をしたケースが三人で、そのうち「夫が早世した妻」が両養子をもらった一ケースを含んでいる(表II－5)。養子以外のケースは、夫が早世した妻が再婚し、後夫が戸主になったケースの三人である。

こうしてみると養子は、「子どもなし」よりは、「娘だけ」のケースの「婿養子」という形が多い。明治期の角田浜は、家の存続のために、長男子相続を基本としつつも補充戦略を駆使して家を継承してきたことがわかる。そのほか家の継承者にはならない養子も存在し、「継承者(男子)死亡」を想定した補充のための代替要員としての養子(男性)や、家事・家業の手伝い、出稼ぎ要員としての養女も多く、その場合、隣村から迎えている。

表II-5　養子(15人)の形態

単位：人

養家の事情	養家側と養子の関係	養子の種類	
		婿養子	養嗣子
女子のみ	長女・二女・三女の婿養子 12	12	0
子どもなし	養嗣子 1　両養子 2	0	3
合計		12	3

第4節　妙光寺檀家家族の継承と要員補充
——一九二一～一九九五年の分析——

1　妙光寺檀家と檀家継続状況

一九二一年『檀家名簿』による妙光寺の檀家家族

角田浜にある妙光寺には、一九二一(大正一〇)年五月三〇日付の『檀家名簿』が存在する。「臨時宗勢調査施行細則第一条及第十条ニ依リ申告候也」と記され、宛名が「管長大僧正河合日辰」とあり、宗門に提出されたことがわかる。それによると、当時の妙光寺の檀家は二二八戸で、男四七〇人、女五三〇人、合わせて一〇〇〇人である。檀家名簿は三八ヵ所からなる地区に、住所別に配列され、戸主氏名と職業、家族員数とその性別が記されている。地域は現在の巻町を中心に隣の西川町に多い。地区別の檀家数は表Ⅱ－6（五二ページ）の通りである。最も檀家の多いのが五ケ浜の四八戸で、次に巻町の三三戸、角田浜の三二戸、曾根の一八戸、升潟の一〇戸と続く。

妙光寺の檀家数が一番多い五ケ浜は、大半は遠藤と阿部姓で占められている。先にも触れたが、遠藤家総本家の先祖は、日蓮を鎌倉から佐渡まで護送するうちに帰依した武士の遠藤正遠で、日蓮から教化を受け改宗、日蓮が鎌倉に帰る時にあの世での再会を誓ってその目印に「御判」をもらった人物である。そのため、五ケ浜の遠藤家は日蓮ゆかりの寺である妙光寺の檀家になっている。ちなみに一九二一年当時の五ケ浜の檀家四八戸中、五戸以外はすべて遠藤姓である。檀家名簿の奥付でも、妙光寺檀家惣代三人のうち、筆頭に遠藤の名が記されている。

しかし、五ケ浜は地形的に古くから海岸の浸食が激しいところで、海中に没した善正寺という寺院跡が沖にあるほどである。このような地形のため水田は一反もなく、畑は二〇町歩ほどで、それも山を開いて無理に作ったので家から三〇分もかかる場所にあったりする。この地区では廻船や漁業、出稼ぎなどが主な経済的基盤になっていた。漁業の衰退や浸食による宅地の狭小などの悪条件のために過疎化が次第に進み、一九二一年当時の五ケ浜檀家四八戸中、現在でも妙光寺の檀家として把握されている家は定住者・移動者合わせて二二戸しかなく、絶家・不明者・離檀者は五四・二％の多きに及んでいる。したがって、檀家数からいえば五ケ浜を調査対象とすべきところであるが、次のような理由で、妙光寺の檀家として選定した。

その選定理由は、まず三八地区のうち檀家数が上位三位以内にあること。次に妙光寺がある地元であること、第三に檀家の変遷をあらわす史資料がよく残っていることである。今後は、「角田浜」に焦点を当てて論述していくが、一九二一年から一九九五年まで継続的に「定住した家族」への調査は、「角田浜」を中心としながらも、そのほかに「曾根」地区も対象に加えて実施しており、「移動した家族」については、地域を限定せず、移動後、妙光寺の檀家を継続し住所のわかる全世帯を対象にしたことを断っておきたい。

五ケ浜は、遺体は村墓地に埋葬して「埋め墓」とし、「参り墓」を妙光寺に設けた両墓制地区で、詳細は次節で述べるが、檀家で妙光寺の継承を前提としない墓である「安穏廟」を購入した人がいるなど（七〇頁）、特徴のある地域なので、適宜考察の対象に加えてみたい。

このほか、「松山」が両墓制地域である。また、一九二一年の檀家名簿には「半檀家」[11]の記載があり、「角田浜」「福井」「下山」「川崎」「明田」に合計九戸の半檀家を見出すことができる。この地区一帯に半檀家が点在していたことを推測させる。

檀家継続状況

表Ⅱ－６は、地区別檀家数のほかに、一九二一年の妙光寺「檀家名簿」に記載された二二八戸の檀家の、一九九五年現在における継承状況を調査してまとめたものである。その結果、一九二一年当時の妙光寺檀家のうち、約三分の一（三三・三％）は離檀・無縁化している事実が判明した。この場合、注意を要することは、寺側からみた離檀・無縁化が、必ずしも檀家家族の絶家を意味するものではないということである。もちろん、絶家によって無縁となる墓もあるが、妙光寺にある墓が無縁となっていても、別の土地で家族は継承されている場合もある。戦後の産業化によって地域移動した家族の多くは、家族は継承されつつも、寺檀関係解消の意志を伝えぬまま墓を放置し檀家としての義

表 II-6　1921 年妙光寺檀家の地区別檀家数と 1995 年檀家継続状況　単位：戸(%)

地区	1921 年檀家	1995 年 継続	1995 年 離檀・無縁化	地区	1921 年檀家	1995 年 継続	1995 年 離檀・無縁化
• 1 角田浜	32	21	11(34.4)	20 汰上	2	2	0
• 2 五ケ浜	48	22	26(54.2)	21 押附	1	1	0
3 松尾野	2	1	1	22 籏屋	2	1	1
4 松山	7	5	2	23 下山	5	4	1
5 布目	2	0	2	24 川崎	3	1	2
6 仁ケ	1	0	1	•25 曾根	18	16	2(11.1)
7 升野	3	3	0	•26 升潟	10	7	3(30.0)
8 鷲ノ木	4	4	0	27 明田	3	3	0
9 木島	4	3	1	28 赤塚	2	2	0
10 間橋	1	1	0	29 木戸	3	3	0
11 船戸	3	2	1	30 坪山	1	1	0
12 峰岡	3	2	1	31 中権寺	1	1	0
13 福井	6	5	1	32 内野	1	1	0
14 岩室	1	0	1	33 高山	1	1	0
15 橋本	3	3	0	34 新通	2	1	1
16 上和納	2	1	1	35 大野	1	0	1
•17 巻町	33	22	11(33.3)	36 五ノ町	1	0	1
18 堀山	2	1	1	37 白山浦	3	1	2
19 割前	9	9	0	38 学校町	2	1	1
				合計	228	152	76(33.3)

務を果たさないケースもある。したがって、表II－6で示す継続の数値は、家族の継承の有無ではなく、絶家も含む妙光寺からみた墓や寺檀関係の継続の有無を示すものである。

　大正の後期、昭和前期・後期を経て今日に至る七四年間で、三分の一の檀家が何らかの事情で寺から離れている。その多くは都市への人口移動による離檀である。移動後も寺檀関係を継続する家も少なからずあるので、移動者は離檀者以上に多いということになる。

妙光寺檀家家族調査

　一九二一年の「檀家名簿」に記載されている家族が一九二一年から一九九五年現在までの七四年間に家と墓をどう継承したか(12)、次代継承状況を含めて調査した。

　調査の方法は、A妙光寺住職、檀家(元教員、檀家総代ら)からの聴き取り調査と、B

調査票による「妙光寺檀家調査」を一九九五年九〜一〇月に実施し、C補足資料として「寺の過去帳」「近年の檀家名簿」などを用いて、家族と墓の継承状況を追跡した。

主な調査内容は、①聴き取り調査から家族状況を把握し、②系図を作成して家族構成と家の継承を追跡し、③調査票調査からは家・墓の継承意識を探った。④寺の過去帳、近年の檀家名簿でデータを補足した。

一九二一年当時の妙光寺の檀家には、現在も同じ地区に定住している定住家族もあれば、他府県へ移動した移動家族や不明・絶家した家族もある。さらに当時の檀家から分家して新規檀家になった家族も存在している。こういった状況の中で次のような調査方法をとった。一九二一年当時の檀家だけに調査票を配ると、同じ地区内で調査票が配布された家とそうでない家ができて回答者に混乱が起きると考え、「角田浜」と「曾根」の二地区に限定し、そこに住む妙光寺の全檀家に調査票を配布した。その方法は、新規檀家の属性を知るうえでも効果的であると考えた。そうして得られたデータから、一九二一年時の檀家のデータをまとめた。

定住家族と移動家族については①②③④のすべての調査を行った。不明・絶家家族は、角田浜と曾根の在住者に限り①聴き取り調査と④寺の過去帳などから追跡した。

「妙光寺檀家調査」(②③)は、定住家族と移動家族用に、質問内容が違う二種類の調査票を作成し、一九九五年九〜一〇月に実施した。定住家族は調査票を角田浜一五世帯、曾根二六世帯を対象に留置方式で行い、移動家族については、「移動後、妙光寺の檀家を継続し住所のわかる全地域」の世帯に郵送方式で行った。有効回答数は二一世帯であった。「家族状況」と「系図」については、「全世帯共通で、世帯主が記入」することとし、その他の質問は、定住家族は親世代(一九二一年の世帯主を第一世代とした場合の第二世代の夫婦六五人)と、その子世代(同じく第三世代の夫婦五二人)を対象とし、一世帯最多四枚の調査票を配布した。親が死亡の場合や子どもが未婚の場合などは、実在する対象者の人数に応じて配布した。移動家族では親世代である世帯主と、その子どもの各一人に回答を求め、各二一人の回答が得られた。

2　角田浜「定住家族」と墓祭祀の変化

大正期の家族構造と職業

一九二一年の『檀家名簿』における角田浜在住の檀家三二世帯中、半檀家三世帯を除く二九世帯を対象に世帯員数を調べると、総員一六〇人、平均世帯員数五・五人で、その分布は三人と八人がそれぞれ六世帯と多かった。世帯員数の多い家族は典型的な直系家族で、少人数の家族は、直系制家族の家族周期の段階でみられる夫婦家族か、女性の分家世帯[13]などである。この点では、明治期と同様であった。

また三二世帯の職業は、農業一〇、工業一一、商業六、漁業五世帯で、工業とは大工や石工などである。この地域では半農半漁、あるいは農業を中心としながらも、田畑は少なく、しかもごくわずかの土地を所有するだけか、まったく農地をもたない者が大半を占めていたので、災害で不作不漁のときなどは多くの人の出稼ぎが常態化していた。とくに男性は「浜大工」といわれ、大工を専業として各地に出稼ぎに出た。女性は「毒消し」の行商が盛んであった。これらの出稼ぎ者が、やがて移動地で定着していくことになる。

定住家族と移動家族

一九二一年当時、妙光寺檀家であった角田浜の対象家族(全世帯三二)は、対象期間中、終始定住した家族が一五世

表II-7　角田浜檀家家族の〈定住〉〈移動〉と檀家継続

(1921年)　　　　　　　　　　　　　　　　　　(1995年)

全世帯(32)
- 定住(15) ―― 15　檀家継続
- 移動(17)
  - 移　動 ―― 12　檀家継続7／離檀5
  - Uターン ― 1　檀家継続
  - 移動・定住＊― 1　檀家継続
  - 不明・絶家 ― 3　離　檀

帯(事例1～15)、移動を経験した家族が一七世帯(事例16～32)であった(表II－7)。定住家族はすべて寺檀関係を継続した。移動家族のうち移動後も檀家を継続した家族は九世帯あり、そのうち移動後に角田浜へUターンした家族が一世帯、移動地で長男が後を継ぎ、角田浜の家は二男が継いだ移動・定住両方(＊印)が一世帯ある。また移動後に離檀したのは八世帯で、そのうち不明・絶家の檀家は三世帯であった。

家長権の継承については、一九二一年の家長を第一世代とすると、九五年現在は高齢の第二世代が家長であるか、第二世代が亡くなっていれば第三世代が継承している。

世代と家長権の継承(一九二一～一九九五年)

[第一世代]……一九二一年当時の世帯主[14]は既に死亡

[第二世代]……一九九五年現在六〇～七〇代　世帯主か、死亡

[第三世代]……一九九五年現在四〇～五〇代　親が死亡の場合、世帯主

[第四世代]……一九九五年現在一〇代前後

角田浜の檀家がすべて実子で家を継承したわけではない。対象期間内に世帯主になるべき人の「養子縁組」が確認できた家は一三世帯で全体の四〇・六%に及び、同一の家で二～三回養子縁組を繰り返している家があるので、養子縁組の合計件数は一八件にもなった。約四〇%の家族で「養子縁組」がなされ、家族のメンバーが補充されてきたことがうかがえる。

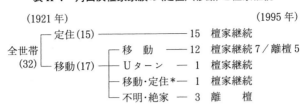

表 II-8　角田浜〈定住檀家〉(15 世帯)の次代継承状況

	継承すべき子の状況	事例番号	世帯数
[X]群	男子あり	1, 3, 7, 8, 10, 12, 13, 14, 15	9 世帯
[Y]群	子どもなし	2, 5, 9	6 世帯
	男子はあるが未婚	4, 11	
	長男妻の実家へ	6	

ちなみに角田浜より内陸部の曾根地区でも、一九二一年の檀家一八世帯のうち九世帯が「養子縁組」を経験し、その率は五〇%となり、合計件数は一五件になった。

「子どもなし」のために養子縁組した家は、角田浜、曾根ともに各四世帯あり、両地合計五件(一世帯のみ二回)みられた。「女子のみ」の家が娘に婿養子を迎えるというケースでは、角田浜が一〇世帯、合計一三件(三世帯が二回)の婿養子縁組を経験し、曾根で七世帯、合計一〇件(二回と三回が各一世帯)と、「子どもなし」よりはその数は多い。対象期間中に二回以上、世帯主にかかわる養子縁組が確認できた家は角田浜で四世帯、曾根で五世帯あり、そのうち三回もの養子継承があった家は、両地区に一世帯ずつあった。

定住家族の継承問題と継承予測

妙光寺檀家調査の結果から角田浜の檀家家族についてみると、定住家族は一五世帯中、直系家族が一一世帯(三世代同居が九、二世代同居が二)で、七割以上を占めた。他は、夫婦家族が二世帯、高齢単身世帯が二世帯である。

定住家族の現況をみると、第四世代で継承者となるべき「男子」を確保できているか否かを指標にして、二つのグループに大別される。一五世帯のうち、男子を確保できている九世帯を[X]群、さまざまな理由からそれが確保できていない(直系制家族の循環構造におけるⅢからⅠへ移行するのを阻む要素をもった)六世帯を[Y]群として分類したのが表Ⅱ－8である。

［Y］群の具体的な内訳は、「子どもなし」が三世帯、「男子はあるが未婚」というケースが二世帯、そのほか「長男はあるが妻方と同居」しているケースが一世帯である。この六世帯が長男子（もしくは男子）による継承にこだわれば、次代で大きな問題に直面するのは確実である。

「子どもなし」という家族は、どの時代にも存在する。最近では、夫婦の意思で子どもをつくらない選択をするカップルもあらわれてきたが、角田浜の場合「子どもが生まれない」カップルとみたほうが実態をとらえている。

「男子はあるが未婚」の世帯は、男子が中年未婚のケースである。たとえば事例4の家族は、世帯主が七〇歳、息子が四六歳で、息子は親と同居し生計をともにしている。このまま結婚しなければ、家の継承は困難である。ただ、現世帯主は農業をやめて別の職業に転業しているので、家業の後継者は求められていない。しかし祭祀の継承者の問題は残る。

過去にも未婚の長男や婚出できない叔父・叔母が、家族に残っているケースが戸籍簿に多々見受けられたが、その場合は貧困により婚出できなかったり、ほかに家の継承者を確保したうえでの未婚であったという点で、現代のそれとは事情が異なっている。現代で三五歳以上の未婚男子が多いのは、農漁村に限ったことではないが、農漁村部の長男の生涯未婚化は、角田浜をみるかぎり「親子同居」の家規範が親や地域社会に残存しながら、若者を中心に夫婦家族の「親子別居」志向が浸透しつつあるという矛盾的な状況にその一因があるといえるだろう。

さらに生涯未婚化の背景に、長男長女社会がある。産業化に伴う農村からの若者の流出は、主に家を継ぐ長子以外の子どもの流出を意味し、農村では都会に先駆けて長男長女社会を余儀なくされることになった。こういった跡継ぎ同士で結婚したのが事例1の世帯主の息子（第三世代）である。『妙の光』[15]によれば「農家の長男で祖父母、両親と同居のせいか、三二歳になっても結婚に縁遠かった」。そこで人を介して知り合ったのが現在の妻である。妻は三姉妹る。

の長女として「農家の大事な跡取り娘」であったので、長男との結婚を両親が猛反対し、両親の同意が得られぬまま二人は駆け落ちまでして結婚に踏み切った。現在は妻の両親の理解を得たが、妻の実家の祭祀継承の問題を抱えている。

また、事例6は、家業は農家であるが長男はサラリーマンになって婚出し、その妻も家を継承すべき立場にあって、長男夫婦が妻方の親と同居したケースである。二男が長男にかわって家を継ぐ意志があるのに、世帯主は「家を継ぐのは長男」であると主張し、二男の継承を拒否して「高齢単身世帯」でいる。長男は、自分の親と別居することによって配偶者を確保したが、事例4、11のように同居にこだわれば配偶者を確保できない場合も考えられた。

このように直系制家族における「同居」規範がありながら、長男長女社会の到来が跡継ぎ同士の組み合わせを余儀なくし、男子単系の継承を許さない状況が折り重なって、墓の継承問題にも発展している。

これまで家を継承する男子がいない場合、養子縁組によって継承者が補充されてきた。定住家族の第三世代をみても、四〇歳前後の二人が養子縁組を経験している。他に移動家族の第三世代にも養子縁組を経験した家族が一世帯みられた。こうしてみると、現代でも養子による継承者の補充は行われていることがわかる。その意味では、角田浜の家族は今もなお直系制家族であるといえるだろう。

しかし一方では、戦前までの家意識とは違い、直系制家族の存続基盤が変質しつつあることを推察させる状況も提示されている。特徴的なのは、定住家族で養子縁組をした二世帯である。ともに「女子のみ」の家族が娘に婿養子をもらう形の養子縁組であるが、農家でありながら、婿養子は家業を継承していない。事例10は、娘が農業を継承し、事例12は、農業は親夫婦が担い、娘はパート・タイマーの仕事に出て、婿は小売店を開業している。家業(農業)の継承をあきらめなければ婿養子が確保できない事態に、親世代が一歩譲った感がある。

表 II-9　角田浜〈定住檀家〉[Y]群の継承についての世代別意識

継承すべき子の状況	事例番号	第2世代の意識	第3世代の意識
子どもなし	2	養子を取ってまでも継承したい*	絶えても今はしかたがない**
	5	養子を取ってまでも継承したい	絶えても今はしかたがない
	9	無回答	不在
未　婚	4	合祀墓があればいい***	無回答
	11	絶えても今はしかたがない	絶えても今はしかたがない
長男が妻の親と同居	6	養子を取ってまでも継承したい	絶えても今はしかたがない

*養子や婿養子をとっても家や墓を継承したい．**家や墓が絶えても今はしかたがない，それまでだと思う．***祭祀の継承者が絶えても存続し供養されるような墓があればよい／跡継ぎが絶えたら『安穏廟』に入ればよい

定住家族の現状は、一五世帯中、六世帯が次代（この場合の「次代」とは第四世代をいう）の継承に問題をはらんでいるが（前出表II－8）、次代は家が継がれるのか否か、といった疑問が残る。そこで、今後を予測するために、意識調査の中に次代の継承意識を問う質問を設けた。ここでは次代の継承に問題をはらむ角田浜定住家族[Y]群六ケースについて考察する。

「今後もしあなたの家に跡継ぎが絶えたとしたら、どうお考えですか」と質問したところ、表II－9のような結果となった。

[Y]群の親世代の第二世代では「養子を取ってまでしても継承したい」と考える人は半数で、子世代の第三世代では不在・無回答者以外はみな「絶えても今はしかたがない」と答えた。これはあくまでも意識調査の域を出ないが、ある程度の将来予測にはなるであろう。だとすれば、次代では養子縁組までして家を継承させようとする意識は希薄化する傾向にあることがわかる。

しかし、潜在的に継承問題を抱えている家族の数例をもってこの地域の予測をたてるのはあまりにも性急であろう。そこで妙光寺の檀家のうち角田浜・曾根両地区の親世代（第二世代、六五人）と子世代（第三世代、五二人）の同じ設問への回答をみることにしたい。

第二世代の親世代では「家や墓が絶えても今はしかたがない、それまでだと思う」が二二人(三三・八％)と一番多かったが、「養子や婿養子を取っても家や墓を継承したい」も二一人(三二・三％)と前者とほぼ同じ割合であった。ところが、第三世代の子世代では「家や墓が絶えても今はしかたがない、それまでだと思う」が二三人(四四・二％)と高く、「養子や婿養子を取っても家や墓を継承したい」は七人(一三・五％)と低かった。二番目に多かったのは「祭祀の継承者が絶えても存続し供養されるような墓があればいい」の一四人(二六・九％)で、「安穏廟」希望者七人(一三・五％)と合わせれば、二一人(四〇・四％)にもなる。以上のことから、第三世代では「養子縁組までして、家や墓の永続性を求めない」という結果が顕著にあらわれた。

さらに同調査の「家を継いでいることが、負担に思うことはあるか」という質問に対しては、第二世代の親世代では「最初から負担に思ったことはない」が二四人(三六・九％)と最も多く、「考えたこともない」と「最初は負担だったが今はそう思わない」が一六人(二四・六％)と同数で続いた。それが第三世代の子世代になると「今もたまに負担に思う」二三人(四四・二％)が最多で、「考えたこともない」が一二人(二三・一％)と続いた。

このような結果から推測するに、家制度が強固だった時代に生まれ育った親世代は長男であれば家を継ぐことは疑う余地のないことで、負担に思う人は少なかったようである。それが戦後生まれの息子の代では、継承意識はあるものの、どこかで負担に思うことがある。孫の代になればさらに変わることが予測される。

3　総　括

対象期間中に角田浜や會根に住む妙光寺の檀家の約四〜五割が養子縁組を一回以上経験している。このように補充によって存続してきた直系制家族であるが、戦後の民法改正による夫婦制家族理念の浸透や産業化を経て、その実態が変質しつつある。直系制家族の長男の結婚は親との同居が条件であるために、配偶者の確保が困難であったり、継承の責務を抱えない二男・二女以下の者の都市への流出は、農村地帯にいち早い長男・長女社会の到来をもたらし、残る継承者同士の組み合わせでは、相互の家の継承が困難になることから結婚難も招来している。そうした中で、婿養子を迎えた家では、農家であってもすでに「家業の継承」を条件とはしていないことも判明した。

また調査対象者の家や墓の次代継承予測にも、不連続化の傾向があらわれていた。第二世代に「養子縁組までしても継ぎたい」と思う人が三割はいるものの、「絶えても仕方がない」と考える人も三割存在し、第三世代では「絶えても仕方がない」は四割以上になった。実際に次代に継承困難な状況にある家族の第三世代は、無回答を除けば、みな「絶えても仕方がない」と答えた。また定住家族の第三世代では、跡継ぎのいない人を容認する者が半数以上いて、「いつか自分もそうなるかもしれないと思う」が三割以上で続き、「継承者が絶えても続く墓」を求める人が約四割いる。角田浜の定住家族は直系制家族でありながら、跡継ぎがいない現実が到来した時、連続性から脱却する可能性をはらんでいることがわかった。

また移動家族の中で、親を故郷に残して都会へ出た第二世代が、結婚して生まれた子どものうち長男が都会の家を継ぎ、二男が故郷の家と先祖祭祀を継いだケースが見受けられた。こうなると、どちらが継承された家で、どちらが創設された家かの判断は難しい。親子同居の原則からいえば、移住先が継承された家であるが、従来の土地・屋敷を継承し、先祖を祀っているのは角田浜の家である。このように、かつての家的な性格を十分に備えた直系制家族は減少の一途をたどっている。分類上、直系制家族であっても、質的な変化が進行していることは疑いない。

第5節　家族移動と墓祭祀の変容

1　角田浜妙光寺檀家「移動家族」の実態

資　料

筆者は、妙光寺の檀家が一九二一年から一九九五年までの七四年間に、家と墓をどう継承したか、次代継承状況を含めて調査した。前節では一九二一年に角田浜に在住した三二世帯の檀家のうち定住家族一五世帯に焦点を当てて考察し、角田浜以外の調査結果を補足的に用いた。本節では一九二一年時の「檀家名簿」にある角田浜の檀家三二世帯の中から、地域移動をした一七世帯の移動家族を中心に考察する。

調査方法等は前節で触れた通りである。移動家族については角田浜出身者だけでなく、他の地域の出身者を含む移動した全檀家の中から、移動後も継続して妙光寺の檀家である家族を選び二一世帯の回答が得られた。角田浜の移動家族一七世帯を中心としながらも、全地域の二一世帯の結果も適時加えることとする。また、妙光寺にある継承者を必要としない墓「安穏廟」を購入した移動家族にも注目し、移動地と故郷の両方に墓をもつ世帯の故郷志向性についても言及する。

移動と土地所有の関係

表 II-10　1887(明治 20)年頃〜1988(昭和 63)年における角田浜在住者の土地所有と地域移動

軒　前 (全 46)	1887 年 世帯数 と割合	移　動　世　帯　数					
		〜1912 (明治45)	〜1926 (大正15)	〜1950 (昭和25)	〜1988 (昭和63)	不明＊	軒前世帯数 中の移動者 数の割合 計(%)
1　イッケンマエ	19(10.8)				1		1(5.3)
1/2 ハンゲンマエ	16(9.1)		1				1(6.3)
1/3 ミ　ツ　イ　チ	4(2.3)	—	—	—	—	—	——
1/4 シハンマエ	17(9.6)				1[1]		1(5.9)
1/6 ロ　ク　ハ　ン	10(5.7)				2		2(20.0)
1/8 ヤ　ハ　ン	18(10.2)		1	1	2		4(22.2)
0〜1/8 未満	92(52.3)	1[1]	3	9[1]	18[5]	16[6]	47(51.1)
計	176 (100)	1	5	10	24	16	56(31.8)

＊不明は 1935 年以前

角田浜は出稼ぎが多い土地であった。それについては前に触れているので省略する。ここでは、土地所有と地域移動の関係、職業と地域移動との関係について補足しておくことにしたい。角田浜では所有する土地を「軒前《けんまえ》」であらわす軒前制をとっており、ムラ全体では四六軒前がある。一軒前とは水田八反、畑九反、山林二町五反で、分家を出す際には、一軒前を所有する家では分家する者に八分の一(ヤハン)をつけて出すこととされていた。一八八七(明治二〇)年頃の角田浜一七六世帯(寺社五を含む)の田畑の所有状況[16]は表Ⅱ-10のようになる。

一軒前の土地を所有している世帯はわずか一〇%程度しかなく、また五〇%以上がほんの少々の土地を所有するだけか、まったく耕地を所有していない世帯である。また表Ⅱ-10には、土地所有に関連した移動率を示した。一八八七〜一九八八年の間で、一軒前から四分の一(シハン)といった比較的広い土地をもった世帯の移動率は五〜六%と低く、六分の一(ロクハン)と八分の一(ヤハン)では約二〇%、角田浜の半数以上を占める土地無所有者あるいは微少の土地を有する世帯の移動率は約五〇％強と高かった。要するに、土地を持っていない家が地域移動していることがわかる。

角田浜在住者の中で妙光寺檀家の移動家族一七世帯については、不明・絶家した家族を除いた一四世帯の移動時期（うち六世帯が移動時期不明）を、表Ⅱ－10の［　］内に示した。移動家族は一世帯のみが四分の一（シハン）であるほかは全て耕作地をもっていない家族であった。その田畑を持った一世帯も、移動先で親と長男が同居し、角田浜の家は二男が継いだという移動・定住の両要素を持った世帯である。

一九二一年当時の職業を『檀家名簿』でみると、定住家族は、農業七、漁業四、工業二、商業二と「農業」従事者が多く、したがって田畑を所有している世帯も多いのに対して、耕作地をもたない移動家族の職業は、工業九、農業三、商業四、漁業一になり、ほとんどが工業で、定住家族と比べて職業・耕作地ともに違いが認められた。移動檀家の職業で多い「工業」は、職人を意味し、角田浜は江戸時代から大工・木挽・鍛冶の三種が主なる職種であった。世帯主や長男は農業や漁業に従事し、次三男以下が大工・木挽になるケースが多く、角田浜、角海浜、五ケ浜の大工は「ハマダイク」と呼ばれていた。女性は「毒消し売り」などの行商が多かった。

移動の時期と理由

「妙光寺檀家調査」の移動家族の回答（全二一世帯）をみると、「移動の時期」は、一九四五～五四年に六世帯と最も多く、次いで一九五五～六四年の五世帯と、この二期に集中している。あとは一九三五～四四年が三、一九二一～二六年が二、一九七五～八四年が二、一九六五～七四年一、無回答二となった。「移動理由」は、無回答三を除いた回答一八世帯のうち、一番多いのが「故郷での生活維持が困難であったから」の八、つづく「よりよい生活のため仕事

表 II-11　移動理由

回答者数

1 故郷での生活維持が困難であったから	8
2 よりよい生活のため仕事を求めて	4
3 家族や知人に誘われて	0
4 その他(分家，転勤他)	6
無回答	3
合　　　計	21人

表 II-12　一緒に移動した人

回答者数

1 初め世帯主，その後家族	8
2 初めから家族一緒	7
3 自分一人で移動	3
4 その他	3
無回答	0
合　　　計	21人

を求めて」の四、この二つを合わせれば一二世帯となり、生活困難のために移動したケースが多数である(表Ⅱ－11)。

「移動者の範囲」は、同調査で「一緒に移動した人」について尋ねると、「初め世帯主、その後家族」が八世帯、「初めから家族一緒」が七世帯で、この二つの合計は一五世帯と大多数を占めた(表Ⅱ－12)。聴き取り調査によれば、最初は夫が移動し、つづいて妻が移動というパターンが多いということであった。出稼ぎが多い地域なので、家族の一員の長期不在はほかの地域より一般化していた。最初は出稼ぎ感覚で移動し、態勢を整えてから家族を移動地に呼び寄せるというケースが多い。その際、若い人は都会に住み、高齢者は角田浜に住む形態が多く、高齢者が死亡するとお盆に帰省するだけとなる。

故郷志向性と「家屋」「墓」

不明・絶家の三世帯を除いた一四世帯のうち、寺檀関係を解消した世帯は、五世帯になる。事例17、21、22、23、26がそれで、移動はしたが寺檀関係を解消しない家族と比較すると、「故郷志向性」という点で違いがみられた。それを知る手がかりとして、移動後の故郷における「土地・家屋」や「墓」の保有に注目してみたい。

現在も故郷・角田浜に家屋をもっているのは八世帯で、六割弱にもなる。その家屋は、主にお盆の帰省時に使われている。なかには、土地はあるが家を壊してしまったケースが一世帯あり、経費がかさむので宅地を売却した家族は三世帯(事例16、18、26)あった。また逆に経済的に余裕がある世帯は、故郷の家屋を整備し立派にするケースも少なからずある(事例20、23、24、29)。

一四世帯のうち故郷に家屋を残している人は、「故郷志向性」の強い人である。例えば事例24は、今の世帯主の代で移動したが、故郷への志向性が強く、角田浜に宅地や住宅を持ち、頻繁に角田浜に帰省している。事例18の世帯主も故郷への志向性が強く、移動後、妙光寺に立派な墓を建立した。寺に高額の寄付をしたり、故郷に住宅を持って地元の共同体が決めたことにも従っている。

ところが、家屋を引き払うばかりか、墓も移動地に移した、故郷志向の薄いと思われるケースもある。事例17、21、23がその例である。事例17は、埼玉県に移動後、世帯主が早死し、妻も同郷であるが、埼玉県に墓を移して離檀した。「妙光寺檀家調査」でも、故郷に対する現在の気持ちのあり方を尋ねたところ、第二世代の世帯主では一八人中一〇人が「なつかしく想い、今でもこころの支えである」と答え、さらに子世代の「親にとっての故郷であるが、子どもの自分も愛着を持っている」という三人を加えると、故郷に愛着を持つ者が一三人になり、「どちらかというと今住んでいる所のほうに愛着を感じるている」の三人をはるかに上回った。

しかし故郷へ愛着をもっていても、子どもや孫の生活が移動地に定着してしまうと、墓参が困難になるため移動地に墓を移し、離檀する世帯が出てくるだろう。そこで移動地に新しく墓をつくりながら、故郷に先祖の墓を残したいという動機から、妙光寺の「安穏廟」を購入する事例22のような例もある。この件については後述する(六九〜七一頁)。

もうひとつの特徴は、墓を寺に残したまま放ってしまうケースである。事例26がそれで、存在は確認されているが、檀家としての義務を果たさず寺と没交渉でいる。このようなケースは、角田浜地区以外の移動檀家にも多い。

図 II-4 「安穏廟」1 基の形態

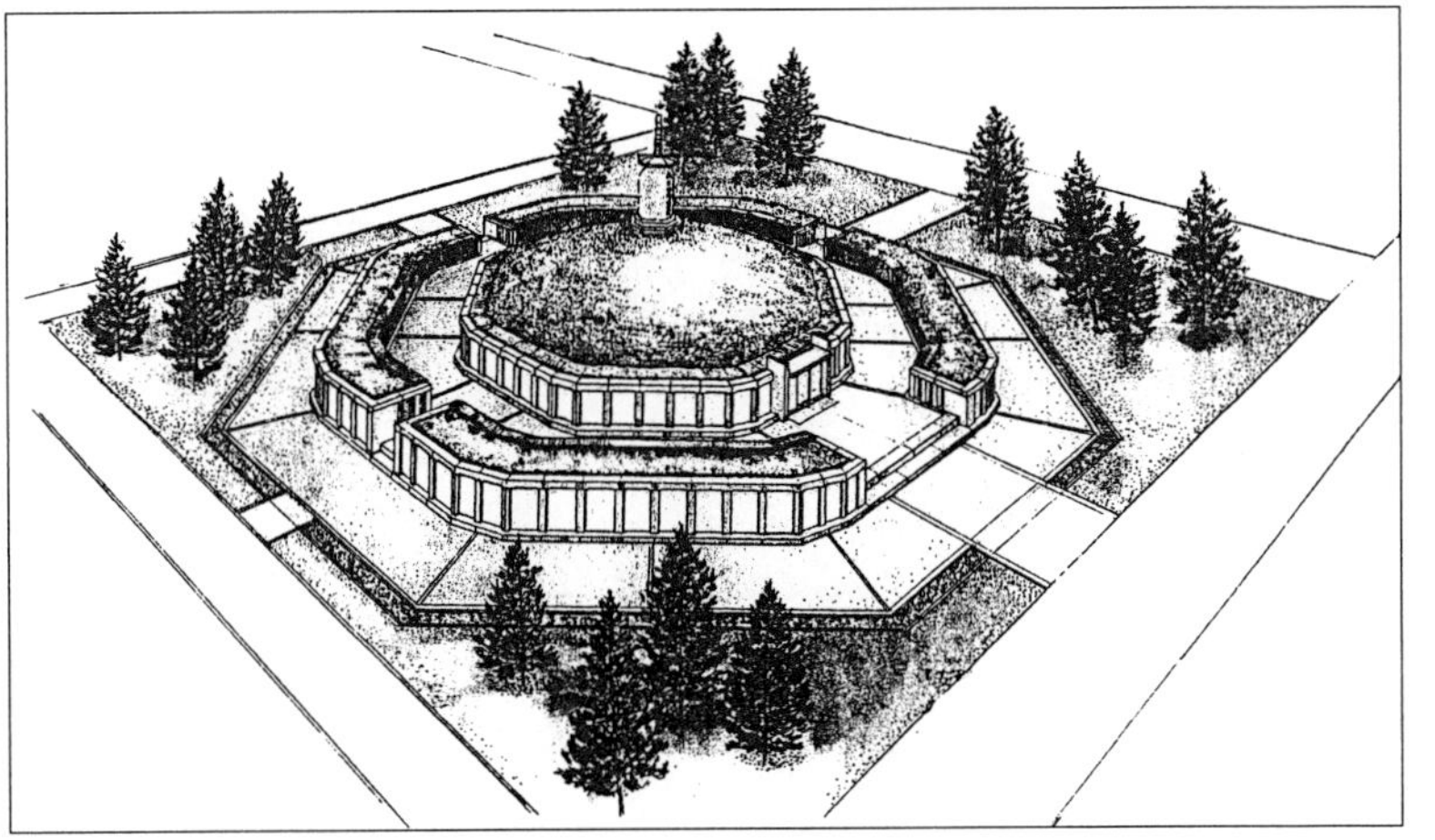

この形が全部で 4 基建つ．パンフレットより

2 妙光寺・非継承墓「安穏廟」からの考察

檀家関係者の「安穏廟」購入状況

筆者は一九九五年度(財)「東京女性財団」の助成研究として「変わる家族と女性と墓」(主任研究員・井上治代、調査協力者・妙光寺住職小川英爾)をまとめるにあたって、第一回目の「『安穏廟』会員意識調査」を行った(その後一九九九年に第二回目を実施)。その調査から得られた結果をもとに、ここでは「安穏廟」を購入した檀家および檀家関係者を中心に、安穏廟購入者の意識について言及する。それ以外の「安穏廟」についての詳細は第V章で展開する。

一九八九年に開設した跡継ぎを必要とせず、継承を前提としない「安穏廟」は、八角形の古墳型をした塚の周囲に一〇八のカロートが集合した形の集合墓で、これが全部で四基並んでいる[17](図II-4)。最初から四基建設したわけではなく、一基(一〇八カロート)ずつ建設し購入者を募った。購入者の居住地は、一基目は半数近くが首都圏在住者であったが、二基目になって地元の新潟

表II-13　妙光寺檀家の安穏廟購入者データ

出身		現住所		購入理由		購入者の立場	
新潟県内	25	新潟県内	14	子どもなし	11	檀家	9
県外	2	県外	13	娘のみ	8	檀家の世帯主の弟	7
				長男拒否	1	檀家の娘	3
				単身者	1	檀家の義母	1
				故郷にも墓	3	住職の義兄弟	1
				先祖の墓として*	1	妻が檀家出身	5
				妻が故郷に墓を希望**	1	娘が檀家の嫁	1
				その他	1		
計	27	計	27	計	27	計	27

*後述の事例㉕で，移動者が移動地の墓の他に，故郷に先祖の墓として購入
**後述の事例㉑で，妻の故郷が新潟で，妻が故郷に眠りたいとの希望から妻が入る墓として購入

県の購入者が増えた。一九九六年一月現在(安穏廟は二基)の申込者二〇〇人によると、安穏廟の申込理由は、「子どものいない夫婦」が一番多く二三・五%、次に子どもが「娘のみ」一九・五%であった。三番目は「息子はいるが事情のあるケースで」一三・〇%、「未婚の女性が一人で」と「未婚女性が親と一緒に」を合わせて一二・五%、続いて妻の「夫の家の墓拒否」が一二・〇%であった(これ以降の同調査のデータは二三〇〜二三一頁参照)。

檀家関係者で安穏廟を購入した人は、一九九五年一二月現在で二七名(事例①〜㉗)である(表II-13)。購入者の総数が二〇〇人に対して、その中に檀家関係者の占める割合は一三・五%とまだ少ないが、時が経つにしたがってその件数を伸ばすであろうことは、意識調査から推測された。安穏廟を購入した檀家関係者は、新潟県出身者が二五人と多く、県外者は「檀家に嫁いだ嫁の実家」という関係二人のみであった。県内出身者が圧倒的に多いにもかかわらず、現住所は県内が一四、県外一三で、ここでも移動者が多いことに気づく。

「購入者の立場」としてまず注目されるのは、「檀家」九人である。養子縁組などの継承戦略をとらず、直系家族制から脱却して、継承

表II-14　移動者の安穏廟購入状況

	墓　の　数	「安穏廟」に入る人	事例番号
I	1基のみ（墓は「安穏廟」だけ）	購入者＊	⑭⑯
II	1基のみ（墓は「安穏廟」だけ）	購入者＋先祖	②⑰
III	2基目（他に墓があり，2基目として「安穏廟」）	購入者	㉑
IV	2基目（他に墓があり，2基目として「安穏廟」）	先祖	③⑥㉕

＊購入者とは，配偶者や子どもなども含む

を前提としない安穏廟を購入した檀家が確認できた。次に多いのは「檀家（世帯主）の弟」七人である。「檀家の弟」の立場にある購入者の購入理由は、「子どもなし」五人、「娘のみ」二人というように男子の継承者を欠く場合であった。つまり戦前の家制度時代であるならば、養子で継ぐか、本家の墓に入れてもらうことができた人たちである。

移動者の故郷の墓

移動者が望郷の念から故郷の安穏廟を購入するケースには四通りがある（表II-14）。

Iは、一基のみの墓として安穏廟を購入し、購入者が死んだのちに入るケースである。たとえば事例⑯は、檀家の世帯主の弟で、埼玉県に移動した。娘だけなので故郷の安穏廟を購入し、夫婦で入ることになっている。

IIは、一基のみの墓として安穏廟を購入し、購入者と先祖とが一緒に入るケースである。事例②がその事例で、神奈川県に移動したが、子どもは娘だけで継承者がいない。そこで故郷の先祖が眠る村墓地を改葬して、安穏廟に先祖とともに夫婦で入ることにした。

IIIは、移動先にも墓があるうえに二基目の墓として安穏廟を買い、購入者が入るケースである。事例㉑は、移動先は千葉県、そこに墓もある。妻が故郷に愛着があり、故郷の墓に眠りたいと思う。しかし、現代では生家から離家した者まで墓に入ることができるという意識は薄いため、願いは叶わないと思い諦めていた。そこへ安穏廟ができ、分骨して安穏廟に入ることを遺言した。のちに死亡して安穏廟に納骨された。

Ⅳは、移動先にも墓があるうえに二基目の墓として安穏廟を買い、先祖だけ納骨するケースである。事例③は、移動先は宮城県である。出稼ぎで宮城県に移動した。商業を営んで定住し、息子は移動先で結婚した。角田浜に戻る意志はない。移動地の日蓮宗の寺に墓を購入したが、故郷に先祖の墓(ルーツ)を残しておきたい、墓をすべて移してしまうのは忍びないと思う。「ご先祖さまに申し訳ない」ということで一九九三年に先祖の墓として安穏廟を購入し改葬した。事例⑥は、移動先は福島県である。故郷に先祖の墓(安穏廟)を残し、移動先で日蓮宗の寺の墓を買って、その寺の檀家になった。事例㉕の移動先は東京都である。世帯主は婿養子で、東京で墓を買った。先祖の遺骨は故郷の安穏廟に入れた。血縁関係のない先祖の遺骨を東京に移すことに吹っ切れない婿養子の複雑な想いがある。本人は死亡したが、残った者が本人の気持ちを思い遣って、故人の意思を尊重している。両墓制地区「五ケ浜」出身で、望郷の念もある。

ここで特に注目したいのは、ⅢとⅣの「二基目」である。一般的に墓は一基あれば十分である。移動地に墓をつくる場合、故郷の墓を改葬して先祖の遺骨を移動先の墓に納骨し一本化する。一方では、故郷の先祖の墓を改葬しないために放ったままで無縁化している墓も増えている。ところが、「二基目」の墓というのは、そのどちらにも当てはまらない。以上の事例からもわかるように、本来ならば一基でよいのに二基目をつくるところに特殊な思い入れがあるといえる。移動した第一世代は、生活圏が移動地になると、移動先に墓はつくるものの、「先祖に対する責任感」や「望郷の念」「自分のルーツ」意識から故郷に墓を残したいと考えている。こういった移動第一世代の望郷の念を満足させてくれるのが「安穏廟」の存在である。

表II-15　移動後に檀家をやめない理由〈親子共通〉(3項目複数回答)

回答の選択肢	親	子	計
1 故郷に愛着がある	7	2	9
2 先祖が眠っている	12	8	20
3 寺や住職が気に入っている	10	6	16
4 移動地にもお盆の時など読経にきてくれるので安心	8	4	12
5 親の代から墓があったから，あまり考えずに継続	4	1	5
6 先祖からのものを守るという責任感で	4	6	10
7 その他	0	1	1
無回答	1	0	1
合計	46	28	74

「妙光寺檀家調査」でも、移動後も妙光寺の檀家をやめない理由は「先祖が眠っている」が最も多く、「寺や住職が気に入っている」「移動地にもお盆の時など読経にきてくれるので安心」「先祖からのものを守るという責任感で」「故郷に愛着がある」の順で(表II-15)、「どこに埋葬されたいか」という質問には、故郷に愛着があり、先祖が祀られているから、その墓を守り、自分もその中に入りたいと答える人が多かった。

3　総括

調査地は、生産性の低い土地柄であったために半農半漁でも生活できず、次三男や女性の「出稼ぎ」が常態化していた。一九二一年から一九九五年までの間における妙光寺檀家の移動家族は、昭和二〇年代、三〇年代に移動が集中し、「故郷での生活維持が困難であったから」「よりよい生活のため仕事を求めて」といった移動理由をあげている。そのあり方は、はじめ世帯主が出稼ぎ感覚で移動し、態勢を整えてから家族を呼び寄せるというケースが多かった。その際、高齢者は角田浜に残る形態が多く、高齢者が死亡するとお盆に帰省するだけとなって、家族は完全に移動地に定着する。

故郷に家屋をもっている世帯が現在でも六割弱も存在し、それは盆の帰省時の滞在などに使われている。なかには家屋が壊れたり、経費がかさむので宅地を売却したケースもあるが、逆に経済的に余裕がある家は、故郷の住居を整備し立派にするケースも少なからずある。

一方、継承を前提としない墓「安穏廟」を購入した檀家および檀家関係者をみると、すでに養子縁組などの継承戦略をとらず、直系家族制から脱却して、継承を前提としない安穏廟を購入した檀家が確認できた。また「檀家（世帯主）の弟」で継承者のいないケースが多く、養子による跡継ぎの補充をしないばかりか、本家の墓に入れてもらうこともせず、安穏廟を購入する事例も存在し、脱家的な傾向がとらえられた。

また、移動者が望郷の念から「故郷に墓」を購入するケースもみられた。特に移動先に墓を買いながら、故郷に「二基目の墓」として安穏廟を購入しているケースが興味深い。「妙光寺檀家調査」でも、移動後も妙光寺の檀家をやめない理由として「先祖が眠っている」ことをあげる者が多かった。移動した第一世代が、「先祖に対する責任感」や「望郷の念」「自分のルーツ」意識から故郷に墓を残した事例が見受けられた。安穏廟が、そういった意識の受け皿になっている。継承者を必要としない安穏廟自体が家族の不連続性を前提に登場した墓で、そこに新旧の家族意識が錯綜している。

注

（1）竹田旦は、家の定義には狭義と広義の二つの立場があるとしたうえで、「父系による超世代的な連続を指向する観念は、西南日本でも例外なく看取される。たとえば、長崎県五島地方のいわゆる隠れキリシタンの間でさえ、位牌祭祀と位牌継承をきわめて重視するという一例にも象徴されているように、西南日本でも一般に位牌を『家』のシンボルと考え、これを介して『家』の超世代的連続を指向しているとみることができるのである。少なくとも超世代的な連続への指向という『家』の特性を西南日本で析出することはきわめて容易であり、この点をもって西南日本の家族を『家』と規定することもできるわけである」といい、西南日本の家族も、祭祀の「世代的継承」をもって広義の家に相当しうると述べている[竹田 1973:9]。

(2)　本書では、「長男」に対し、それ以外の男子の意で「次三男」の語を使うが、それとは区別して、二番目の男子を特定する場合は「次」を使わず「二男」と表記する。

(3)　一九九五(平成七)年三月度住民基本台帳より。

(4)　『大越家文書』所収「嘉永四年、宗旨人別帳」より。

(5)　「毒消し」、すなわち毒消丸の製造は角田浜村の南方、角海浜村の称名寺が発祥の地といわれる。称名寺の縁起によれば、江戸後期から幕末にかけて始まったものと推定されている「毒消し娘」たちは現金収入を求めて、東北・関東・甲信越へと次々に旅立った。称名寺から幕末に毒消薬製造権を与えられた滝深家などは最盛期の一九一二(明治四五)年には一二七名の売り子を抱えていた[小村弌 1963:19]。

(6)　日蓮が佐渡流罪途中、角田浜で起こした三つの霊蹟のこと。「岸」の題目とは、角田浜に舟が漂着した時、岸辺の岩に衆生結縁と龍神供養のために「南無妙法蓮華経」の七字題目を書いたもの。「岩」の題目は岩穴に棲む悪蛇の害を取り除いた時、岩に書き付けたもの。「波」の題目は再び佐渡に向け船出した時、怒濤のような大波が襲ってきた時、日蓮が竿で波に七字題目を書くと、波が静まったといういわれがある。

(7)　日印上人は日蓮の弟子日朗上人の弟子で、日朗門下の優れた九人を意味する「朗門九鳳」の第一に名をあげられる高僧で、一三一三(正和二)年妙光寺の前身である角田山三ヵ寺(妙法寺・蓮華寺・経王寺)を創建した。

(8)　角田浜は、江戸時代には「角田浜村」と呼ばれ、天領と長岡藩領に編入されるのを交互に繰り返した。一九〇二(明治三五)年に角田浜、越後浜、四ツ郷屋が合併して行政村「角田村」(角田村大字角田浜)となり、さらに一九五五(昭和三〇)年には巻町に統合された(巻町角田浜)。

(9)　核家族世帯は、次三男が分家創出した家族や、直系制家族の家族周期における「Ⅲ若い世代の核家族のみの段階」(三七頁)にある家族である。

(10)　角田浜周辺の地は、女性の出稼ぎ「毒消し売り」が盛んであったために、経済力を持った女性が実家から分家し、毒消し行商で稼いだお金で一家を成す者もいた。女性戸主は結婚をせず、養子、とりわけ行商ができる養女をもらって家を継承させるケースが多い。

(11)　半檀家制は一戸の家で男性と女性の旦那寺をもつ習俗で、夫婦別寺帰属のほか、男子・女子・嫁の帰属のあり方で三カ寺帰属のケースを見出すことから、複檀家制ともいわれている。調査地では「半檀家」といい、嫁の帰属は実家ではなく、婚家の女寺である。

(12)　家督相続では、家の継承者は、その特権として祭祀継承者でもあったから、本章でその伝統が残る直系家族制地域の「家(族)の継承」について論を進めていくが、それはとりもなおさず「墓の継承」について論じていることでもある。

(13)　聴き取りでは、高齢夫婦に「姉さん女房」が多いことがわかった。その理由として、地元の人は「女性は毒消しの行商に出るので見聞が広く、現金収入も多い。こういったことが関係しているのではないか」という。実際、実家から分家し、毒消し行商で稼いだお金で一家をなす女性もいた(注(10)参照)。一九二一年から一九九五年に至る角田浜の女性戸主(世帯主)は四名、全地域では一三名になる。

(14)　一九二一年の直後に世帯主が亡くなった一ケースは、他の家より一世代多くなるので、この場合、一九二一年当時の世帯主と二世代目を第一世代とした。

(15)　妙光寺が檀家と安穏廟購入者を対象に発行している妙光寺教報『妙の光』復刊一五号(一九九五年六月二五日)。

(16)　角田浜で代々庄屋であった大越代二氏(八〇歳)より、妙光寺檀家の石田誠太郎氏の協力を得て聴き取ったものである。大越代二氏は農業を営み、若いとき農協の役員もしていたという「生き字引」的な人物である。

(17)　二〇〇二年には「安穏廟」が四基とも申込みが完了したので、隣接地に「杜の安穏」と名づけた小さな集合墓が、樹木の中に散在する形で増設された。

第Ⅲ章　人口流出・親子別居地域の墓祭祀の変容

——鹿児島県大浦町調査から——

第1節　課題・資料

1　課　題

本章の課題は、第Ⅱ章と同様に、家族の第一段の変化、すなわち戦後の産業化による人口移動によって促進された急激な世帯規模の縮小、夫婦家族制理念の浸透が進んだ中で、家的性格の強い墓がどのように変化したかを分析することである。

調査地は、前章の高齢化率が高く親子別居率が低い、伝統的に直系家族制地域である新潟県巻町角田浜に対して、親子別居率の高い鹿児島県大浦町を選んだ。これまで家族が果たしてきた機能の中で先祖祭祀――なかでも墓祭祀――が、老親介護と同様に親子が「同居」する形態において遂行されやすいという特徴に着目し、戦後の若年層の地域移動によって起こった親子の「別居」が、墓祭祀にどのような変化をもたらしたかについて、鹿児島県大浦町の調査結果から考察する。また調査地を人口流出地域としたのは、若年層が流入した都会より、親世代が残され高齢化が進む人口流出地域のほうが問題発生の蓋然性は高く、変動のダイナミズムにより多く迫りうると考えたからである。家族による介護や墓の継承についての困難度が高い地域をとりあげることによって、その変化の実態に迫り、あわせて家族に代わるサポート・ネットワークのあり方を探りたい。

また第Ⅰ章序論で筆者は、家族の変化に伴って墓に顕著な変化がみえてくるまでには「時間差あるいは遅滞(time

lag)」があると想定して論を進めると述べた。先祖祭祀の実修施設の中でも、遺体や遺骨の埋葬地である墓は、容易に新設・複製できる仏壇や位牌と違って、その変化は緩慢であるといえる。戦後の産業化によって夫婦を中心とした家族理念が浸透し、養子縁組をしてまでも家の永続性を保持する考えは薄れたが、しかし墓は世代的に継承され、墓参の実修率も一貫してさほど衰えを見せなかったのである。

なぜならば親が亡くなっても、親の暮らした故郷の墓に納骨するケースが多く、子どもは自分の墓をどこにするか決める時まで、墓の継承を実際上、棚上げにしておくことができたからという一つの推測が成り立つ。だから八〇年代前半ぐらいまで、故郷の墓の継承にも大きな変化がみられなかった。しかし、一九九〇年代になると、戦後の高度経済成長期に故郷から都会へ地域移動した若年層(子世代)が、自分の墓をどこにするか——親の眠る故郷か、移動地にするか——決断の時期を迎えた。その決断の結果が、故郷ではなく移動先の方が多いとすれば、そこに故郷の「墓石」からみた一つの継承断絶が起こっているのではないかと、筆者は想定する。「墓石からみた」と限定したのは、墓の継承には、墓という施設の継承と、祭祀の継承の二種類があるからである。故郷の墓石が破棄され墓が子どもの移動地へ改葬されたからといって、祭祀まで断絶するとは限らないので、墓石の継承と祭祀の継承は分けて考えたい(1)。

墓に入る前のライフ・ステージでは、大友篤、嵯峨座晴夫、清水浩昭らが実施した大都市の高齢人口移動に関する調査によって、一九八〇年代になると高齢者が地方圏から大都市圏に移動するという現象が顕在化している実態がとらえられた(2)。その背景として清水浩昭は、一九六〇年代に地方から大都市圏に移動した当時の若年層の親世代(地方圏に居住)が、一九八〇年代になると高齢化したことによって、大都市圏に居住する子どもとの同居を求めて移動するという、新たなる現象が生じたからであると指摘している[清水 1999：12–13]。その延長線上で、故郷の墓も移動し、子家族の居住地に改葬されることも十分考えられるだろう。

2　資料

本章の資料は、鹿児島県川辺郡大浦町の三回の調査結果である。すなわち、筆者がかかわった鹿児島県大浦町における主に「住民」を対象にした意識調査と、主に「墓」からたどった祭祀・継承状況の調査の結果で、現地調査は次の三回にわたった。

［1］一九九八年三月調査は、清水浩昭を代表研究者とする「高齢者保健福祉研究会」が行った「高齢者の保健福祉に関する総合的研究」(財)長寿社会開発センター委託事業)で、筆者は研究会の一員として調査に参加する機会を得、かつ墓に関する質問項目を加えさせてもらい、独自にデータを処理して、報告書では「高齢者の死と葬送」についての執筆を担当した。

調査方法は、調査員の訪問による個別面接調査と、面接時に可能な範囲で聴き取り調査を行った。調査対象は、大浦町二一地区(二つの施設を含む)から越路、榊、仲組、有木の四地区を選び、各地区の六五歳以上の高齢者を含む全世帯の中から各世帯一人ずつ抽出して対象者とした。ただし榊地区のみ面積が広く人口も多いので、全高齢者世帯のほぼ半分にあたる世帯の中から各世帯一人ずつを対象者として抽出した。有効回答数は一六五名である。(3) 調査項目は、家族規範、近隣ネットワークとそのサポート機能、家族・親族ネットワークとそのサポート機能、友人ネットワークとそのサポート機能、行政や民間による高齢者福祉サービスとそのサポート機能などである。墓に関しての質問事項は、①将来自分自身が利用できる墓地があるか、②将来あなたの入る墓を継いでくれる人がいるか、③共同納骨堂についてどう思うか、④墓に誰と一緒に入りたいか、⑤先祖の墓を守り供養することが子孫の義務と思うか、などである。

［2］一九九九年八月調査は、一九九九年度淑徳大学大学院生研究費補助金による「墓を指標にして戦後の家族変動を探る」という研究題目のもとに筆者が単独で行った「大浦町・共同納骨堂調査」である。［1］の調査で対象とした四地区の共同納骨堂について、各納骨堂の一基ごとの現状調査(墓標の表記・位牌・線香立・花立の有無等)を行い墓籍簿を作成し、その後に一基ごとに建設以来の継承や祭祀の変化、管理の状況について、区長・納骨堂責任者を対象に聴き取り調査を実施した。またさらに、寺の納骨堂の調査も実施した。

［3］二〇〇一年二月調査は、［2］の補足調査として二〇〇〇年度淑徳大学大学院生研究費補助金により筆者が単独で行ったものである。

第2節　大浦町の概要

1　立地・産業

鹿児島県川辺郡大浦町は、薩摩半島の南西部、野間半島の付け根に位置し、東に加世田市、南および西南は坊津町、北西は大浦潟干拓地と笠沙町に接し、北は東シナ海に面している(図Ⅲ‐1)。

現大浦町は、藩政時代は、島津氏の領下、加世田地頭仮屋の支配下で、加世田郷の一部をなした。その後、近くの集落と合併を繰り返し、一九五一年に、笠沙町に属していた「大字大浦」の区域をもって「大浦村」として分村した。

図 III-1　大浦町の地図

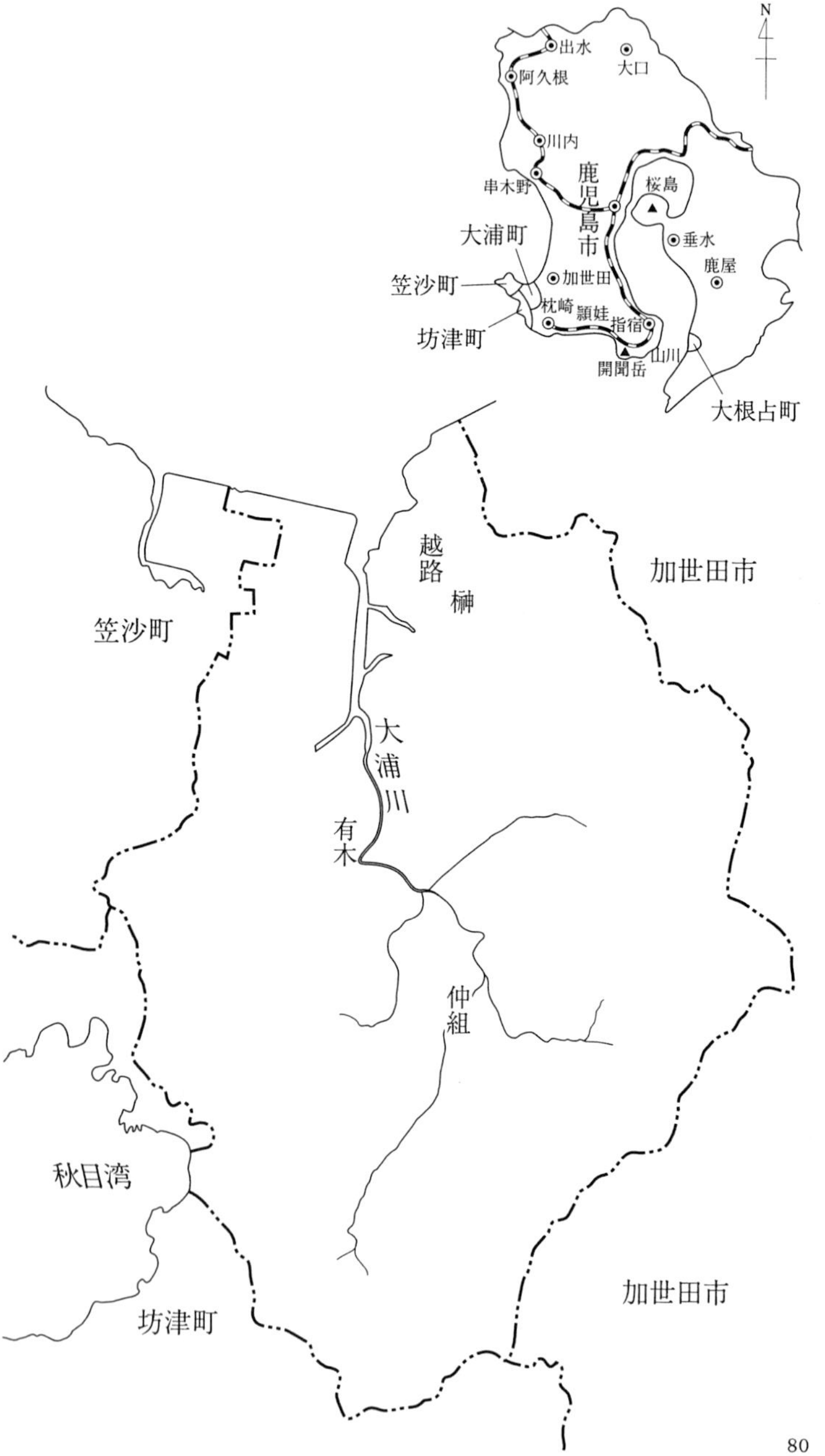

さらに一九六一年には「大浦町」として町制を実施した。

大浦町は、東、西、南の三方が山で囲まれ、総面積三八・一九平方キロメートルのうち七〇%が山間部で占められていて平地が少ない地域である。その山々に挟まれた狭い平野の中央を大浦川が北側の海に向かって流れ、この川によってつくられた沖積層の上に干拓地が開けている。この干拓地では米作が中心だが、大浦町の多くは火山岩地であるため、土壌はもろく農業に適してはいない。よって主要産物は温暖な気候に適したお茶やポンカンなどである。大浦町の産業別就業人口比は、第一次産業が最も多く四〇・四%、つづいて第三次産業の三九・九%、第二次産業一九・七%となっている(一九九五年国勢調査)。大浦町には若者たちが生計を立て得る仕事が少なく、多くの若者は県外で就職している。

2　歴史的背景と現況

大浦町の共同体の単位や宗教についての聴き取り調査をしていくと、この地の藩政時代の政策が下地となっていることがわかる。軍事・行政の「外城《とじょう》制度」と、農地・徴税を規定した「門割《かどわり》制度」が薩摩藩に特徴的な制度であった。外城とは、藩主がいる内城(本城)に対する外城(支城)の意で、外城は一七八四(天明四)年には「郷」と呼ばれるようになった。それぞれの「郷」(外城)には、いくつかの「村」があり、さらに村は「方限《ほうぎり》」という単位に分かれ、方限はいくつかの「門」(または屋敷)で構成されていた。また方限には、「麓」(郷士集落)、「在」(百姓集落)、「浦」(漁師集落)、「野町」(町人集落)の別があった。

大浦は、藩政時代に加世田郷に属して一二の方限に分かれ、麓(郷士集落)二、在(百姓集落)九、半浦(漁師と百姓集落）一、という構成であった。在の方限は二〜八つの門・屋敷に分かれ、門・屋敷はまた家部（戸）から構成されていた。代表者である名頭を大浦では通常「乙名殿《おんなどん》」と敬称で呼び、「ウッガン（内神）」という門・屋敷の同族神、氏神的な性格の神を祀っている。この門がいくつか集まった地縁的なまとまりが方限である。実は藩政時代のこの方限が、現在の大浦町の集落（行政単位としての地区）にあたり、道路の修繕や用水路の溝さらえなどは、この集落（かつての方限）が単位となって行われている。葬式は、門意識が残るところは門を中心に行われてきたが、次第に変わりつつある。(4) 墓は地区ごとにつくられている。

大浦町の現在の地区は、かつての一二の方限と、それから分離独立した集落、あるいは新たに誕生した集落を含めて二〇地区になっている。調査を行った大浦町の四集落のうち、榊、有木、仲組はかつて在（百姓集落）であった。(5) 内匠進によれば、大浦の郷士と半浦には門・屋敷がなく、在のみに門・屋敷があったので、榊、有木、仲組には門があり、越路は半浦（漁師と百姓集落）で門がなかった［内匠 1995：314］。このようなかつての共同体が下地にあって、今の葬式や墓などを含む生活共同体の単位となっている。

また大浦町の各地区の集会所を訪れてまず気づくことは、施設の中心的位置に仏壇があることである。多数の人が利用する施設の中に特定の宗教・宗派の祭壇があることは、外来者には奇異に感じられる。大浦町では、数人を除けば宗教は仏教、宗派は浄土真宗本願寺派（一地区のみ真宗大谷派がある）と、みなが同じ信仰をもち、さらにその浄土真宗が江戸時代に薩摩藩から禁制・弾圧を受けながらも「隠れ念仏」という命がけの形をとって庶民の生活の場で強く生き続けてきたことで、人々が集まる集会所に仏壇があることの背景をうかがい知ることができる。(6) 寺も西福寺（本願寺派）一寺のみである。

図 III-2　男女別人口と世帯数，高齢化率の推移

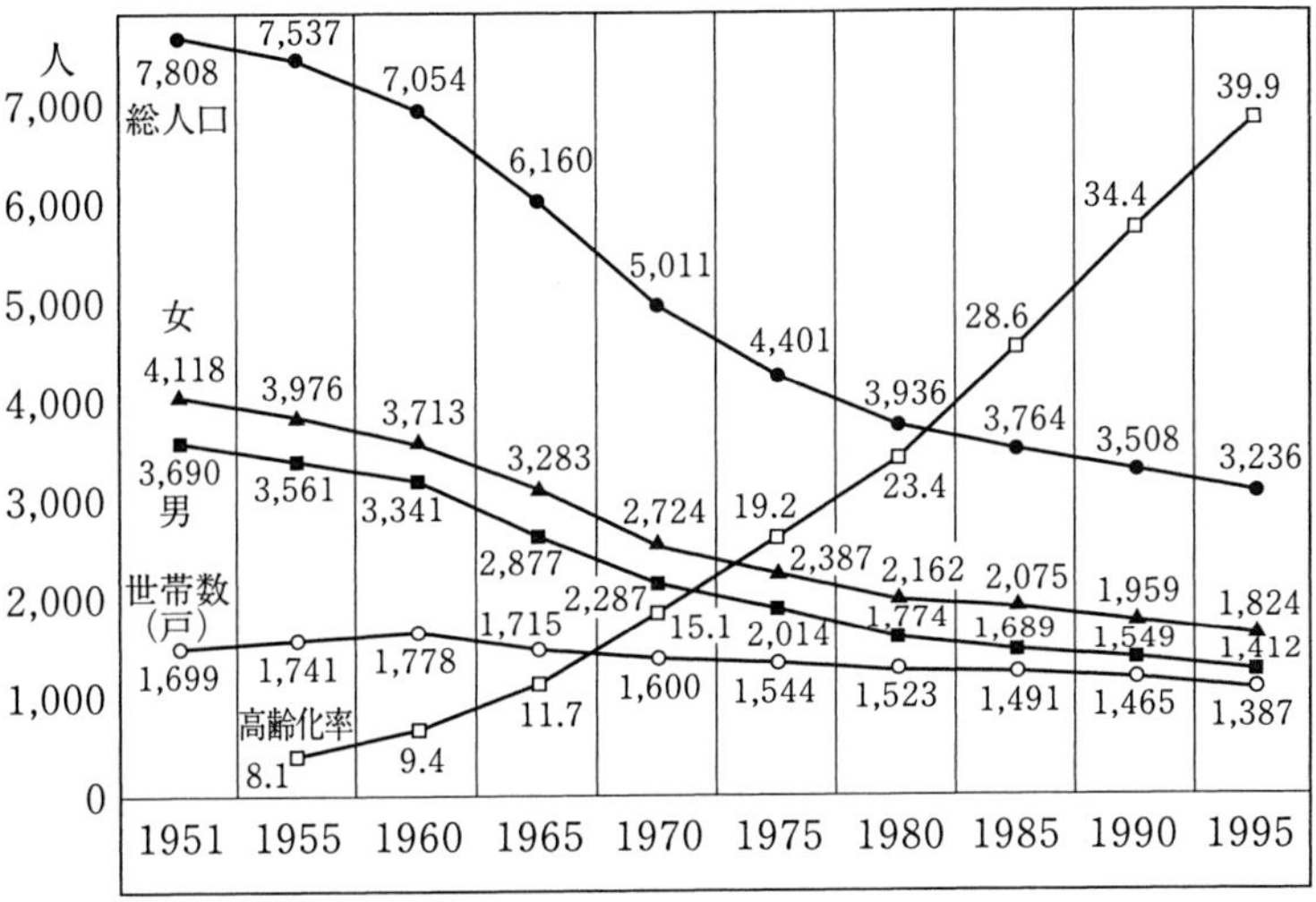

資料：国勢調査．ただし 1951 年は住民基本台帳

3　人口流出の状況

一九五五年国勢調査では大浦村（一九六一年町制施行）の人口は七五三七人であったのが、右肩下がりで減少し、三〇年後の一九八五年同調査で人口は三七六四人と約半数に激減している。一九五五年から八〇年の二五年間に大きな減少がみられ、特に一九六五〜七〇年の間がピークで一一四九人と最も減少している（図Ⅲ－2）。

このような急激な人口減少の背景には、高度経済成長期における都市への人口流出があげられる。一〇二世帯を抽出して行った先行調査の実施者の一人である染谷俶子[7]によれば、一九六〇〜一九八六年の間で家を出た人は、延べ二七四人（男一三三人、女一四一人）であった（表Ⅲ－1）。転出の多い時期は、国勢調査の人口減少の時期に一致している。また、転出者の年齢は、一五〜一九歳（二三三人）が八五・〇％と圧倒的に多く、その理由の多くは「就職・転勤・転職」（二一五人）で七八・五％を占めた。最終学歴は、旧制中学校と高校卒

表 III-1　大浦町の人の転出時期と年齢

単位：人

		総数	年齢（歳）						
			0〜14	15〜19	20〜24	25〜29	30〜34	35〜39	40〜
男	総　数	133	0	118	4	4	2	0	5
男 転出時期	1960〜64	32		31	1				
	1965〜69	46		40	3				3
	1970〜74	33		30		2			1
	1975〜79	13		10		1	1		1
	1980〜84	8		7		1			
	1985〜86	1					1		
女	総　数	141	1	115	7	8	5	2	3
女 転出時期	1960〜64	35		31	1	1		1	1
	1965〜69	55	1	49	2		2		1
	1970〜74	28		25	2	1			
	1975〜79	17		9	1	4	1	1	1
	1980〜84	6		1	1	2	2		
	1985〜86	0							

出典：染谷『過疎地域の高齢者』学文社 1997：26

業（一六七人）で六〇・九％と一番多く、小・中学校卒業（七六人）が二七・七％で続いた［染谷 1997：23–29］。

4　高齢化と世帯構成の変化

人口流出とともに顕著になったのが高齢化である。大浦町の高齢化率は、一九五五年の国勢調査では八・一％であったのが、二〇年後の一九七五年で一九・二％になり、八〇年で二三・四％、九〇年で三四・四％、九五年では三九・九％、二〇〇一年一月の大浦町役場資料ではさらに上昇して四一・九％に達した（図Ⅲ－2）。一九九五年の国勢調査で、六五歳以上の親族のいる世帯は全体の六一・八％を占め、その世帯構成は「夫婦のみ（夫六五歳以上、妻六〇歳以上の世帯）」三六・八％、「単独世帯」三五・四％となっている。この二つを合わせて「子どもとの別居世帯」（子どもがいない人も含む）とすると、その割合は七二・二％に達している。

また世帯構成を、染谷俶子らが実施した先行調査で

図 III-3　世帯構成の変化

（単位：世帯、N=102）

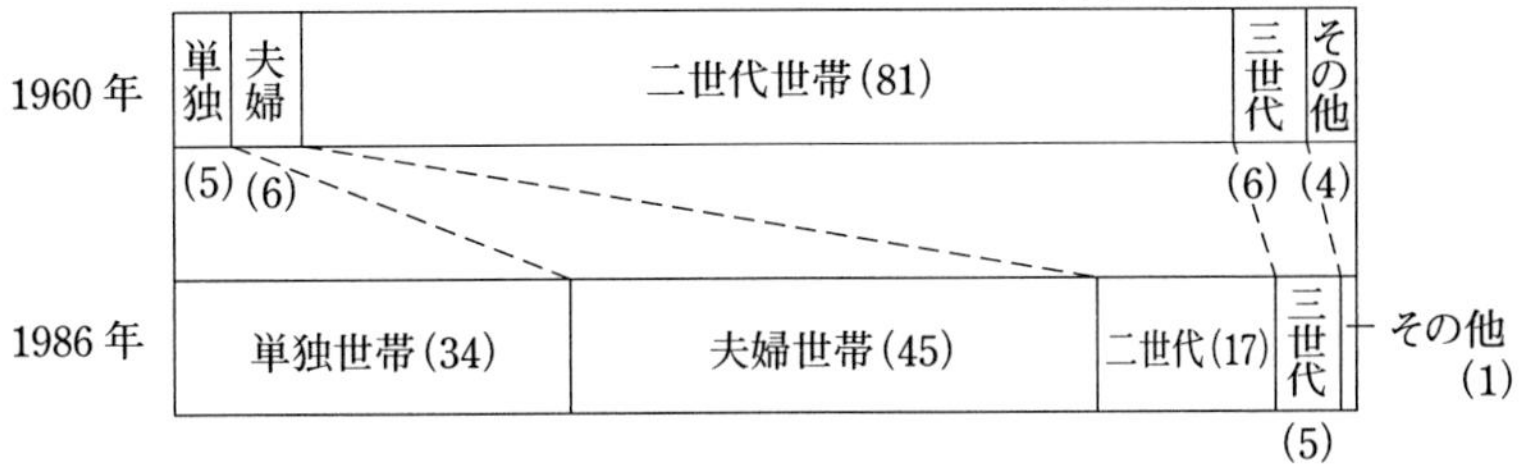

出典：染谷『過疎地域の高齢者』学文社 1997 : 24

図 III-4　65 歳以上の者がいる世帯の
「夫婦のみの世帯」と「単独世帯」の割合
〈大浦町と全国比較〉

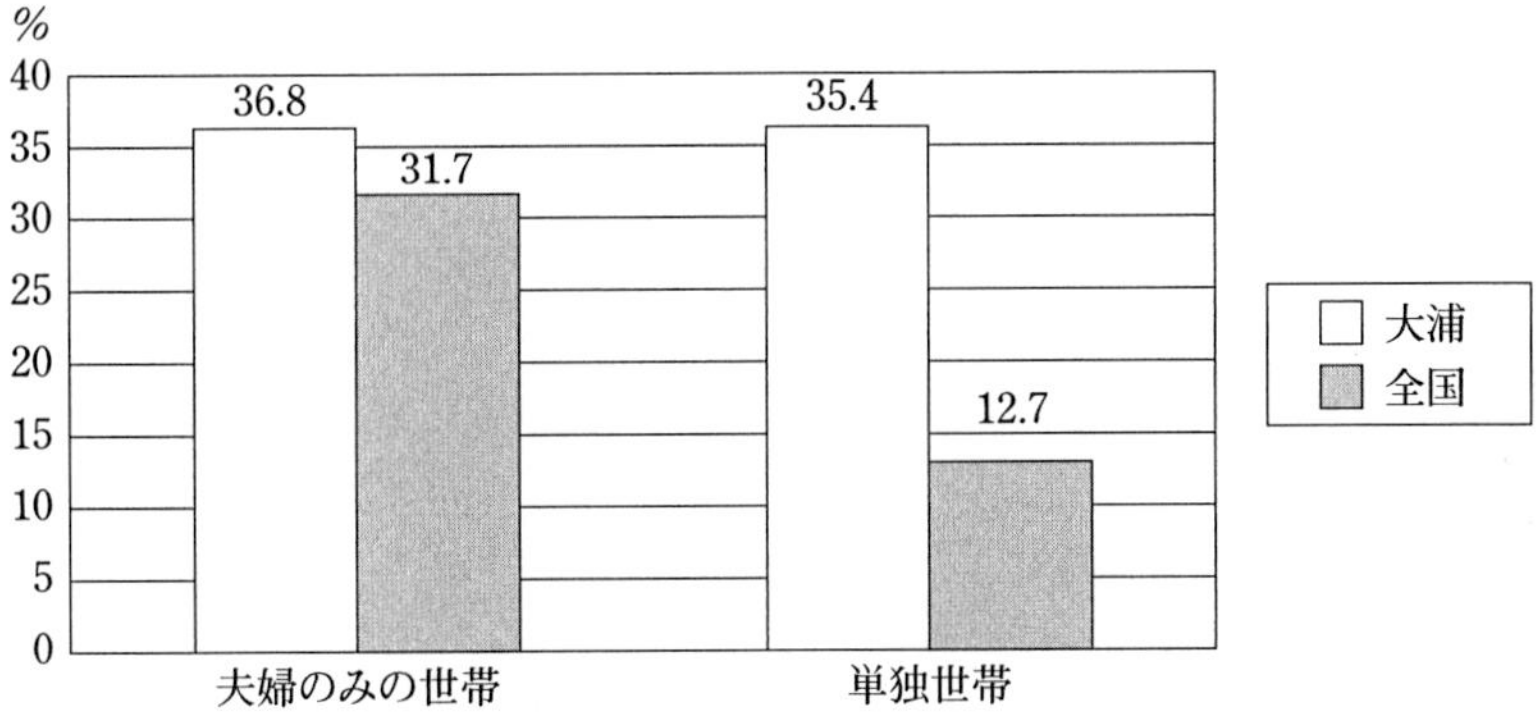

みると図Ⅲ－3のようになる。大浦町の一〇二世帯を対象とし、一九六〇年と一九八六年の世帯構成を比較しているが、一九六〇年では「二世代世帯」が八一世帯あったものが、一九八六年では一七世帯と大幅に減り、その分「夫婦世帯」の六世帯が四五世帯に、「単独世帯」が五世帯だったものが三四世帯と、大幅に増加していることがわかる。

また、一九九五年の国勢調査で、六五歳以上の者がいる世帯を大浦町と全国で比較してみると（図Ⅲ－4）、「夫婦のみ」（大浦三六・八％、全国三一・七％）はやや大浦町に割合が高いが、「単独世帯」（大浦三五・四％、全国一二・七％）では、かなりの開きがあって大浦町にその割合が高かった。一般的に、夫婦のどちらかが死亡すると、子ども家族と同居するケースがみられるが、大浦町ではそういったケースが少ないことを示唆している。

ちなみに大浦町の年間死亡者数は、一九九八年は六一名であった。六五歳以上の親族のいる世帯のうち、高齢者のみの世帯(夫婦のみ+単独)が七割を占める大浦町で、孤独死も年に二~三件はあるという。一九五七年から一九九八年までの死亡者数をみると、一九八一年の三六人の最低を除けば、一九五七年以来四〇人台から七〇人台の間を行き来している。

第3節　墓制の変化

1　土葬墓(共同埋葬地)から火葬墓(共同納骨堂)へ

大浦町の葬法や墓制に変化が起きはじめたのは、若者の出稼ぎが増え、転出が最も多くなった一九六〇年代後半からである。それ以前は土葬で、集落の墓地が小高い山の上に存在した。ところが、人口流出による若年層の労働力不足が一因となって、穴掘りや草取りなどに困難が生じ、火葬化が進められたのである。一九七〇年前後から大浦町の各地区では、地区ごとに共同納骨堂を建設し、土葬墓から遺体や遺骨を掘り起こして火葬し、共同納骨堂に改葬した。この土葬から火葬への移行のため、一市三町(加世田市、大浦町、笠沙町、金峰《きんぽう》町)の組合立で火葬場も建設した。

筆者は第Ⅰ章で、納骨堂のうち、墳墓を取得する前に遺骨を一時的に保管しておく形式のものは墓の範疇に入れないが、従来の野外墓地に代わる室内施設として建物の内部に個別の納骨壇を設け、使用権を取得して長期的に使用する納骨堂は、個々の墓を納めた施設として施設内部の個々の納骨壇(祭祀壇でもあり墓標でもある)を墓とすると規定した。大浦町の納骨堂は、野外の墓地から納骨堂に移行したもので、納骨堂内には各家ごとに納骨壇が設けられ、従来の墓に代わるものとして存在している。「共同納骨堂」と記したが、仲組地区の「九玉共同納骨堂」や榊地区の「榊共同納骨堂・当番一覧表」のように「共同」の表記が入るものもあれば、表記のない地区でも「共同」という意識は持っている。この場合の「共同」は、「納骨スペース」を共有した「一つの墓」ではなく、地区の皆が資金を出しあって納骨堂を建設し、共同で運営・使用しているという意味である。納骨堂の中は、各家ごとに個別の納骨壇があり、それが各家の墓と位置づけられている。

共同納骨堂の建設は、四地区の中では越路地区が最も早く、一九六九年に七五〇万円をかけて一五六軒分の共同納骨堂を完成させた。建設費は、地区の共有林の杉材を売却してそれに充て、個人の持ち出しを極力おさえたという。当時の申込金は一戸七万円である。また、榊地区でも、一九六八年に地区総会の決議により共同納骨堂の建設が決定された。そして、一九七〇年の一二月から建設がはじまり、七一年に一〇五〇万円をかけて一五〇軒が加入する共同納骨堂が竣工した。このほか有木地区にも共同納骨堂が一つ、仲組地区では四ヵ所あった墓地を改葬して大小二つの共同納骨堂が建設されている。

一九九八年に行った聴き取り調査から、大浦町の火葬化や、納骨堂建設の背景をまとめると次のようになる。①一九六〇年代には、共同墓地はすでに新たに埋葬できる余地がないくらい密集していた。大浦町の場合は都市化というより、平地の少ない地形が埋葬地不足を深刻化させていた。②また全国的な火葬化の流れの中で、焼骨を安置する納骨堂の建設が九州で流行したことも、決断を促す要因になったと考えられる。聴き取り調査でも「当時あちこちで納骨堂をつくるのがはやっていた」という証言があった。③大浦町は産業化とともに若者を流出させた過疎地域であったため、その結果として高齢者のみの世帯が多くなった。そこで高齢者では山の墓の草取りや墓参が困難になる。このような背景から、草取りがなく管理がしやすい納骨堂をみなで守っていく形に一気になったと思われる。④それは同時に「子どもが継がなくても誰かが守ってくれる」という最低限の安心感を与えてくれる形でもあった。

2　過疎・高齢地域の納骨堂

全国の火葬率をみていくと、戦前の一九四〇年に五五・七%と過半数を超えるが、急激に上昇するのは戦後のことである。産業化、都市化が顕著になる六〇年に六三・一%と六割を超え、五年後の六五年には七一・八%と七割を超え、さらに五年後の七〇年は七九・二%と八割弱に達している。このような火葬化が進む背景には、都市化の影響が考えられている。人々の都市への集住は都会の「墓地不足」を招き、土葬墓は相対的に「埋葬面積を広く必要とする」ことや「衛生上の問題」などから整理されて、火葬化が促進された。しかし戦後の産業化によって人口の過密化した地域もあれば過疎化した地域もある。実は過疎化した地域で、過密化した地域と同時に火葬化が進んだケースもある。大浦町がその一例である。

大浦町でも一九六〇年頃には、集落の土葬の墓地はすでに新たに埋葬できる余地がないくらい密集して「墓地不足」の状態がおこっていた。しかし、大浦町の場合は都市化による人口の過密化ではなく、平地の少ない地形が埋葬地不足を深刻化させていたのである。大浦町は山から海に出る海岸沿いに面しているため、平坦地が少ない。したがって三〇〇年の大浦の歴史は干拓の歴史だった。少ない平坦地は生者で分け合い、死者が眠る墓地は山の上にあった。

その山の上の墓地が一杯になったというわけである。

そこで「省スペース」でかつ「衛生的」な火葬墓に移行する方向に動いた。ところが、「土葬墓」から一挙に「納骨堂」になった点が注目される。全国的には地域差はあるが、土葬の「個人墓」「夫婦墓」を整理して一基の「家墓」にまとめ、その横に古い墓石も集めて「寄せ墓」にするケースが多いが、大浦町ではあえて屋内の「共同納骨堂」にしたのはなぜか。

榊地区では、地区総会の決議で共同納骨堂の建設が決定されたというが、最初は納骨堂のほかに、屋外に集合墓をつくるとか、遺骨をまとめて家族墓にして公園墓地をつくるといった意見に分かれてもめたという。いまでも「本当は、屋内よりは外の墓が良かった」という声が聞かれた。しかし「納骨堂」に決まったのは、そういった希望をうち消す事情があったためだと考えられる。その事情とは、前項であげたような出稼ぎ労働力を流出する側の過疎地域となったため、その結果として高齢者のみの世帯が多くなり、日常の墓守りや、死者が出ると遺体を山の上までかついであがる作業が困難になったことである。

九州に納骨堂が多い理由として「行政が補助金を出してつくらせた」という見解もある。確かに納骨堂の数が特徴的に多いのは九州と北海道で、北海道、福岡、熊本、鹿児島の一道三県で全体の六六・三％になる（一九九六年末現在、厚生省報告）〔厚生省 1997：116〕。行政が指導したところもあるようだが、大浦町の納骨堂は行政とは無関係に建設されている。越路や仲組地区などは、集落の共有林の杉材を売却してそれに充て、個人の持ち出しを極力おさえたという。斎藤晴造によると、一九七〇年の過疎法に基づいて公示された過疎地域市町村の分布をブロック別に、過疎市町村数、人口および面積の、それぞれブロック全体に対する比率でみると、三つの比率はいずれも北海道、九州に高く、次いで四国、中国、東北の順となっている〔斎藤 1976：31-32〕。最も過疎化しているブロック二つが納骨堂の多い地域と一致する。過疎地対策と納骨堂の関連が考えられなくもない。ただ、他の過疎地に納骨堂が少ないため、そうともいい切れず、今後の課題としたい。

3　共同納骨堂についての人々の評価

共同納骨堂についての人々の評価を、調査結果に基づいてみていくことにしたい。まず「共同納骨堂についてどう思うか」の質問に六つの選択肢を設けた結果、八〇・一％の人が「積極的に評価する」と答えた。それに「関心を持っている」(一・二％)や「承継者がいなければやむをえない」(三・七％)と回答した人を加えると肯定派は八五・〇％にもなる。一方、「お墓としてはふさわしくない」と回答した否定派は五・六％と、ごく少数であった。「その他」は六・二％、「わからない」が三・一％であった。

高齢者の回答には、「希望」と「現実」の狭間での複雑な心の揺れが隠されている場合があり、自らの心に納得させ、折りあいをつけようとする心理が働く素地がある。したがって単に数字だけを見ていたのでは正確な把握にならないことが多い。そこで調査中に聴き取りした意見を分析してみると、次のようになった。

肯定派の意見は、おおまかに、管理、墓参などの①利便性をあげる者や、人々が日常集う場、あるいは離れて暮らす子どもたちとの接点という意味においての②コミュニケーションの場としての評価、また③墓の継承者不足に対応していることへの評価がある。しかし一方では、評価しつつも供養の永続性や建物の永続性への疑問など④「懸念事項」を抱えている人がいる。その懸念に対して、より永続性をもつと考える⑤寺の納骨堂の評価も高い。⑥その他、納骨堂を一般論としては評価しながら「自分は散骨を希望する」などの意見があった。

次に「墓地としてふさわしくない」という否定派および「その他」「わからない」と答えた人たちの意見を見ていきたい。否定派には「青空の見えるところに眠るのがいい。昔ながらに孫が通うような」といったように、屋外の墓地を希望する声があった。また、地区の納骨堂は傷んできているので「寺の納骨堂に入りたい」といったように、地区の共同墓地より寺の納骨堂を希望する者もいた。これは肯定派とも共通する意見である。

「その他」を選んだ人たちの意見をみると、納骨堂を「だめ」とも積極的に「よい」とも評価しきれず「仕方ない」との言葉が目立つ。「良い悪いではない。時代のものだから」とか「仕方ない、その形でやるしかない」「仕方なく入ったが、あまり快くない」といったところに、希望と現実の狭間で、自分の心に折り合いをつけようとしている姿がうかがえる。

第4節　墓の継承者

1　継承者の有無

前節でも触れたように、大浦町の人は、地区の共同納骨堂を「墓」と認識している。大浦町の六五歳以上の高齢者を対象として「将来あなたの入るお墓を継いでくれる人がいますか」という質問をして墓の継承者の有無を尋ねた。この質問は、ちょうど同時期に筆者がかかわった全国規模の「墓地に関する意識調査」(8)（一九九七年度・厚生科学特別研究事業・主任研究員・森謙二、研究協力者・山田昌弘、井上治代、報告書一九九八年）と、初めから比較の意図をもって何項

図 III-5　継承者の有無

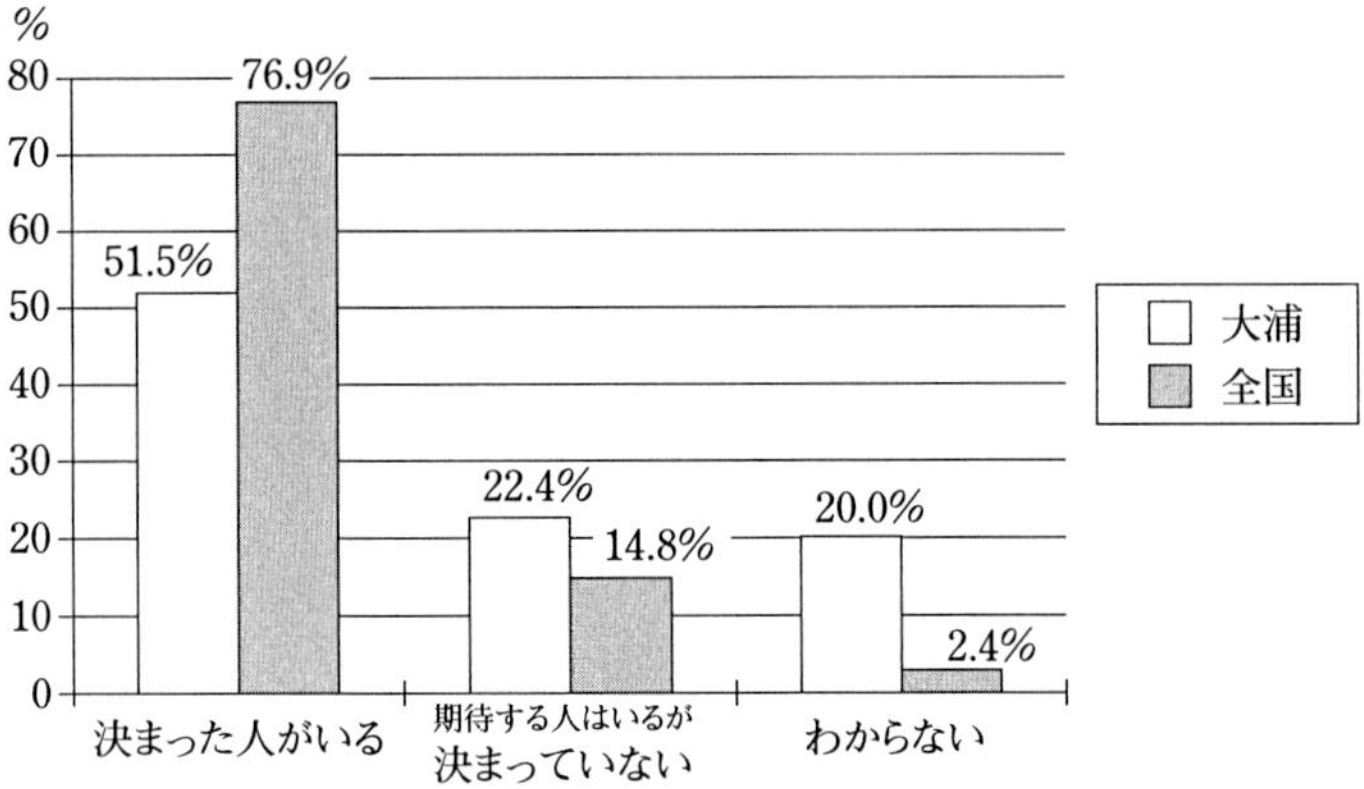

資料　1998 年実施　大浦：大浦町調査　全国：墓地に関する意識調査

目か同様な質問を用いた。ただし「墓地に関する意識調査」は二〇歳以上を対象としているので、大浦町と比較する場合、その中から六五歳以上の回答を抽出して用いている。両者を比較したものが図Ⅲ－5である(以下この調査の数値は「全国」と表記して記す)。

まず、「決まった人がいる」と答えた人は大浦五一・五％、全国七六・九％となり、大浦町は「決まった人」が全国に比べて少ない。また逆に「期待する人はいるが、決まっていない」人は大浦二二・四％、全国一四・八％で、大浦町にその割合が高かった。同様に「わからない」と答えた人も大浦二〇・〇％、全国二・四％と、大浦町がはるかに上回った。そのほか「決まった人もいなければ期待する人もいない」(大浦四・二％、全国五・〇％)、「お墓を継いでもらうことを希望しない」(大浦一・八％、全国〇・九％)となっている。

このようにしてみてくると、大浦町では全国と比べて継承者が「決まった人がいる」が少なく、「期待する人はいるが決まっていない」や「わからない」状態にいる人が多かった。これが親子別居地域であることとどう関係するのか、しないのか、つづいて分析を試みる。

2　継承者「いる」「いない」「希望しない」「わからない」

大浦町の調査で、「将来あなたの入るお墓を継いでくれる人がいますか」と質問したところ、「決まった人がいる」が八五人(五一・一％)、「期待する人はいるが決まっていない」が三七人(二二・四％)で、この二つを合わせ、一応「いる」と回答した人は一二二人、全体の七三・九％となった。これをAグループとした(表Ⅲ-2)。

一方、同じ質問で「決まった人も期待する人もいない」と回答した人は七人(四・二％)、また「お墓を継いでもらうことを希望しない」が三人(一・八％)、「わからない」が三三人(二〇・〇％)で、この三つの回答を合わせると四三人、全体の二六・一％となった。この継承者が「いない」「希望しない」「わからない」人々をBグループとし、それがどういうケースなのか、子どもの有無、性別などをもとに、Aグループとも比較しながら探ってみることにした。

Aグループの総数一二二人のうち、「男子あり」が九八人(八〇・三％)で群を抜いて多く、「女子のみ」一八(一四・八％)、「子どもなし」が六人(四・九％)となった。Bグループでは総数四三人のうち、「男子あり」が二三人(五三・五％)と一番多いもののAグループの「男子あり」に比べると約三割弱も低い。それに比べて特徴的なのは「子どもなし」が一三人(三〇・二％)と、Aグループ「子どもなし」の四・九％をはるかに上回っていることである。「女子のみ」は七人(一六・三％)でAグループとほとんど違いはなかった(表Ⅲ-3)。

さらに、継承者が「いない」「希望しない」「わからない」というBグループ四三人を共通項で括ってみると、「子どもなし」一三人が最も目立ち、「男子遠居」が八人、「女子だけ」が七人、「養子、夫の連れ子」というケースが二人あった。それを裏返せば、墓の継承は「子どもがいることが前提」となり、「女子よりも男子」「養子(非血縁)より

表 III-2　子どもの有無・性別，継承者の有無

n＝165　単位：人(%)

子どもの状況 ＼ 回答の種類		A		B		
		決まった人いる	期待する人いる＊	いない＊＊	希望しない＊＊＊	わからない
子どもあり 146	男子あり 121	73	25	2	2	19
	女子のみ 25	9	9	2	0	5
子どもなし 19		3	3	3	1	9
合　　計 165		85(51.5)	37(22.4)	7(4.2)	3(1.8)	33(20.0)
		122(73.9)		43(26.1)		

＊「期待する人いる」：期待する人はいるが決まっていない
＊＊「いない」：決まった人も期待する人もいない
＊＊＊「希望しない」：お墓を継いでもらうことを希望しない

表 III-3　子どもの状況と継承者

n＝165　単位：人(%)

		子どもなし	男子あり	女子のみ
A 継承者いる	122(100)	6(4.9)	98(80.3)	18(14.8)
B 継承者いない，未定	43(100)	13(30.2)	23(53.5)	7(16.3)

実子（血縁）」、さらに「遠居より近居あるいは同居」が優先されていることを物語っている。そのほか、「まだ話し合っていない」と言う人、どちらも候補になりうる同居・近居の男子がいたり、「孫に男子がいない」や、「子どもみなで継いでほしい」と考える人、「別居の男子か同居の女子かで迷う人」などがいる。また、「子どもはわからない」「子どもたちが話し合うことになるだろう」というように、親から決められる状況になく、子どもたちにゲタを預けるがゆえに「わからない」と答える人がいた。

3　継承者の続柄

墓の継承者について「決まった人がいる」「期待する人がいるが決まっていない」と回答した人々に、「決まっている人」あるいは「期待する人」と本人との関係について尋ね、全国規模の「墓地に関する意識調査」と比較した。

図 III-6　墓の継承者の続柄（上位 4 項抜粋）

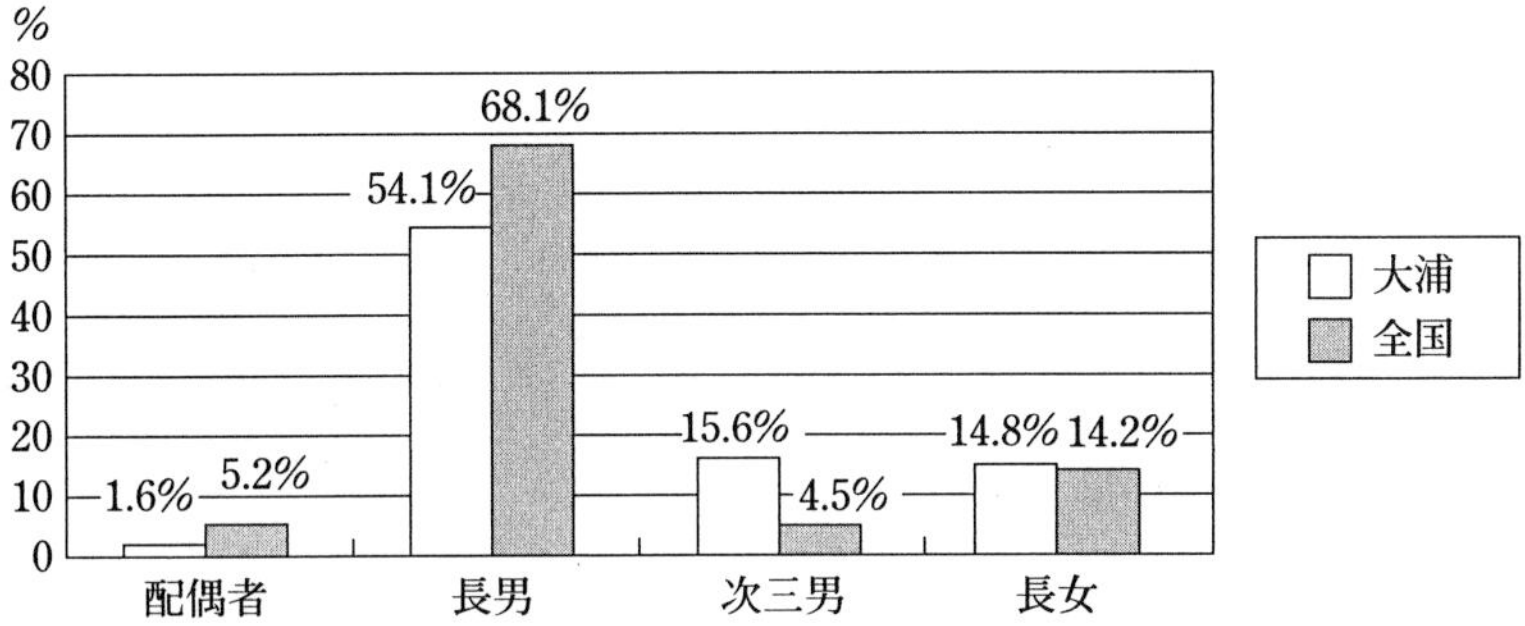

資料：1998 年実施　大浦：大浦町調査　全国：墓地に関する意識調査

本人と継承者との続柄で最も多いのは、両調査ともに「長男」であった（図Ⅲ－6）。しかし両者の割合には差があり、大浦町五四・一％（該当者一二二人中六六人）、全国六八・一％（該当者三一〇人中二一一人）と、大浦町の方が「長男」の割合が低い。

また、大浦町で二番目に多かったのは「次三男」（一五・六％）で、つづいて「長女」（一四・八％）の順になるが、全国平均では二番目は「長女」（一四・二％）、さらに「配偶者」（全国五・二％）がつづき、「次三男」（四・五％）は四位と下位であった。以上のことから大浦町では、全国平均よりも「長男」の割合が低く「次三男」の割合が高い。鹿児島県ではこれまで末子相続と隠居制が認められている。「末子相続」との関係を考えてみてよいように思われる。

末子相続と隠居制は、大浦町のどこでも見られるものではない。聴き取り調査で「相続は地域によって違う。同じ地域内でも家によっても違う」「長男が継ぐし、隠居の家もつくらない（榊）」「しったれ（末男子）が親をみる（越路）」「長男が結婚すると、親が次の子以下を連れて出た。長男は家に残るが、親がいないから、そこは本家ではない（越路）」という話を聞くことができた。さらに越路では「むかしのしきたりは末子が継ぐのがよいとされていたが、いまの時代では長男だろうが、末子だろうが、娘だろうが、継いでくれる子どもがいてくれればよい」と語った人がいた。『大浦町の民俗』では、「仲組では

表 III-4　継承者に「長男」を選んだ人の中で他に男子がいるケースの子の居住状況

単位：人(%)

		長男		
		同居	近居	遠居
次三男	同　居	2(6)	1(3)	
	近　居		9(27)	6(18)
	遠　居		8(24)	7(21)

末子相続が一般的だが、長子相続もみられた」と報告されている［内匠 1978：23］。

そこで、調査票で墓の継承者を「長男」と回答した者の割合を、地区別に出してみることにした。すると聴き取り調査で「長男相続」であると聴いた榊が六四・〇%とその割合が高く、他は仲組四四・四%、有木四八・一%と過半数に満たない。越路は五八・一%とやや高かった。

4　「長男」を選んだ人の子の居住状況

六六人、五四・一%の人々が墓の継承者に「長男」を選んでいるが、「長男」を選んだ人の、長男以外の子どもについて調べた結果、「他に男子あり」と、「他に男子なし」(「女子はいるが他に男子なし」三七・九%＋「子どもは長男のみ」一二・一%)の割合は、ともに五〇%と半々であることがわかった。

ここで他に男子がありながら「長男」を選んだ三三ケースについて、「長男」を選んだ理由を探って、居住形態から分析してみることにしたい。表Ⅲ－4のように、「同居」「近居」「遠居」の別と、「長男」と「次三男」の組み合わせは九通りある。そのうち同居が少ない地域であるため、長男：次三男の組み合わせが、次の三つのケース(同居：近居、同居：遠居、遠居：同居)で該当者がなかった。長男：次三男の組み合わせで最多ケースは、「ともに近居」(九人、二七%)で、さらに「近居：遠居」(八人、二四%)、「ともに遠居」(七人、二一%)、「遠居：近居」(六人、一八%)とつづいて多く、差がついて「ともに同居」(二人、六%)、「近居：同居」(一人、三%)の順になった。

このようにみていくと、他に男子がありながら「長男」が選ばれる状況は、Ⅰ両方とも条件が同じ場合か、Ⅱ「長男が近居」＋「次三男が遠居」のケースであることがわかった。

ただ注目すべきは、Ⅲ「長男が遠居」＋「次三男が近居」であるにもかかわらず、「長男」が選ばれているケースと、Ⅳ「次三男が同居」しているにもかかわらず「近居の長男」が選ばれているケースである。このあたりにむしろ長男相続の影響があるとも考えられる。

5　継承者である「次三男」

将来入る墓の継承者が「決まっている」「期待する人がいる」と答え、継承者が「次三男」と回答した一九人につき、その「次三男」の具体的な続柄をみていくと、「二男」(一〇人、五二・六%)が過半数を超え、「三男」(六人、三一・六%)、「四男」(二人、一〇・五%)、「二、三、五男の共同で」(一人、五・三%)となった。

また、継承者に選ばれた者と長男との関係を、同居・別居、近居・遠居などの観点から考察すると、「次三男」が①近居者の場合(＝長男が遠居)が一〇ケースと最も多く、②同居者である場合が八ケース、③子どもみな遠居の場合が一ケースであった。「長男」を離家させて次三男と同居する、そして墓も同居者・近居者が守るというような「末子相続」を彷彿とさせるケースが見受けられた。

たとえば①の例では、「二男は鹿児島、長男大阪」「二男は鹿児島市、長男は東京都」「三男は大浦町在住、長男、二男はドミニカへ移住」「三男は鹿児島市、長男愛知県」などのケースがあり、②の例では「二男が同居。長男は神奈川県」「二男同居、長男埼玉県」「二男が同居。長男は東京都」、③の例では「長女、長男はともにロサンゼルスへ移住で遠く、二男は京都在住」がある。
また、「三男家族が同居し、長男は鹿児島、二男は福岡在住」や「四男家族が同居し、長男は結婚して名古屋に養子に行った」ケース、さらに「長男が同じ大浦町の別地区にいても、隣の加世田市に住む四男が継承者と決まっているケースなどは、末子相続をうかがわせる。

6　「長女」を選んだ人の子の状況

継承者に長女を選んだ人は一四・八％(一二二人中一八人)であった。その中で「男子がいない」ケースは六六・七％(一二人)と高い割合であった。やはり優先順位としては「男性」が先で、「男子」がない場合に「女子」が継ぐという傾向がうかがえる。ちなみに「長女以外の女子」を選んだ人もみな「男子がいない」家族であった。

こういった中で、「男子がいる」のに「長女」を選んだ五ケースに注目してみたい。五ケースがみな男子よりも近居(四)か、同居(一)であることが分かった。具体的には、「長男は名古屋市、長女は福岡市」「男子は大阪市・名古屋市、長女は鹿児島市」「長男は大阪市、二男は滋賀県、長女は奄美大島在住だが、大浦町にも家もある」「長男は大阪市、長女は隣の加世田市」「長男五歳で死亡。二男(実質長男)は大浦町の有木在住、長女は夫と別居し母と同居」などのケースである。

7　墓に誰と一緒に入るか

図 III-7　墓に誰と一緒に入りたいか（上位 4 位まで，複数回答）

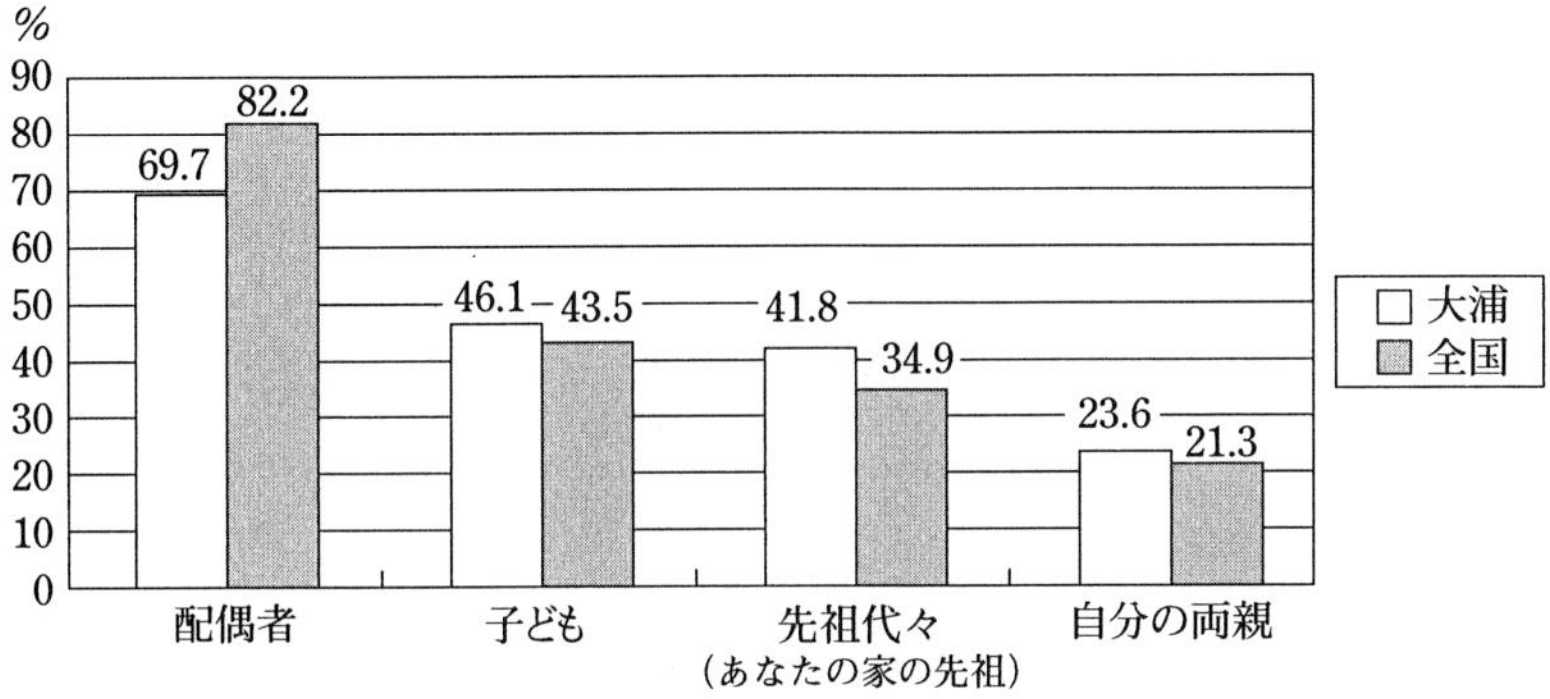

資料：1998 年実施　大浦：大浦町調査　全国：墓地に関する意識調査

「お墓に誰と一緒に入りたいと思いますか」という複数回答可の質問では、「配偶者」（大浦六九・七％、全国八二・二％）が最も高い割合であった（図Ⅲ－7）。二番目は「子ども」（大浦四六・一％、全国四三・五％）、次に「先祖代々（あなたの家の先祖）」（大浦四一・八％、全国三四・九％）、「自分の両親」（大浦二三・六％、全国二一・三％）とつづく。ここまでは大浦町も全国も同じ順位で、「先祖」や「両親」をおさえて「配偶者」がトップであるが、大浦町は全国に比べてその割合が低い。

大浦町は「先祖代々（あなたの家の先祖）」を選んだ人が四一・八％と、全国の三四・九％より多く、さらに大浦町だけに選択肢を設けた「先祖代々（配偶者の先祖）」（七・九％）を加えれば、大浦町では四九・七％の人が「先祖」と同じ墓に入りたいと思っていることがわかる。

また五位以下の項目を見ると、大浦町では「兄弟姉妹」（大浦六・七％、全国二・七％）を選んだ人が、全国平均よりもやや多い。過疎・高齢地域である大浦町では、子どもたちが転出したあとの相互扶助は、近くに住む親戚ネットワークに委ねる場合も多く、その一体感から「兄弟姉妹」と入ることは他の地域よりは自然であろうが、「兄弟姉妹」を選んだケースを分析すると、未婚者、子どもがない人、子どもが女子だけの人、またはそれらの境遇の人を親戚にもつ人であって、いわゆる家族単位で入ることの困難な人々であった。やはり墓は家族単位が一般的といってよいだろう。さらに、近隣のサポート・ネットワークも機能しているにもかかわらず、「親しい人(友人・仲間を含む)」を選んだ人が皆無であったのは、同じ墓には家族単位に入るものという意識があるためだと推測できる。

第5節　共同納骨堂の祭祀と継承状況

1　墓標、花立、香立の現況

ここでは、一九九九年八月の「大浦町・共同納骨堂調査」および二〇〇一年二月に行った補足調査の結果から、共同納骨堂における各家の墓の継承や祭祀の状況について考察する。納骨堂内の各家の個別納骨スペースは、地区によって多少形が異なるので、総称して「納骨壇」ということにする。「納骨壇」を「墓」の一形態ととらえ、これ以後、「墓の継承」「墓の権利」「墓の使用権」「墓の祭祀」といったときの「墓」は、具象的には納骨壇をさす。

調査は四地区の共同納骨堂(越路一五八基、榊一五六基、仲組六六基、有木二四基)について行った。越路と榊は、一つの集落でそれぞれ一つの納骨堂を持っている。有木は西福寺のある集落に隣接していて、建設当時、西福寺でも納骨堂の建設計画があったことが影響してか、西福寺の納骨堂を買う者も多く、一つある納骨堂は集落全体のものにはなっていない。また仲組も、四カ所あった墓地を改葬して大小二つの共同納骨堂を建設しているなど、地区によって異なっている。四地区の共同納骨堂の内部は左上の写真のようになっている。

有木地区

越路地区

仲組地区

榊地区

形態は①コンクリート状の台座に縦に長い箱状の石や木製の納骨室が建ち、「〇〇家之霊位」と書かれた木札が墓標となっているものと、②いわゆる仏壇形式で下段が納骨室、上段が仏壇状になっていて、なかに「〇〇家之霊位」と書かれた位牌型のものが墓標になっているものとがある。このように納骨壇や墓標の形態に違いはあるが、墓標に書かれている文字は、「家名」と、その下に「霊位」が書かれている点では同じである。そのほか香立、花立も共通している。備えられている花は造花である。

調査は、各納骨堂の一基ごとの現状調査（墓標の表記、位牌、線香立、花立の有無等）を行い、墓籍簿を作成した後に、一基ごとに建設以来の継承や祭祀の変化、管理の状況について、区長・納骨堂責任者を対象に聴き取り調査を実施した。またさらに、寺の納骨堂の聴き取り調査も実施した。

鹿児島県は生花の消費率が高い県である。頻繁に墓参をし、生花を手向けるためであるとも推測されている。大浦町の高齢者も、掃除当番であれば毎日共同納骨堂に行き、それ以外の者もよく納骨堂に参っている。ただ、生花は掃除が大変であることから、日常は造花が飾られたままになっており、墓参では焼香や合掌が主なる礼拝行為である。盆や彼岸には地区の皆が納骨堂に集まり、西福寺から僧侶が来て読経し、合同で供養する。日本各地では盆には僧侶が各家ごとに読経をしてまわるのが一般的であるが、大浦町では、家の仏壇の前で僧侶が読経するのは新たに死者が出た新盆の家だけである。そういった家では新盆だけ共同納骨堂に生花を飾ることが許されている。

さて、墓そのものから祭祀とその継承の状況を探るために、筆者はまず納骨堂内の各家の納骨壇ごとに墓標、花立、香立の現状を調べてみることにした。越路地区の共同納骨堂では一五六基(「越路部落無縁之霊位」一基を含む)のうち、「位牌型墓標、花立、香立」の全てないものが四、「花立、香立」だけないものが一六で、現在、未使用かまたは祭祀が途絶えていると推測される納骨壇が計二〇基ある。また、大小二つの共同納骨堂を持つ仲組地区の大きい方の納骨堂の全六六基(「無縁仏之霊」一基を含む)のうち、一九九九年現在「位牌型墓標、花立、香立」の全てなしが八、「位牌型墓標」がなく「花立、香立」が放置されているものが一、「位牌型墓標」だけが残っていて「花立、香立」なしが三あり、計一二基の納骨壇には祭祀が絶えている。榊地区の共同納骨堂では全一五六基(「無縁仏之霊」一基を含む)のうち「位牌型墓標、花立、香立」なしが二、「位牌型墓標」あり、「花立、香立」なしが八あり、計一〇基の納骨壇に祭祀が絶え、このほか「権利譲渡」が一基となっている(有木地区は後述)。

では「位牌形状の墓標、花立、香立」が揃っているその他の納骨壇は、全く問題はないかというと、今後の管理や祭祀に問題をはらんでいるケースが多いことが聴き取り調査からわかった。次に、墓そのものを見ただけでは見えてこないさまざまな状況を、聴き取り調査から考察していきたい。

2　掃除免除金未払と使用権返還

越路地区の共同納骨堂を中心に継承状況をみていくことにする。大浦町の中でも最も高齢化率の高い越路地区では、先にも述べたように若者の流出が一番激しい時期の一九六九年に、総工費七五〇万円をかけて一五六基の共同納骨堂を建設した。集落の墓地はもともと小高い山の上にあったが、納骨堂建設より少し前の一九六五年頃、干拓地ができて集落の共有地を取得したのがきっかけで、現在の平地に納骨堂を建設した。納骨堂は集会所のすぐ隣りに建てられ、高齢者が日常的に集まりやすい場所となっている。清掃も交代制で行っているので、納骨堂に行けば誰かと会って話ができるという、高齢者の日常のコミュニケーションの場にもなっている。さらに、納骨堂内部の納骨壇の配置が、人々が暮らしている家並の通りに並んでいて、死んでからも隣り同士といった一体感を感じさせる配置となっている。納骨堂の運営は「組合」形式で、区長と組合長(選出)がその責任者を務めている。

納骨堂に関する記録は、初期の頃は変化や問題がなかったせいか記録が残っておらず、現在見られるのは一九八二年以降のものである。それによると一九八二年の時点では、当初より二基増えて一五八基になっており、そのうち不在者(主に転出者)が所有するものは五三基と、全体の三分の一であった(表Ⅲ-5)。納骨堂の清掃は当番制で三人ずつで行うが、清掃に出られない人からは「ムシン」といって、年間一〇〇〇円の掃除免除金を徴収している。ムシンを払う人は、転出者や施設入所者といった不在者や体が不自由な人で、一九八二年のムシン支払者は六一名であった。

一九八二年以前には、転出者がムシンを支払わず音信不通になったというケースはなかった。ところが、一九八三年に使用者が死亡し、継承者もなく、いわゆる「絶家」したためにムシン免除になった墓が一基出現した(表Ⅲ-6、

表 III-5　越路地区共同納骨堂，ムシン未払・使用権返還状況

年次	不在者	清　掃 実行者	ムシン 支払者	清　掃 免除者	権　利 返還者	返還墓 購入者
1982	53	96	61			
1983				1		
1984						
1985		90	66			
1986		88	67	2		
1987		86	69	3		
1988		82	72	0		
1989	72	79	73	0	4	
1990		77	75	1	0	
1991		75	77	1	0	
1992		73	79	1	0	
1993	79	74	78	1	0	
1994		73	80	1	0	1
1995		70	81	1	2	0
1996		70	81	1	0	0
1997		67	84	1	1	1
1998	82	68	85	1	0	2
1999	83		89	1	2	0
2000	86		94	2	1	1

注：157 基(記録が残る 1982 年以降，1 基は無縁仏用)
2001 年 1 月末現在

事例1)。二〇〇一年一月現在もそのままになっていて、共同納骨堂に建設当初から一基ある「越路部落無縁之霊位」と書かれた墓には移されていない。同じ集落に所属して暮らしてきた身元の分かった家の者は無縁墓には入れず、ムシン免除という扱いで、今のところ納骨壇はそのまま保存されている[9]。

一九八三年にムシン免除者が一基出たあと、八六年に一基(事例2)、八八年に一基(事例3)がムシンが未納となった(表Ⅲ-6)。このように、八〇年代に入ると墓の管理や祭祀に変化が見られるようになったため、八九年に「墓の権利継続の有無を尋ねる調査」を行うことになった。それはムシン未納者や転出者に、往復ハガキで権利を持ち続けるかどうかを尋ねる形で行われた。その結果「権利を返還する」という人が四ケースあった(事例2〜5)。転出者で、遺骨も引き上げた人たちである。以後、二〇〇一年一月までにあわせて一〇ケース返還されている。

一方、返還された墓の権利を取得したいという人も出てきた。そのような場合、組合の責任者に申し出て、最終的

表III-6　越路地区共同納骨堂，ムシン未納・権利返還・権利譲渡の推移(2001年1月末現在)

事例	居住	1回目の変化	2回目の変化	3回目の変化
1	在住→絶家	1983，名義人死亡につき，後継者なく以後ムシン免除		
2	転出	1986，ムシン未納となる	1989，権利を集落に返還	1994，50万円で譲渡
3	転出	1988，ムシン未納となる	1989，権利を集落に返還	あき
4	転出		1989，権利を集落に返還	あき
5	転出		1989，権利を集落に返還	1998，定年前者に譲渡
6	転出		1995，権利を集落に返還	1998，若者に譲渡
7	転出		1995，権利を集落に返還	あき
8	転出		1997，権利を集落に返還	1997，若者に譲渡
9	転出		1999，権利を集落に返還	2000，転入者に譲渡
10	転出		1999，権利を集落に返還	あき
11	転出		2000，権利を集落に譲渡	あき
12	転出	2000，ムシン未納		

には本人同士で譲渡・売買するという形をとっている(事例2、5、6、8、9)。いくら祭祀が途絶えた墓があっても、墓の権利所有者を見つけ出し意思を確認しなければ売買できないことになっている。したがって、転出してどこに住んでいるかわからないような人の墓ではなく、親戚や知り合いから譲り受けているケースが多いという。

以上見てきたように、ムシンの未納者や、墓の権利返還、権利譲渡などの変化が出はじめたのが八〇年後半で、九〇年代に入ってその数が増加している。これは越路地区だけの傾向ではなく、他の地域でも同様の傾向が確認された。

例えば仲組地区の納骨堂(一九七三年に加入者六四名で建設)の六六基(「無縁仏之霊」一基を含む)をみてゆくと、建設当初から掃除が実行できない所有者(主に転出者)の納骨壇が一八基あり、その後六基の所有者が掃除当番を担当できなくなっている。その六基の掃除当番の中止年をみると、一九八八年—一基、九〇年—二基、九一年—二基、九二年—一基となり、やはり八〇年代後半から九〇年代になって変化がうかがえる。なかには寺の納骨堂に改葬した人もいる。

表 III-7　免除金支払い者と支払い代理人の関係(越路地区 71 人)

母*	1	
妻*	2	
実子	9	(息子 3，娘 6)
娘の夫	5	
きょうだい*	15	(兄弟 8，姉妹 7)
義理のきょうだい#*	6	(義兄弟 3，義姉妹 3)
叔父叔母*	3	(叔父 2〈妻方・夫方各 1〉，叔母 1)
甥姪	10	(甥 4，姪 6)
いとこ	8	
親戚#	8	(妻方の親戚，息子の妻の兄，遠縁など)
近所#★	2	
会計係#★	2	

注：不在者 82 人だが，盆正月に自分で払う人を除き 71 名となる
*同世代か年上の者 27，# 非血縁者，★親類以外 4

3　転出者と掃除免除金支払代理人の関係

越路と榊地区で、共同納骨堂の墓の権利を有している転出者が、掃除免除金を地元の誰に依頼して払ってもらっているかを聞き、その結果から転出者である依頼人と地元の代理人との関係を調べた。「越路地区」ムシンを支払っている七一人(転出者は八二人だが、盆正月に帰省して自分で払っている人を除く)について調べると、代理人は墓の所有者と「同世代か年上」と判定できる者が三二名(母一、妻二、きょうだい一五、義きょうだい六、いとこ八)いる(表III-7)。越路の高齢化率が高いということは、地元に住んでいる人に高齢者が多いということに他ならず、転出者が依頼している代理人も高齢者が多い。それは、やがては代理人の死亡によってその任務の遂行が途絶える可能性をはらんでいる。地元の人からも「代理人の多くは高齢者。亡くなったらどうするか。現に代理人がいなくなったところが何カ所もある」といった話を聞いた。

また、他人より親族に依頼することが一般的であると思われるが、夫方の親族を確保できなくなって妻方の親族、あるいは息子の妻方

で、その数はさらに増える可能性もある。

の親族など、縁者を求めてその範囲は非血縁者にも及んでいる。近所の人二、会計係二といった他人に頼んでいるケースが四例あり、さらに「親戚」とだけ答えて誰と特定できないケースに親類外の人が含まれている可能性もあるので、その数はさらに増える可能性もある。

［榊地区］転出者と地元の代理人との関係を、榊の共同納骨堂の状況を踏まえて、もう少し具体的に見ていくことにしたい。榊の共同納骨堂は一九七一年に一五五基(「無縁仏之霊」一基を除く)建設された。そのうち一九九九年現在の地区在住者は九九人で、五六人が転出者である。管理費は年一五〇〇円で、清掃作業に出られない者は「頼ん金」一八〇〇円を支払っている。頼ん金を支払っている人の数は六二人、そのうち地区在住者で頼ん金を支払っている者が七名いる。体が不調の人たちや施設に入っている人たちである。榊でも越路と同様に、転出者は縁故を頼って地元に残っている高齢者に墓の管理や祭祀を依頼している。すでに在住者より転出者の数が多くなっているため、地元の者が、自分の家の墓の他にもう一基の祭祀を抱えているケースが多い。その場合「祭祀承継者」となっている墓と、単に「地元代理人」であったのが「祭祀承継者」に移行するケースもある。

例えば次の頁の事例1のように、一人の男性が実家の墓の「祭祀承継者」であり、妻の実家の墓の「地元代理人」というケースもあれば、事例2のように、夫は夫方の墓の「祭祀承継者」、妻も妻方の墓の「祭祀承継者」と、夫婦でそれぞれの側の先祖祭祀を担っているケースがある。この事例2の夫が死んだ状態が事例3である。地元に生活する女性が、本家の跡取にあたる弟が転出したあと、弟に代わって実家の墓と母の面倒をみてきたが、母が死亡し弟も墓を継承する意志がないので、その女性は婚家(夫死亡)と実家の墓の両方の「祭祀承継者」となった。事例4は、関東にいる子どもたちが父親や墓の面倒をみず、全くあてにならないので、納骨堂の委員が使用者の姪に「地元代理人」を頼んだケースである。しかし、使用者の姪は結婚しているので、嫁ぎ先にも墓がある。

事例1　使用者の妹の夫がみている。
事例2　夫婦で墓を(一基ずつ)持っている。妻は自分の実家の先祖をみている。
事例3　関西にいる弟が母をみないから、大浦で姉が自分の家の墓と、本家の墓と、母の面倒をみていたが、母が死亡し、二つの墓の名義人になった。
事例4　子どもたちは関東にいるが、父親の面倒をみない。大浦に来るか来ないかわからないから、仕方なく管理費も○○の妻(墓の使用者の姪)に頼んでいる。この人は嫁いでいる。

4　祭祀者確保の状況

墓からみて「位牌型墓標、花立、香立」の全てがあり、何の問題もなさそうな墓でも、聴き取り調査をすると、問題をはらんでいることがわかる。例えば、大浦町に戻る意志のある子世代がいなくて、管理を遠縁の人や地元の親世代の高齢者に依存し、墓を放置しているような事例や、他府県に住み、この地に祭祀を頼む縁者もなく、普段は誰も祭祀していないが、二〜三年に一回ぐらいは墓参りに帰ってくる事例などさまざまである。

また、親族以外の人に墓の祭祀を頼む場合も多くなっていて、やっとのことで祭祀が続いている様子がうかがえる。集落には暮らしているが、実務的に掃除や祭祀ができなくなっている人も出てきている。

さらに、聴き取り調査から、子どもに呼び寄せられて転出する人の話が出てきたり、長期にわたって、墓の管理を地元の人に頼んでいた人が、ついに墓を譲渡したという話もある。また、管理料や掃除免除金を請求しても全く払おうとしない人が何人かいて、納骨堂の委員は困っている。そういった中で「集金したあと、計算して最後に、不足金か行方不明の人のお金は、賽銭箱のお金で調節している」などといった工夫もされていた。

5　使用権の譲渡

以上のような状況であるが、転出者が故郷の共同納骨堂を購入するという現象が八〇年代後半からみられるようになった。越路地区の空き墓の権利を新たに購入した人は二〇〇一年一月現在五ケースある。そのうち一九九九年八月調査で地元人から聴き取ることができた四ケースについて記すと、次のようになる。

①購入者は五〇歳で、まだ家族に誰も亡くなった人がおらず、遺骨はないが、いずれは故郷に戻ってくるのではないかと思われる、②購入者は隣の加世田市に住んでいて、親元が越路地区にある、③購入者の本家の墓はあるが、購入者は分家して鹿児島にいるから、帰ってきた時に自分の墓を持ちたいということだろう。定年前の人である、④購入者は、親もとの墓はあるが、念のために買っているのだろう。

①～④を見てもわかるように、共同納骨堂の墓を新たに希望する者は、男子のうちの跡取りの立場にない人たちである。集落のほとんどの世帯が参加して建設した共同納骨堂では、皆が墓の権利を持っている。したがって、本家筋の人であるならば新たに墓を買う必要はない。跡取りの立場にない本家筋以外の者が、自分の家の墓として購入している。さらに、居住地でいえば、鹿児島県内か近くに居住している者が買うというケースが相対的に多い。しかし、

鹿児島市など近くに住んでいても転出地で墓を買うケースが多いということも事実である。

空いた墓の権利を買って故郷に戻ってくる人がいることを地元の人は、「希望者がおって助かるんです。全部空になって減るばかりじゃ、悲しいですけれどもね」という。しかし一方で、今のところ転出地で亡くなった転出者の遺骨は、故郷の墓に戻ってきているが、その子や孫の代になると、転出先で墓をつくる人のほうが多いことも予測している。

6　寺近傍の集落

有木地区は、他の三地区に比べて世帯数が少ない。区長によると、二〇年前まで八五世帯あったが、一九九九年八月現在、昔からある世帯は五二世帯に減って、転入者(二〇世帯)を入れると全七二世帯になっているという。空き家が二三戸あり、家をそのままにして子どものところに移動した人、施設に入った人たちである。なかでも、たまに帰ってくる家が一〇世帯ある。都会にいて盆・正月に帰って親を施設から連れてきて過ごす家が六世帯、その他が四世帯となっている。

先にも述べたように、この地区は寺の近くに位置し、共同納骨堂の建設当時(一九七〇年)から寺の納骨堂の建設計画があった。集落の納骨堂建設地が小高い所にあったため、この地区の共同納骨堂は集落全体が参加した越路や榊と違って、二四基と小規模である。七二年時点での有木地区の寺の納骨堂加入者は四五(町内四一、町外四)で、四地区のうちでは一番多くの人が申し込んでいる。

共同納骨堂は二四基中、一四基が継続使用されているが、九基の所有者が西福寺の納骨堂も買っている。その中に

表 III-8　有木地区納骨堂(24 基)の推移

継続使用	14 基
「名札・花立・香立」なしで，寺の納骨堂へ改葬(発起人)	1 基
「名札・花立・香立」ありで，寺の納骨堂へ改葬(発起人 1 人を含む)	8 基
「子どもの移動地(大阪)へ改葬」	1 基
	計　24 基

表 III-9　有木地区の墓所有の推移(高度経済成長期→1999 年 7 月末現在)

寺の納骨堂 59 基→(共同納骨堂から改葬 9 基，子どもの移動地へ改葬 5 基)→63 基
共同納骨堂 24 基→(寺の納骨堂へ改葬 9 基，子どもの移動地へ改葬 1 基)→14 基
個人の納骨堂 2 基→(変化なしだが，継承問題は抱えている)→2 基

は共同納骨堂設立の発起人もいる。また、子どもの移動地(大阪)へ改葬したケースが一件あった(表Ⅲ-8)。

共同納骨堂から寺の納骨堂へ移った理由は、「年をとって小高いところにある納骨堂まで行かれなくなった」からと、「若い衆が将来、自分が死んでから見守ってくれるかどうか信用できない。お寺だったら信用できる」などという声が聞かれた。共同納骨堂の使用者は一番若くても六四歳だという。経済的なことも含めて諸事情があり、移したいのに移せない人が何人かいるということである。

しかし一方、寺の納骨堂から子どもの移動地へ移って行ったケースも五ケースあった。共同納骨堂の空いたあとを買う人はいないが、寺の納骨堂の方は、空き待ちの人がいるぐらい申し込みがある(表Ⅲ-9)。

7　西福寺の納骨堂

西福寺の納骨堂は、一九七〇年より檀家による納骨堂建設委員会を設け、二年間の話し合いと事前申し込みなどを募った末、七二年に二〇〇基が第一期として建設された。その二年後に一一基が増設され計二一一基となった。二期工事は一九八〇年で六五基、二年後に四〇基が増えて計一〇五基、そし

表III-10　西福寺納骨堂・大浦町外転出加入者(97人)の居住地(1987年)

大浦町外	県内38人(39.2%)	笠沙町3，加世田市8，枕崎市2，吹上町1，鹿児島市23，出水市1
	県外56人(57.7%)	宮崎1，熊本2，福岡4，山口1，広島1，岡山1，兵庫7，大阪14，奈良2，和歌山1，京都1，愛知2，神奈川2，東京都11，千葉2，茨城1，埼玉3
	不明　3人(3.1%)	——

て一九九三年に三期目工事として一三七基をつくり、一九九九年現在四五三基が使用されている。二〇〇一年に四期目が完成した。

寺の納骨堂加入者の推移をみると、一九七二〜八〇年までの八年間では六六基の増加しかみられないが、一九八〇〜八五年で五〇基、一九八五〜九三年で一三七基が増加し、八〇年代後半から九〇年代に入って寺の納骨堂を購入する人が増えていることがわかる。

また、寺の納骨堂加入者の居住地で、町内・町外の比率をみると、一九七二年では町内在住者は八二・〇%と、町外の一八・〇%に比べて圧倒的に多い。ところが、高度経済成長が始まったころに転出した若者が四〇代になった一九八五年には、町内六九・三%、町外三〇・七%と、町外の人がその比率を延ばし、その後も一九九三年に町内六四・〇%、町外三六・〇%と、町外の人の購入が延びている。その町外といっても鹿児島県内と県外の在住者に分かれるが、約四割が県内在住者である(表III-10)。

昔から大浦に住む世帯は、集落の墓地を所有している人がほとんどである。したがって町内の加入者の場合、新規転入者もいるだろうが、聴き取り調査などから推測すると、集落の納骨堂をもちながら、供養の永続性を考えてあわせて寺の納骨堂を購入するケースが多いと考えられる。町外の加入者で多いのは、集落の墓地や納骨堂の権利を継ぐ立場にない(跡取りでない)子世代が、自分の世帯用に購入するケースであると考えられる。

納骨堂の運営は、各地区から選出された委員からなる「西福寺納骨堂管理委員会」が行っている。一九八五年八月の委員会ではじめて、納骨堂の権利譲渡について討議され、

「解約返還金」と「補充加入金」の金額を決めて、翌八六年七月から施行する旨を決定している。八八年の「お知らせ」でも納骨堂が不要になった人へ「譲渡」を呼びかけている。これらのことは、返還希望者や空いた納骨堂の購入希望者が出てきたことを示唆している。

決算報告の収入欄の「加入金」と、支出欄の「解約金」を見ていくと、八〇年代後半から譲渡する者が出はじめて、毎年一〜二件があり、九八年には譲渡者は一年で六件にもなっている。その他、「三親等内の譲渡」であれば管理委員会を通さずに行えるので、加入者の名義変更だけで、収入・加入金欄には表出してこないケースもある。また、加入者に割り当てられた負担金が未納というケースもあるので、祭祀や継承に変化があった墓は、実際にはさらにその数が増えると見込まれる。

納骨堂の墓の配置は、各地区ごとに分かれて並んでいるが、譲渡する際に、同じ地区の人でなくて、他の地区の人に譲っているケースも出てきている。

第6節 総括

大浦町の一九九八年調査では、高度経済成長期の人口移動に伴った墓制の変化——土葬墓から火葬墓(共同納骨堂)へ——が浮き彫りになった。生きているうちは子どもと別居する人が多い大浦町の高齢者だが、亡くなっても別墓を望むのであろうか。墓に「誰と一緒に入りたいか」と尋ねてみたところ、「配偶者」が最も多くて約七割、二番目は「子ども」だが五割に満たなかった。次に「先祖代々(あなたの家の先祖)」「自分の両親」とつづき、ここまでは大浦町も全国も同じ順位で、「先祖」や「両親」をおさえて「配偶者」がトップであるが、大浦町は「先祖代々」を選んだ人が全国よりやや多いことがわかった。また大浦町では、「兄弟姉妹」を選んだ人が、全国平均よりもやや多い。過疎・高齢地域である大浦町では、子どもたちが転出したあとの相互扶助は、近くに住む親戚ネットワークに委ねる場合も多く、その一体感から「兄弟姉妹」と入ることは他の地域よりは自然であろうが、「兄弟姉妹」を選んだケースを分析すると、未婚者、子どもがない人、子どもが女子だけの人、またはそれらの境遇の人を親戚にもつ人であって、いわゆる家族単位で入ることとの困難な人々であった。やはり墓は家族単位が一般的といってよいだろう。さらに、近隣のサポート・ネットワークが機能しているにもかかわらず、「親しい人(友人・仲間を含む)」を選んだ人が皆無であったのは、同じ墓には家族単位に入るものという意識があるためだと推測できた。「一番大切だと思うこと」「一番生き甲斐を感じていること」のトップに「子ども・家族」をあげた大浦町の高齢者だが、子どもよりも配偶者を選び、死後の墓もまた、希望と現実の狭間で心の折り合いをつけているように思われる。

一九九九年の共同納骨堂調査では、八〇年代後半から墓に微動が起こり始め、九〇年代に入って権利を返還する人が出るなどの変化がとらえられた。例えば越路地区の共同納骨堂では、八〇年代から墓の掃除に出られない人に課せられた掃除免除金の滞納者(転出者)が出始めた。それ以降二〇〇一年一月までに一〇基の権利が返還され、そのうちの五基は新規加入者に譲渡された。仲組地区も同様で、一九七三年の建設当初から掃除ができない使用者の墓が六六基中一八基あり、その後六基の所有者が掃除当番を担当できなくなっている。その当番の中止年をみると、一九八八年―一基、九〇年―二基、九一年―二基、九二年―一基となり、やはり八〇年代後半から九〇年代にかけて変化が認められた。

転出者は現地に代理人を立て、掃除免除金等の支払いを依頼している。その代理人の続柄は、高齢の兄弟姉妹や配偶者の親戚、息子の配偶者の親戚、さらには全くの他人まであって、代理人の確保も困難になりつつある状況がうかがわれた。

また、西福寺の納骨堂加入者の推移をみると、一九八五年に納骨堂の使用権の「譲渡」について規約ができ、一九八六年から施行された。八〇年代後半から寺の納骨堂の権利を譲渡する者が出はじめて、九〇年代に入ってその数が増えている。

以上のように、八〇年代後半より祭祀や継承の困難な墓が出はじめていることが確認できた。またその一方で、墓の継承者の立場にない子どもで、県内など相対的に近くに居住する者が、故郷に納骨堂を求めはじめ、共同納骨堂が若い世代に譲渡されたり、寺の納骨堂の町外の購入者が八〇年代後半から九〇年代に入って、その比率を伸ばしていることも確認できた。

いまはまだ、共同納骨堂は掃除当番や墓参の人々が集うコミュニケーションの場としての機能がある。また子どもたちが頻繁に帰って来られなくても「皆が守ってくれるからいい」「皆と一緒だから寂しくない」というように、守り手がいなくなっても皆が守るという、家族機能の衰退を補完するようなサポート・ネットワークが存在している。しかし、その高齢の「皆」、つまり地域の心安い人々がいつまで存在するのか、納骨堂の傷みとともに不安も出てくる。そこでより永続性が期待でき、僧侶の供養が見込まれる寺の納骨堂が注目を集めてきている。地域の納骨堂を皆で維持しつつも、寺の納骨堂も買って二つの墓をもつ人、すでに共同体の納骨堂から寺の納骨堂に遺骨を移した人もいた。

この変化には、興味深いものがある。この地域は、一向宗(浄土真宗)を信仰し、薩摩藩から禁制・弾圧を受けながらも「隠れ念仏」という命がけの形をとって、庶民の生活の場で生き続けてきた歴史的背景を持つ地域である。寺や僧侶は存在できなかったために、集落に番役と呼ばれる僧侶役までいて、葬式の導師や説教もし、擬制的な寺檀関係をもって共同体内の結束を強めてきた。ところが近年まで続いた番役も、後継者を確保できずその役目に終止符が打たれ(注4参照)、この地の共同体意識を強めてきた伝統の一つが消えたことが確認された。共同体の納骨堂から寺の納骨堂へ移行する人々の増加も、それと軌を一にした現象で、旧来の共同体の紐帯が弱体化していく状況がとらえられた。

「先祖の墓を守り供養することが子孫の義務と考えますか」という質問で、「そう思う」と「どちらかといえばそう思う」を加えれば九割を超す。この想いと現実の狭間で、折り合いをつけようとしているようにみえた。

第Ⅱ章で考察した新潟県巻町も、また本章の鹿児島県大浦町も、町の一部が海に面し、生産性の低い土地柄であるという点で共通している。戦前から職を求めて出稼ぎに出る人も多かった。両地とも高度経済成長期に多数の流出者を出している。両地の違うところは、新潟県巻町角田浜では、伝統的に長男子相続が規範化され、鹿児島県大浦町では、長男子相続も一般的に存在はするが、角田浜や全国調査と比べても、相対的に墓の継承者に「長男」の割合が低く「次三男」の割合が高いなど、末子相続を彷彿させる結果も得られ、地域的特質が見受けられた。角田浜で次三男が家や墓を継承している場合は、長男死亡、長男病気などで、長男に継承困難な事情があるケースであった。大浦町では、次三男が親と同居あるいは近居で、墓も継ぐケースが多く見受けられた。

集落の共同墓地をもった地区は、新潟県の角田浜付近にもある。戦後の家族の変化に伴って、その共同性を強化させたのが大浦町であるが、新潟県の角田浜付近の場合は、過疎化に伴って逆に地縁的共同の墓地から改葬して妙光寺の一般墓、あるいは継承を前提としない安穏廟に移行した事例もある。大浦町の地縁による共同墓も、高齢化していく地域社会の中では将来の保証がなく、共同納骨堂の権利をもちながらより永続性の高い西福寺の納骨堂を買い、二墓目の墓を求める人が年々増えている。その背景には、共同納骨堂の構造物としての恒久性への不安と、子どもが故郷を離れる地域での供養の永続性への不安があった。

二基目の墓といえば、新潟県の妙光寺の安穏廟では、移動者が望郷の念から、移動地に墓を買いながら、故郷に二基目の墓として安穏廟を購入している。大浦町の場合は、定住者が西福寺に二基目の墓を買っているので、一見、両者は違うように見えるが、共通点もある。大浦町の人も、自分の慣れ親しんだ地区に心を残こし、その地の墓を手放さずに切り抜けようとしている点である。「妙光寺檀家調査」によれば、移動後も妙光寺の檀家をやめない理由として「先祖が眠っている」ことをあげる者が多かった。移動した第一世代は子どもや孫の墓参の利便性を配慮しつつも、「先祖に対する責任感」や「望郷の念」「自分のルーツ」という意識から故郷に墓を残したいと思う。継承者を必要としない共同墓が、そのような意識の受け皿になっている。

妙光寺は、「檀家の弟」という立場にある人が安穏廟を購入している。少数ではあるが、故郷の墓を継承する立場にない子どもが故郷に墓を求めはじめていることは、大浦町でも確認された。集落の共同納骨堂の権利を持たない(本家筋ではない)若い世代に権利が譲渡されたり、寺の納骨堂を増設して、そのような人のニーズに対応している。

大浦町の共同納骨堂は、掃除当番や墓参の人々が集うコミュニケーションの場として機能している。守り手がいなくなっても地区の皆が守ってくれるという、家族機能の衰退を補完するかのようなサポート・ネットワークの存在について触れたが、これらは妙光寺の安穏廟のあり方に関連して、第V章でさらに詳しく検討することにしたい。

注

(1) 筆者は「継承断絶」という場合、「墓石」と「祭祀」の両面からとらえている。人口流出地域である「農村」で、祀り手のいなくなった「無縁墓」が増加した場合、これを単純に「継承断絶」といえるかどうかというと、そうとばかりはいい切れない。第二次世界大戦後の産業化による若年層の地域移動は、戦前までが主に農村での余剰人口としての次三男の移動であったのと違って、長子までが都会に移動するケースもみられた。さらに故郷に残された親が都会へ呼び寄せられて、一家離村というケースもある。しかし、人間が移動しても、同時期に墓まで一緒に移動するかというと、すぐにそのような行動に出るケースは稀である。多くの場合は、移動先で死者が出るような時期になったときに、墓をどうするかが検討される。したがって故郷の墓が放っておかれて祭祀が絶えている状態でも、これが継承断絶したかどうかは、それだけでは判断できないのである。もちろん中には絶家していて完全に継承断絶しているケースもあるが、多くは今後、移動した家族に死者が出た時などに、「祭祀」が復活する可能性を残している。故郷の墓が復活するのか、移動地で新たな墓をつくって祭祀が復活するのか、あるいは墓石はつくらない、といった選択肢も考えられる。もし、移動地に墓をつくった場合は、故郷の「墓所・墓石」からみれば「継承断絶」したことになるが、移動先の新しい墓や仏壇で、先祖代々の「祭祀」が継承されているケースも多い。「先祖代々」という遠い先祖の遺骨や墓石を放棄するか、改葬して移動させるか。このように、時間軸にそって動態的変化を分析するためには、「継承断絶」といっても「墓所・墓石」からみたそれと、「祭祀」からみたそれの二段階を想定する方がより変化の実態に迫ることができると考える。

（2）一九九〇年から九三年にわたって、大友篤、嵯峨座晴夫、清水浩昭らによる「大都市の高齢人口移動に関する調査研究委員会」が、五都市における高齢人口移動調査を実施した。五都市とは仙台、横浜、名古屋、北九州、福岡である。一九九四年「大都市高齢者の移動実態と理由に関する研究」報告書が社団法人エイジング総合研究センターから刊行されている。

（3）合計一九四名(男性七一名、女性一二三名)を対象者として、質問紙を使った個別面接調査法によって実施した結果、有効回収調査票(回収率)は、合計一六五票(八五％)で、越路六三票(八三％)、榊三〇票(七九％)、仲組三五票(九五％)、有木三七票(八六％)となった。

（4）榊地区の「有薗門」の当主(乙名・名頭)で「番役」も務めてきた有川家の現当主からの聴き取り調査によると、死者が出ると、すぐに門の当主(乙名)でもある番役の家へ知らせに行く。知らせを受けた番役は、読経して死者の霊を慰める。これを「カケツケ」といい、これで「お浄土に行く道が開けた」ことになるのだという。知らせには、亡くなった人の身内からイトコなどの比較的悲しみが薄い二人がその役を担う。その際、米一合のほかロウソクなどをもって行く。番役は一週間にわたって毎晩経をあげて、かつて真宗が弾圧されていた時代は寺や僧侶の代わりをした。榊地区の有薗門では一九九六年までこのカケツケがつづいていたが、現在の当主(乙名)が妻を亡くし、気落ちしたのをきっかけに途絶えた。また同じく榊集落の神野《かんの》門では、一九九三、九四年に、経が読める当主が亡くなったあと、あとを継ぐ息子がなく、妻も経があげられないという状況になってカケツケを終わらせた。配偶者を失い単身世帯になって気落ちしたり、継承者が確保できないという理由から伝統的な行事が消えている。番役とは、『大浦町郷土誌』における永田英彦の説明によると、禁制されていた一向宗では寺や僧侶が存在できなかったために、僧侶に代わって肩衣姿で、正信偈や阿彌陀経を読んで、法談、説教の書き物を暗唱して、説教のような事をしていた人で、講頭とも呼ばれていた。番役は法衣をまとわぬ半僧半俗の生活で、これを講中の門徒が世話をしていた。いうなれば擬制的な寺檀関係で、番役と講中門徒の間柄はきわめて緊密であったという[永田 1995 : 845-847]。『九州の葬送・墓制』で水流郁郎は次のような「カケツケ」の事例をあげている。「出水市朝熊では、目を落したらすぐに米一升とお金を持ってお寺に行く。必ず二人で行く。これをカケツケという。同市六月田では、納骨堂に安置されている木製の仏像(村仏さまと呼んでいる)にご飯を炊いて一杯飯を盛りお供えする。納骨堂の前は集会所においてあり、その前は二カ月交替で各家を持ち回った。阿久根市折口では、死んだらすぐに米一升・線香・ロウソクを持って村仏さまを安置してある宿屋に行く。宿はいまでも二カ月交替になっている。村にはコズヤク(小僧役)がいるので、すぐ来て村仏さまの前でお経をあげてくれる。このようなコズヤクの活躍は浄土真宗の村々で県下一円例外なしにみられるが、とくに阿久根市周辺では盛んであったようである」[水流 1979 : 307]。

(5) 江戸時代には仲組という方限はなく「野下」から分かれた集落である。「明治一四年四月までは野下方限(組ともいった)門一、屋敷八の六九戸を擁していたが、名頭(乙名ともいった)層の勢力争いから組を二分する争いとなり(二年間に及ぶ)、加世田麓の有力者三人(代言者)の仲介によって、やっと収まった」とある。その時に共有財産の配分と新しく集落二組が誕生し、そのうちの一つが仲組である[内匠進 1978 : 20]。

(6)　明治の「廃仏毀釈」も、この鹿児島においては徹底的に断行されたが、もともと弾圧の中で信仰を守り通してきた真宗信徒にとっては、それが信仰を深めることはあっても動揺することはなく、より一層、殉教の信念を深めた。こういった弾圧が解けたのが、一八七五(明治八)年一一月二七日の信教の自由保証の教部省口達以降である。榊地区の有薗門の当主を務めてきた有川家には、一八七八(明治一一)年に、わざわざ本山のある京都へ仏檀を買いに行った旨の裏書きがある仏檀の引き出しが保存されている。それは、堂々と一般的な仏檀をもてる世の中になったことを物語っていた。そして一九〇九(明治四二)年、人々の努力のすえ、いまの西福寺の殿堂が落成し、一九一三(大正二)年に地方庁より「西福寺」の寺号公称が認められた。

(7)　大浦町を対象として先に二回の大浦町調査が実施されている(墓の調査は行われていない)。それは次の二つである。第一回・一九八六年大浦町調査、鹿児島県地方自治研究所「高齢者問題プロジェクトチーム」(高根仁・染谷俶子ほか)、報告書『農村における高齢者の生活と課題―鹿児島県大浦町の実態調査から―』同プロジェクトチーム、一九八七年刊。第二回・一九九二年大浦町調査、鹿児島県地方自治研究所(染谷俶子・山本賢治ほか)、報告書『大浦町の過疎・高齢化と地域生活の変貌』同研究所、一九九六年刊。詳しくは染谷俶子『過疎地域の高齢者』学文社、一九九七年刊参照。

(8)　「墓地に関する意識調査」厚生科学特別研究事業・主任研究員・森謙二(茨城キリスト教大)。研究協力者として山田昌弘(東京学芸大)・井上治代がかかわる。母集団＝全国満二〇歳以上の男女、標本数＝二〇〇〇人、調査地点＝一三三ヵ所、抽出方法＝層化二段無作為抽出法、調査期間＝一九九八年二月、回収数＝一五二四人(七六・二%)。

(9)　納骨堂をつくったことによって、集落の土葬墓を掘り返し、遺骨を納骨堂に改葬した。その際、まだ完全に白骨化していない遺体などはその場で火葬したり、身元が分からない遺骨があれば共同納骨堂の「無縁之霊位」に納骨した。越路地区では、水に浸かっていたために形を留めた遺体が一体見つかった。しかしそれが誰だかわからず、結局、寺から僧侶を呼んで供養し、共同納骨堂の「越路部落無縁之霊位」の中に納骨した。海難事故で越路の海岸に流れ着いた身元不明者などの外部者の遺骨は、納骨堂の中には入れず、納骨堂のそばにある野外の「無縁之墓」で祀っている。

第Ⅳ章　家族の変化と墓祭祀の双方化

第1節　課題・方法・資料

1　課　題

本章では、夫方妻方、双方の親子関係を重視する夫婦制家族の特質の一つに着目し、それが父系という単系で継承されてきた伝統的な墓祭祀に、どう影響を与えたかを分析する。

少子・高齢社会は老親介護や墓・仏壇の継承問題をより一層深刻化させている。これまで墓の多くは、永続する家のシンボルとして父系男子の単系で継がれてきた。したがって一組の夫婦がもつ子どもの数が多ければ、その中に名字を生涯変えることの少ない男子出生の確率は高くなる。ところが、合計特殊出生率が二人を切って久しく、子どもの数が一人か二人では、産まれてくる子どもは、結婚によって九割以上が改姓してしまう娘だけというケースも多くなってくる。その上、養子で息子を補充する意識が希薄化していれば、娘にも当然、親の墓や仏壇の継承の責務が課せられてくる。このように少子・高齢社会では、夫婦ともに介護や仏壇・墓の継承を期待された者同士の結婚が一般的になり、一組の夫婦が双方四人の親の介護や看取りをかかえるだけでなく、墓や仏壇による双方の祭祀継承を課せられるケースが増えてくる。生前においては、夫の姓を選択した夫婦が表札二つを掲げて妻の親と同居するケースが増えるなど、父子継承ラインの弱体化や親子関係の双方化傾向が認められているが、死後の墓はどうなるのかを探る。

2　方　法

本章では、伝統的社会における「双系的」な先祖祭祀を掘り起こす人類学や、民俗学の地域的偏差を追究する視点とは異なって、同一地域で、系譜観念を持った単系的な家族・親族から、系譜観念がない、あるいはごく薄れた「双方的」な家族へ移行する過渡期的な変化をとらえる変動論的アプローチをとる。

日本の家は、後継子の生殖家族との「同居」を世代的に繰り返すことによって、直系的に継続され再生産されてきた。それは主に父系という「単系」で継承され、家は、非血縁の養子をも親族として取り込んで存続繁栄を図る系譜観念にその特徴がある。この系譜観念を表象するものの一つが先祖祭祀である。

ところが戦後の夫婦制家族は、一組の夫婦を単位として一代限りで終わる家族であるため、系譜的永続性や、系譜観念に基づく親族組織などが形成される土壌が著しく弱まった。

また、親と子の生殖家族は「別居」するのが夫婦制家族の原則であるから、これまでのような夫の親との同居形態がとられなくなれば、夫の親だけを重視する考えは希薄になり、夫と妻の双方の親と同等に結びつき、子どももまた父母それぞれの親と同等に関係してくる。このように夫婦制家族では、夫婦のどちらか一方ではなく、双方の親子関係が意味を持っている。この子どもの父母との同質の結びつきを「双方」的という。ただし、子どもからみた父母双方との同質の結びつきにおいて、「系譜観念」が見受けられるときに「双系」の語を使い、系譜観念のない、あるいはごく希薄な場合は「双方」の語を使用することにする。その指標には次の三点をあげる。

第一に、同じ墓に入る人々の世代深度に着目する。それには既に祀られている故人の世代深度に着目する方法が一つある。新たに家族を形成した夫婦が新しく墓をつくる場合のような世代深度ゼロを含めて考察する。

もう一つの方法は、現存者の意識を視野に入れることである。第Ⅱ章で考察した直系家族制地域の新潟県巻町角田浜では、今日まで家族が継がれ、墓をみれば江戸時代の先祖まで遡って祀られ、故人の世代深度は深い。しかし、次代で継承困難が予測される人の中には「継がれなくても仕方がない」と、養子縁組をせず、継承を前提としない墓へ移行することを考えている人もいる。したがって墓の使用者が今後、子どもが同じ墓に入り、それを孫が守り、代々墓を継承してほしいと思うかどうか、既に祀られている故人だけでなく、将来の継承意識の中にも世代深度の指標を持ち込むことにする。

第二に、墓石に家名や家紋を彫るか否かをみる。ただし、家意識や系譜観念がなくても、代替の新しい様式が出現し定着しないうちは、形骸化していても伝統的な様式が踏襲されることが多いので、変化は、家名や家紋があることで判断するよりはむしろ、墓標に家名や家紋がないことで主に判断する。

第三では、意識レベルの系譜観念と、形式レベルの系譜的制度とを分けて考える。人々は、意識レベルでは系譜観念がなくなり、あるいは薄れたとしても、一般的な墓は現在もなお代々継承者を決める継承制をとっているため、人々が好むと好まざるとにかかわらず、形式レベルで系譜的な要素を残している。墓は代々継がれなければ使用をうち切られるため、系譜観念がない場合でも継承せざるを得ないのである。こういった過渡期の変動をとらえるのに、意識レベルの系譜観念と、制度上の系譜的なるものを分けて考えるのが効果的であると考える。

意識レベルでも系譜観念があり制度上も継承制の墓であるのが、伝統的な家族と墓のあり方で、系譜観念が薄れていながら継承制の墓を維持しているのが、現代的な傾向と想定する。

分析対象は、従来の父系男子による直系的継承という伝統的な継承制のもとでは問題をはらむケースとする。それには、「子どもがいない」、子どもがいても「娘だけ」、あるいは「息子がいても生涯未婚」などがあげられる。戦前ならばこのようなケースでは養子縁組によって継承者が補充されたが、現代ではこういった問題を抱えたケースが増加傾向にあるにもかかわらず、養子縁組が一般的ではなくなり、むしろ一九九〇年以降、継承制から脱却する方向、つまり、継承者を必要としない墓や散骨などが登場し、それへの支持が相対的に高まりつつある(一六九頁や次章を参照)。しかし、伝統的な文化パターンが身についた人たちの中には、この新たな形態を簡単には受け入れ難い人々もいる。そういった人々は、養子縁組という補充戦略こそとらないが、継承制から脱却しない方法として「複数家族墓」を建立している。「複数家族墓」(実際は両家墓とほぼ同義[1])とは、一つの墓所を複数の家族が使用している、あるいは一つの墓所に複数の家族の故人が祀られている墓のことをいうことにする。

このように複数家族墓を調査することによって、一つは、養子縁組によらない継承戦略が浮き彫りになり、もう一つは、「両家墓」のケースから、本章のテーマである戦後に出現した墓祭祀の双系・双方化の実態を浮き彫りにすることができると考える。

3　資　料

本章では、以上述べてきた「複数家族墓」と「娘だけ」のケースを対象にした次の調査結果を中心に、家族と墓祭祀の双系・双方化についての分析を試みる。調査の詳細は後述する。

A「複数家族墓調査」

①福岡市立霊園(平尾霊園、西部霊園)の「墓石調査」として行った「複数家族墓調査」(一九九六〜二〇〇一年。二

〇〇一年調査は二〇〇〇年度、淑徳大学大学院生研究費補助金による調査)。また一九九七年三月調査において、彼岸のため墓参中の複数墓使用者二名に実施した聴き取り調査。

②東京都内の寺院境内墓地(港区・真福寺、台東区・了源寺、世田谷区・存明寺、八王子市・最照寺)と、民営霊園(豊島区・すがも平和霊苑)で、「墓石調査」として行った「複数家族墓調査」(一九九八〜九九年)。

③先の②で抽出された複数家族墓の使用者を対象とした行った質問紙による『複数家族墓』の実態調査」と、そのうち三ケースについて行った「面接調査」(二〇〇一年)。

B「娘だけ」のケースの調査

④伝統的な世代継承からは問題をはらむケースの一つ「子が娘だけ」のケースを対象として行った「お墓・仏壇・介護に関する世代間関係の意識調査」(一九九八年度、淑徳大学社会福祉研究所助成研究)。

⑤④の質問紙調査・回答者中、一〇人に行った面接調査(二〇〇〇年度、淑徳大学大学院生研究費補助金による調査)。

第2節　福岡市立霊園での「複数家族墓調査」

1　調査対象の概要

調査対象の選定

複数家族墓が、いつ頃から建立されるようになったのか、またどのような種類があるのか、その実態を主に「墓石調査」から分析する。

墓地には、主に経営主体の違いや供給対象の違いによって公営墓地(自治体)、寺院境内墓地、民営墓地(財団、社団、宗教法人)、村落共有墓地(集落)の別がある。ここでは戦後、福岡市が都市計画公園として開設した公営の福岡市立霊園に着目する。福岡市立霊園を選んだ理由は、次のようなことである。公営霊園では一般的に「一墓所、一墓石、一家名」を原則としている。福岡市立霊園もそうであったが、「一墓所に複数墓石」、「一墓石に二家名を刻んだ墓石」が増加した実態に即して、一九九〇年に条例を見直し、内部規定で「建碑ならびに墓碑の刻名および表示に関する基本方針」が定められた。墓地の種類――個々の墓所を外柵で囲む「普通墓所」と、個々の墓所に外柵を作らない「芝生墓所」――によって、それぞれに方針が規定され、「複数の墓碑の建碑を認める」となったのは普通墓所で、墓所の区画を区切らない芝生墓地では従来通り一基のみである。ただし、普通墓所と芝生墓所の両方とも「墓碑の刻名及び表示については、社会通念の範囲において利用者の意思を尊重する」となった。この年には三番目の市立霊園「西部霊園」が開園され、それに先立っての条例見直しである。

他の自治体は、一墓所に複数の墓石や複数の家名を認めると、墓の継承にもめ事が起きる可能性が高いとして認めたがらない。東京都は、あくまでも「一墓所、一墓石、一家名」を原則とし、事情がある場合にかぎり複数家名を認めている。福岡市は、複数の家族で使用することによって起こる継承時のもめ事を避けるために、一般的には使用者が亡くなってから決定する「墓の祭祀の承継」を、民法八九七条に基づいて使用開始時に既に「将来墓所を受け継ぐ予定の方を承継人としてあらかじめ指定して」おくことを利用の条件にしている。

戦後、福岡市では三つの市立霊園を開園している。最初は、第二次世界大戦後の高度経済成長に伴って福岡市の人口増加率が最も高くなった一九五五年に、「平尾霊園」を開園した。平尾霊園は福岡市の中央部に位置しているが、一九八一年に東部の「三日月山霊園」を開園し、さらに一九九〇年に西部の「西部霊園」を開園した。(5) 筆者は、その中で一九五五年と一九九〇年開園の新旧二つの霊園を選び、「両家墓」を含む「複数家族墓」の調査を実施し、開園時期の差が双系・双方化にどのような進展をもたらしたかにも注目した。

条例見直しと調査の想定

福岡市都市整備局公園緑地部緑地課は、条例見直しの理由を新聞で「最近は別姓のまま〝事実婚〟をしている人もいる。長男長女時代で、嫁いだ娘に墓を継がせたいという人もいる。利用者の家族が多様化してきたということを、市としても無視できなくなってきている」(『東京新聞』一九九〇年一〇月一七日)と語っている。この新聞記事の大見出しは「公営墓地にも〝夫婦別氏〟」というものであった。しかし夫婦別姓で事実婚をするようなカップルは、家意識からの脱却を志向しているので、墓に両家の家名を並べて彫るようなことには、どうも馴染まないように思う。むしろ福岡市が新聞で語った見解の後半にあるように、少子化で子どもが娘だけという家が増え、夫も妻も墓を守る立場にある人が多くなった。そこで結婚して改姓した娘にも墓を継がせたいという人が増え、夫婦が、夫方と妻方の両家の墓を祀っていくケースが多くなったのではないか。そういった想定で調査を実施することにした。

2　複数家族墓の実態

複数家族墓のタイプに注目した対象墓の選定

複数家族墓とは、一つの墓所を複数の家族が使用している、あるいは一つの墓所に複数の家族の故人が祀られている墓であると前に定義した。一九九〇年に福岡市の墓地に関する条例が見直され、①「普通墓所では複数の墓碑の建碑を認め」、②「墓碑の刻名及び表示については、社会通念の範囲において利用者の意思を尊重する」という内部規定ができ、これに基づいて建碑の形態が認められている墓である。このような墓を見つけ出すことが、複数家族墓調査の第一歩であるが、守秘義務を守る公営の霊園では使用者の資料を閲覧させないので、墓石を一基一基見てまわることになる。

複数家族墓にはいくつかの種類がある。すなわち、〈墓石の数〉には、単数(Ⅰ型)か、複数(Ⅱ型)かの別があり、〈墓碑の表示〉では、「家名」か「非家名(宗教語と任意語)」の別と、また複数墓石(Ⅱ型)の場合は、「家名」と「非家名(宗教語と任意語)」の混合型が存在する。以上の組み合わせによって複数家族墓は五つのタイプに分かれる(表Ⅳ-1、写真①~⑥)。

選定作業としては、まずは墓所内に複数の墓石が建っている墓や、一つの墓石に複数の家名が彫られている墓、さらには家名ではなく好きな言葉が彫られているが、複数の家族が祀られていることが確認できる墓を対象として選び出す。ただし、墓石が二つ以上あっても、複数の家族が祀られているとは限らない。例えば戦死者に対して、家族墓とは別に特別に個人墓を一基建立しているケースもある。また、別の地域にあった墓を改葬して遺骨を市立霊園にもって来るケースなどでは、同じ家でも昔の古い石塔をもってきて設置し、同じ墓所内に新たな墓石を別に建てるケースがある。また、一つの墓石に家名ではない言葉が彫られているケースでも、よく見ると花立てなどの付属の石に二つの家名が彫られていたりする。それらが複数家族墓であるかどうかは、墓所内の墓石(棹石)の他に、周りの石(墓誌、花立、香立、門柱、灯籠など)に刻まれている文字情報からも判断した。

表 IV-1「複数家族墓」5 タイプ

墓石刻字 / 墓石数	家　名	非家名（宗教語，任意語）	混合（家名/非家名）
単　数（Ⅰ型）	Ⅰ型家名	Ⅰ型非家名	――――
複　数（Ⅱ型）	Ⅱ型家名	Ⅱ型非家名	Ⅱ型混合

【Ⅰ型】

【Ⅱ型】

家名

①[平尾]

[平尾]②

非家名（宗教語）

③[平尾]

[平尾]④

⑤非家名（任意語）[西部]

⑥混合（家名・非家名）[平尾]

表IV-2 「福岡市立霊園」新旧の複数家族墓比較

2001年2月現在

霊園名 / 複数家族墓タイプ	平尾霊園 (1955年開園　約3953基)	西部霊園 (1990年開園　約4024基)
I型家名	57	38
I型非家名	33(宗教語20，任意語13)	48(宗教語24，任意語24)
II型家名	72	なし
II型非家名	6(宗教語5，任意語1)	なし
II型混合	10	なし
合　　計	178	86

注：平尾霊園，西部霊園ともに1996年度で募集終了となっている

II型からI型へ

複数家族墓における墓石の数は、単数をI型、複数をII型としたが、I型とII型の実態を比較してみると、II型に関しては、五五年開園の平尾霊園にはあるが、九〇年開園の西部霊園には存在しない(表IV-2)。平尾霊園にはない「芝生墓所」エリアが新しい西部霊園にはある。芝生墓所には複数の墓石の建立は禁止されているので、単純な比較はできないにしても、西部霊園の芝生墓所は全二八区画のうち五区画に過ぎず、II型が可能である「普通墓所」が圧倒的に多いにもかかわらず、II型が皆無であるということは、I型よりII型のほうが古いタイプであるという推測が可能になる。

そこで、I型II型の両方がある平尾霊園でその実態を分析してみたところ、I型が九〇基、II型八八基と、数量的にはあまり差がなかった(表IV-2)。さらにそれらの墓の建立年を調べた(表IV-3)。I型家名・II型家名を対象とし、II型は墓石が二基以上あるので、それらの墓石の建立年が違う場合は、新旧両方の建立年を調査した結果、I型は七〇年代に急に多くなり、九〇年代も多く、II型は六〇年代、七〇年代ともに多いということが確認できた(6)。やはりII型の方が相対的に古いタイプといえる。

以上のように、平尾霊園(一九五五年開園)の調査によって、複数家族墓は一九六〇~七〇年代(II型は六〇年代、I型は七〇年代)から増え始めたこと

表IV-3 「平尾霊園」複数家族墓のI型家名・II型家名別建立年比較

（墓石数）

I型家名		10年代＝1，30年代＝2，40年代＝1，50年代＝2，60年代＝9，70年代＝19，80年代＝6，90年代＝16，不明1		57
II型家名	無	（建立年の表記なし）	6	72
	一方	（一方のみ表記あり）40年代＝1，60年代＝2，70年代＝2，80年代＝3	8	
	旧	10年代＝1，20年代＝1，30年代＝3，40年代＝1，50年代＝2，60年代＝7，70年代＝6，80年代＝1，90年代＝1	23	
	新	20年代＝1，60年代＝4，70年代＝7，80年代＝4，90年代＝7		
	同	（同時期建立）50年＝2，60年代＝13，70年代＝12，80年代＝5，90年代＝3	35	

＊II型家名のなかで，建立年の表記がない墓石を除いた対象墓石の各年代の小計は，次のようになる．10年代＝1，20年代＝2，30年代＝3，40年代＝2，50年代＝4，60年代＝26，70年代＝27，80年代＝13，90年代＝11

がわかり、西部霊園（一九九〇年開園）の調査で、九〇年になるとII型が姿を消し、I型に移行したことがわかった。

第二次大戦中に空襲にあった福岡の都市部では、終戦後の復興とともに都市整備が行われ、野墓地を撤去して集落単位で納骨堂の建設が進められたり、寺院墓地の整理や墓地の移転が促され、その受け皿として一九五五年に平尾霊園が開園されたともいわれている。池潤は「この霊園内には当初、都市の寺院内にある墓地を改葬して移してもらうために、寺院別に区画を用意していたが、寺院側が改葬を望まなかったために、この話はなくなった」と記している［池 1996：42］。寺院側は大規模な納骨堂を作って対応したところが多かったというが、都市整備や人口移動による既存墓地から市立霊園への改葬があったことは推測できる。墓石の台座に「昭和四十二年十一月正覚寺より移葬す」「昭和四十五年十二月福岡市大字土井より移転」「中津市安全寺より移転」「福岡市西区大字宮の浦より先祖の墓を當墓地に合祀」と彫られていたり、建立年が平尾霊園開設以前のものも見受けられる。既に墓を所有している家族が墓を移す場合は、墓のない家族が新規に建墓するのと違って、複数家族墓ではII型になる可能性は高いといえるだろう。

またⅡ型からⅠ型に移行するには、意識の変化も大きく影響したと考えられる。Ⅱ型は、両家が墓所を同じくするが、墓石は独立しているのに対し、Ⅰ型は全く一つの墓石に統合した形になる。六〇年代までは、両家の墓石を「同じ墓所内に祀る」ことはできても、「一つの墓石に統合する」ことに抵抗感を感じる人も多かっただろう。ところが、九〇年開園の西部霊園にはⅡ型が存在しなくなっているのは、次第に一つの墓石に両家をまとめることに違和感がなくなったことを示唆している。その背景には家意識の希薄化と表裏一体である核家族化と夫婦家族制理念の浸透がある。双方的な親子意識をもち、仏壇や墓での日常的な祭祀経験をもたない核家族で育った夫婦が、墓を持たない親を祀るための墓を新規に設けるケースが多くなってくれば、既存の墓石を所有していないだけに、意識面からいっても物理的にも一つの墓石にまとめやすいということがいえる。さらに経費の面からも、墓石が一つのほうが大幅に出費がおさえられるという利点も大きい。こういったことがⅠ型へ移行した要因であろう。

過渡期的様相

(1)墓石の大小

平尾霊園の「Ⅱ型家名」の複数家族墓の中には、建立されている墓石の大きさや、墓所内の墓石の配置に大きな違いがあり、両家の力関係がはっきりうかがえる墓がある。

写真⑦は、「△△家之墓」が中央にあり、一九八六年に△△一郎によって建立されている。その向かって左に、小さい「〇〇熊太郎、スエ之墓」と刻まれた夫婦墓と推定できる墓がある。その墓石の裏を見ると、「〇〇熊太郎／大正十一年八月寂」、「〇〇スエ／昭和十七年一月寂」とある。△△家の者が「〇〇夫妻」の既存の墓をここに移して、△△家の墓所としながらも、〇〇夫妻の墓も一緒に守ってあげているような大きさと配置である。

写真⑦

写真⑧は、中央よりも向かってやや左寄りに「△△家之墓」(一九四三年建立)が大きくそびえている。その右横に小さい「〇〇家之墓」がある。「〇〇家」の墓の裏面には「昭和二十八年三月二十六日、〇〇吉三郎、五十五才、昭和四十九年十月二十八日、〇〇チヨ、七十一才」とある。建立年はないが、墓石が比較的新しく文字がみな同筆であることから「チヨ」が亡くなった一九七四年以降の建碑であると思われる。△△家の者が、△△家にゆかりのある〇〇夫妻を一緒に守ってあげるというような形態である。Ⅱ型でも既存の墓を一カ所に集めた型の墓は、もともと別々に建立したものなので、墓石の大きさが不揃いであって当然だが、写真⑦⑧の事例は、その差は大きく、さらに小さい方が、「家墓」というより「夫婦墓」になっている点で、他との違いがみられる。また、墓石の位置が同じ墓所内の中央に位置するのとその横では、家の力関係があらわれていると言っていいだろう。墓石を対象とした調査では両家の関係は判断できないが、実態調査などから推測できる一つのケースをあげるならば、夫方の墓が主で、その横で娘だけで継承者のいない妻方の親を一緒に祀ってあげているというような形態が考えられる。それがやがて男女が対等の関係になれば、妻方の親も、夫方の親も同等に祀られるようになる。写真⑨は、両家が同等の大きさと位置で建てられている墓の例である。二基は一九七二年に同時に建立されている。当時、両家の墓の建立者は、ともに両親の遺骨をもっていたことが「法名塔」の刻字から判断できる。しかし両親より上の世代の遺骨は納骨されていない。つまり先祖代々の墓の継承者ではなかったという両家に共通の状況がうかがえた。

（2）家名から非家名へ

平尾霊園の「Ⅱ型混合」の複数家族墓一〇ケースをみると、[7] 七ケース（事例1、2、3、5、7、8、9）が、墓石の建碑時期が違うものであった。複数家族墓を建てる背景には、①「継承者がいない家族（人）」が、②「継承者をもつ家族」と墓所を同じくすることによって、墓の管理や祭祀を担ってもらおうという意図がある。今後は①「継承者

写真⑧

写真⑨

のいない家族(人)」が絶え、②「継承者をもつ家族」が継続することになる。①と②の家族の区別は、墓石の大きさ(大・小)、あるいは墓所内の墓石の位置(中央と横)などによって、ある程度、推測し得る。

たとえば事例1は、墓所の中央に「南無阿弥陀佛」と書かれた墓石があり、その横に小さく「○○家之墓」がある。事例2は、中央に「我栄杜此(△△吉松家先祖累代之墓)」があり、横に「○○家之墓」がある。事例3は、中央に「妙法蓮華経」があり、横に小さく「○○家類代之墓」がある。事例8は、三家族で、「南無妙法蓮華経」が中央で大きくあり(墓標の下に「△△家」とある)、「○○家、××家先祖代々之墓」と左の墓石に彫られている。以上は、墓石の位置や大きさの違い、建立者などから、中央に墓石をもつ家族が祭祀を継承していく家族であると推測される。そして祭祀を継承していく方の墓に「非家名」が彫られている。これは、両家(多くは、子ども夫婦と、その夫婦の双方の親)を統合した意識のあらわれではないであろうか。家名は系譜観念を表象するものの一つでもある。子ども夫婦が双方の親と同質に結びつくならば、一方の姓を代表させにくい。子世代は、男系でも女系でもなく、「双方」的であれば、非家名にするのが適合的である。夫の氏を選択した現代の夫婦は、あくまでも「夫」の氏を符号として選択したのであって、系譜観念に基づいた「家名」を選択したと意識している人は少ない。しかし死後の墓となると、家名・家紋が彫られ、先祖代々を祀り、継承制をとっているなど、系譜的な要素が多々残されている。

非家名を彫る場合、姓の違う者でも入りやすいようにという配慮がある場合がある。事例7は、△△峰吉・トシ子夫妻によって「△△家之墓」が建てられ、その後、この夫妻と四人の子ども(息子二、娘二)が協力して「倶会一処」と彫った墓を建立した。結婚して姓の変わった娘でも入りやすく、継承しやすいようにという配慮で「非家名」の語を彫ったと考えられる。

Ⅱ型混合のうちでも、複数の墓の建立年が違うケースをみてきたが、ここで複数の墓が同時に建立され、かつ同姓の墓という二ケース(事例4、6)について言及したい。事例4は、同じ△△姓の別人が同時期に墓を建立し、墓石の大きさも同じであるが、一方は家名、他方は「倶会一処」である。事例6は、三基とも同じ「△△姓」で、同時に墓石を建立し、大きさもほぼ同じであるが、二基に「家名」が彫られ、一基は「南無妙法蓮華経」となっている。同姓であるということから想定されるのは、土葬墓を含め先祖代々の墓を改葬してまとめた墓石や、親と息子家族、あるいは兄弟それぞれの家族などとの組み合わせである。しかし、ここで興味深いのは、同姓であれば一つの墓石に統合することも可能なのに、わざわざ別に墓石を建立している点である。それぞれ別家族であるという意識のあらわれである。

一九九〇年代の傾向

これまで平尾霊園のⅠ型家名・Ⅱ型家名に絞って、複数家族墓の建立年とその基数を見てきた。そこで、Ⅰ型よりⅡ型が古く、一九六〇年代と七〇年代にその数が増えたことを確認した。数字から見て複数家族墓が増加したとは言い難い一九八〇年代と九〇年代について、さらに詳しく検討を加えたい。

一九五五年に開園した平尾霊園は一九七〇年代にはほとんど満杯になったので、八一年に三日月山霊園が開園した。平尾霊園はその後、八七年に返還された空墓所二八区画の使用者を募集し、九〇年に普通墓所二〇区画を新規募集し、九六年に空墓所三三区画、普通墓所三〇〇区画を募集したのを最後に募集を中止している。したがって一九八〇年代は二八区画のみ、一九九〇年代は三五五区画の募集であった。このように八〇~九〇年代は募集数が少ないので、他の年代と単純に比較できない。また、福岡市立霊園の管轄部署である福岡市都市整備局公園緑地部公園管理課では、三日月山霊園が開園した一九八一年以降の記録が見あたらず、開園した一九五五年から八〇年までの約三五七〇基の募集時期については、募集年度と実数が判明しない。

筆者の調査結果でみると、複数家族墓は一九八〇年代ではⅠ型六基、Ⅱ型で一三基の計一九基が、一九九〇年代ではⅠ型一六基、Ⅱ型で一一基の計二七基が建立されたことが確認された。

平尾霊園の開園から八六年までに募集された約三五七〇基中、複数家族墓と判明した墓は一七八基(五%)であった。その後の八七〜九六年の最終募集までに三八三区画が募集され、そのうち二〇〇〇年までに建立された複数家族墓は三七基(九・七%)である。墓石は使用契約後、原則三年以内に建立することになっている。これらの数字を見る限り複数家族墓は増えていることになる。ただし、この中に「一方が一九八七〜二〇〇〇年建立で、他方が八七年代より前の建立」というⅡ型が一三基あって、これらは、どちらの墓石の建立年が使用権を得た時期なのかはわからない。仮にすべて八七年より前に権利を得た墓所であったとしたら、二四基となる。平尾霊園においては、実数では増えているとは言い難いが、募集数の違いを考慮すると複数家族墓を建立する割合が増えている。その一方、一九九〇年開園の西部霊園の墓は、当然のことながらすべて九〇年代に建立されたものであるが、四〇二四基中、八六基(二・一%)が複数家族墓であった。この両霊園の違いをどう見るかは、判断に苦しむところである。一九五五年開園の伝統的な平尾霊園、一九九〇年開園の現代的な西部霊園といった雰囲気の違いもあるであろう。しかし数例で変化の方向を判断するのは避けておきたい。ただ、ますます少子化が進み複数家族墓が増える背景は深化しているにもかかわらず、その複数家族墓が顕著に増えないのは、一九九〇年代に入ると、継承を前提としない墓や、墓石を建てず遺骨を自然に還す散骨や樹木葬などといった、別の選択肢の出現が一因となっているということが、「娘だけ」のケースを対象とした意識調査から判明した。次節以降で紹介する意識調査で、夫婦ともに墓を守る立場にある人たちが選ぶ墓には、「両家墓」のほかに、継承を前提としない墓や、散骨など墓をつくらない選択肢もあった。福岡市にも継承者を必要

表 IV-4　平尾霊園 II 型／非家名　6

南無阿弥陀佛	＋南無阿弥陀佛	3
像	＋倶會一処	1
倶會一処	＋南無阿弥陀佛	1
照寂	＋やすらぎ	1

表 IV-5　平尾霊園 II 型／混合　10

南無阿弥陀佛	1
南無妙法蓮華経	2
妙法蓮華経	1
倶会一処	2
一文字(静・妙)	2
3 文字以上(我栄杜此・他*)	2

*博叔父さんを偲ぶ，人を愛し，バイオリンを愛した，足長おぢさんの子守唄(五線譜)

表 IV-6　平尾霊園 I 型／非家名　33

南無阿弥陀佛	12	
南無釈迦牟尼佛	1	
倶會一処	6	20
奥津城	1	
1 文字(宇・和・無・慈・霊・絆)	6	
2 文字(遊子・伝灯・悠悠)	3	
3 文字以上(やすらぎ)	1	13
その他(○，なし，時計の絵)	3	

表 IV-7 西部霊園 I 型／非家名　48

南無阿弥陀佛	15	
倶会一処	7	24
奥津城	1	
妙法	1	
1 文字(和 2・心・愛・睦・慈・埜・妙・絆・宇・優)	11	
2 文字(悠久・感謝・遊子・佛心・真心・一会・平安・希望如真)	9	24
3 文字以上(やすらぎ)	3	
その他*	1	

*過ぎし日の思い出とともにこの地に眠る

表 IV-4〜表 IV-7
上段：仏教語
下段：任意語
※字体は実態の通り

としない墓が存在する。

墓石に刻まれた文字・家紋

(1)文　字

墓標に刻まれた非家名語は、その内容で二つに分けることができる。一つは伝統的な宗教語で、例えば仏教語の「南無阿弥陀佛」「南無妙法蓮華経」「倶会一処」や神道語の「奥津城」などである。もう一つは、比較的新しい傾向で、「心」「偲」「和」「絆」「慈」などの一字語のほか、「悠久」「遊子」「佛心」「真心」「一会」「伝灯」などの二字語、また「やすらぎ」のような三字以上の言葉など、自由に書かれた任意語がそれである(表Ⅳ－4〜7)。

墓標に刻む文字も「家名」だけではなく、伝統的な宗教語や任意語を刻むケースが増えている。家名以外の文字が彫られた墓石を分析すると、総体的に古いⅡ型(平尾霊園のみ)

では、伝統的な仏教語が多く(表Ⅳ‐4、5)、相対的に新しいⅠ型になると、伝統的な宗教語よりも一文字・二文字の語や自由な言葉を彫る複数家族墓のほうがやや多くなっている(表Ⅳ‐6、7)。

(2)家　紋

墓所内に彫られた家紋について、平尾霊園の「Ⅰ型家名」(五七ケース)をみると、「二種類」の家紋が並べて彫られている墓が三〇ケースと一番多く、続いて「一種類」は一八、「なし」が六、「不明」が三ケースとなった。同じⅠ型でも「非家名」(三三ケース)になると、家紋が全く彫られていない「なし」と「二種類」が各一〇ケースで最も多く、「一種類」九、「不明」四ケースの順となった。このように、家名を入れることにこだわった墓(Ⅰ型家名)ほど、家紋も各家ごとに入れる二種類が多く、非家名の墓は、全く彫られていないか二種類が多かった。

西部霊園の「Ⅰ型家名」(三五ケース)でも「二種類」が二〇ケース、「一種類」が一一、「なし」二、「三種類」一ケースの順で、両家の家紋を彫る墓が多い。Ⅰ型の「非家名」(四九ケース)でも、「二種類」二一、「一種類」一八、「なし」一〇ケースで、「Ⅰ型家名」と同様に二種類の家紋を彫るケースが多い。ただし、「非家名」の墓では「家名」を彫った墓より「二種類の家紋」がやや減り、その分、「家紋なし」が多いのが特徴的である。「非家名」には「宗教語」「任意語」、ともに二四ケースずつあるが、「宗教語」の「家紋なし」は三ケースであるのに対して、「任意語」では「家紋なし」が七ケースと多かった。

以上のことを総合すると、家紋を入れるケースは多く、一種類よりは二種類が多く、さらに家紋にとらわれない人々は、家名、宗教語、任意語の順にその割合が高くなっている。

建立経緯の事例

全ての「複数家族墓」が夫婦双方の先祖を祀る「両家墓」とは限らないが、墓石の裏面に「△△悟の妻治子の実家○○家を合葬す」(写真⑩⑪)「一九九二年△△・○○両家協議の了解の上両家の墓地とする」と記されているものなどがあったり、また一九九七年の彼岸に複数家族墓の使用者に行った聴き取り調査の結果にも、夫婦双方の先祖を祀った「両家墓」が見い出せた。ただし、兄家族+弟家族、兄(弟)家族+結婚して姓の変わった妹(姉)夫婦などで、きょうだいの一方に子どもがいないケースなども想定され、彼岸時の聴き取り調査では、後者が確認された。

墓石に建墓のいきさつは書かれていないが、墓石や墓誌から推測してみることにしたい。

写真⑩

写真⑪

平尾霊園のII型混合の墓から一基(写真⑫)とりあげてみることにしたい。夫方が△△姓、妻の実家が○○姓、妻マサ子は結婚して夫方の△△姓に改姓している。墓所の中央に「南無妙法蓮華経」と彫られた墓石が立ち、その墓石の裏には「平成六年十二月吉日、△△マサ子、正八、善八　建之」と書かれている。墓所に向かって左端に「○○家累代之墓」と彫られた台座のない竿石のみが立ち、裏に「昭和三十一年八月、○○武義、××小四郎、◎◎嘉雄、△△孝司、□□壽三郎　建之」とある。左右の門柱には「△△家」と彫られている。

この墓の墓誌には次のように彫られてい

る。

写真⑫

△△家墓誌／△△家先祖合葬ス

竹林法繁信士	昭和十七年三月六日	○○竹次郎	マサ子父	六十三才
篤心妙春信女	昭和十八年三月二日	○○ハル	マサ子母	五十九才
茂道信士	昭和二十年六月二十日	○○茂夫	マサ子弟	二十一才
吉祥法大信士	昭和三十五年九月八日	△△吉一	マサ子義父	六十八才
寿仙妙久信女	昭和五十四年十月八日	△△よね	マサ子義母	八十四才
開正法武信士	平成三年五月四日	○○武義	マサ子兄	六十九才

△△家初代

△△孝司之霊	平成六年十月二十八日	△△孝司	マサ子夫	七十一才

墓誌をみると、中央にある墓石の建立者の筆頭に名前があがっている「△△マサ子」の、父母と兄弟が○○姓で祀られている。弟は終戦直前に二一才で亡くなり、それ以前に亡くなっている両親と弟を祀った「○○家累代之墓」は、一九五六年にマサ子の兄の○○武義(長男)を筆頭に四人で建立している。その中にマサ子の夫の△△孝司も名を連ねている(他の建立者はマサ子以外の娘の夫か)。そのうち長男が亡くなると、長男の子ではなく結婚改姓したマサ子が実家の墓を継いでいるので、長男は未婚か、子がいない可能性がある。△△姓では、マサ子の義父母、すなわち夫の両親が祀られている。一九九四年マサ子の夫が亡くなったのを機に、このような両家墓を作った。墓石に夫の名「△△孝司」が俗名で彫られていることと、そこに「△△家初代」と書かれているのが印象的である。△△孝司の両親が一緒に祀られているのに「初代」というのは、どういう意味を持つのか。家紋も一種類であり、「△△家先祖合葬ス」

とあるので、これまでの△△家ではなく、夫方妻方の双方の家を統合し、両家の先祖を先祖に持つ△△家初代が△△孝司であるという意識であろうと考えられる。「初代」としたところに、夫婦双方の親と同等に関係性を持ちながら、自分たち夫婦を単位として考えていることがうかがえて、夫婦制家族の特徴があらわれていると思われる。

もう一例あげておくことにしたい。平尾霊園に△△家と○○家の「Ⅱ型家名」の墓がある。△△家の墓誌には、「第十二代△△彦一正治の孫　△△集　両親の五十三回忌をトし之を甦るに當り　累代の墓所　福岡縣浮羽郡□□□□より先祖並びに父熊次郎　母つるよ　長兄彦次及び育ての親　第十四代△△茂敏　菊枝の遺骨を分けて戴き茲に納む　昭和四拾六年拾月弐拾五日　△△集建之」とある。○○家の墓石の裏側には、「○○家之墓は　○○真郷の父千丈早世のため　母方◎◎家の墓所　福岡県浮羽郡××に真郷並フチが建立していたが　△△家と相計り　この地に移す」と記されている。これらから、両家はともに福岡県浮羽郡が故郷で、そこにあった既存の墓を平尾霊園に改葬したことがわかる。そして、○○家の墓の建立者に「真郷　妻　女△△麗子　婿△△集」とあることから、○○真郷の娘が△△家の息子と結婚し、夫と妻の両家の先祖を一緒に祀ったことが読みとれる。

3　総　括

複数家族墓には、夫方・妻方双方の家の故人を祀った両家墓が確認されたり、きょうだい同士の夫婦墓というケースも見受けられた。いずれも一方に子どもがいないか、娘だけというケースが多いと推測される。兄夫婦と子どもがいない妹夫婦がつくった両家墓では異なる家名が二つ彫られているが、同じ家名の墓石が二基という両家墓もある。「兄夫婦」と「弟夫婦」と推測しうる墓で、家意識が強い時代であれば、どちらか一方に子どもがいない場合、きょうだいの子どもを養子にもらうなどして家を継がせ、墓を守ったであろうが、養子縁組という方法はとらず、墓所を共有するが、墓はあくまでも別という形で、死後の墓祭祀だけを頼むような形態をとっていることがうかがえた。

複数家族墓は、墓石の数により一基をⅠ型、二基以上をⅡ型とした。福岡市立平尾霊園のⅡ型は六〇年代から、Ⅰ型は七〇年代から増え始めた。六〇年代までは、両家の墓石を「同じ墓所内に祀る」ことはできても、「一つの墓石に統合する」ことに抵抗感を感じる人は少なくなかったが、それが次第に一つの墓石に両家をまとめることに違和感がなくなり、九〇年開園の西部霊園にはⅡ型が存在しなくなった。両家の墓石を一つにまとめることに抵抗感がなくなる背景には、夫婦家族制理念の浸透による親子関係の双方化や、墓石が一つのほうが大幅に出費をおさえられるという費用面の利点も大きい。

同じ墓所内に二基の墓石が建立されている相対的に古いⅡ型には、墓石の大きさや、墓石の配置に違いが認められるものがあり、そこから両者の関係が推測できるものがあった。墓石の大きさが極端に違うケースでは、小さい方には親夫婦だけが祀られていた。夫方の墓を大きく中央に配置し、そのかたわらに息子のいない妻方の両親を祀ったと推測できる。両家を祀りながら、夫方を主とし、妻方を従とする、男系の意識を残しつつ双方化する初期的な形態がみられた。夫婦が対等の関係になって親子関係も双方化すれば、しだいに墓石の大きさも同じになり、墓石の位置も左右同位置となり、九〇年代では墓石を二つにする必要さえなくなって、同じ墓石に両家を祀るⅠ型へ移行したと考えられる。

墓標に刻む文字は、「家名」だけでなく「非家名」(宗教語や任意語)が次第に増えている。なかでも相対的に古いⅡ型は、伝統的な仏教語が多く、新しいⅠ型になると、伝統的な宗教語よりも任意語がやや多くなっている。

「家名」と「非家名」の両方の墓石が同じ墓所内にあるⅡ型混合の複数家族墓では、墓石の建立時期が違うものが多い。墓石の大きさ、あるいは墓所内の墓石の位置などによって両家の関係をみると、祭祀を継承していく家族と推測される方の墓には「非家名」が彫られているケースが多い。これは、双方的な意識のあらわれではないかと推測される。なぜならば、祭祀を継承していく方の家族の墓に家名を彫れば、一つの家名が代表されていく形態になる。夫と妻の双方の親を同等に意識するならば、系譜観念を表象する家名を超えた語の方が、よりその意識に適合しているし、また姓の違う者が一緒に入りやすいという点で、次世代のさらなる継承困難にも対応できるからである。

ここで、「両家墓」は双系的なのか、双方的なのか、について言及することにしたい。本章の第1節で規定したように、一つは世代深度からみていくと、平尾霊園の古いタイプのII型に、先祖代々が祀られた墓が確認されたが、それは単系で祀られてきたものを故郷から移し合葬しただけで、双系的に何世代もたどれるものではない。また、多くは夫婦家族が新たに造った墓で世代深度はゼロまたは一というケースが多かった。したがって、世代深度からいうと双方的であるといえる。では家名や家紋、そしてそれと関係して系譜観念があるか否かの判断基準からみると、どうであろうか。

墓石に家紋を入れる方が、入れない選択より圧倒的に多く、それも一種類よりも、各家の家紋を入れる二種類の方が多い。石材店の助言で入れた場合もあるだろうが、それを受け入れているところに、伝統的な文化パターンは、その意味が希薄化していても残っているといえる。ただし、系譜観念に基づいて意識された家名というよりは、単に家族の印として入れている場合も考えられる。

少子化が進み、夫も妻も墓の継承の責務を負う立場にある者同士の結婚が増加して、ますます両家墓が増える状況は進んでいるが、それに比例して両家墓は目に見えては増えているとはいえない。その背景には、一九九〇年代に継承を前提としない墓や、墓石を建てずに遺骨を自然に還す散骨や樹木葬などが出現して、それらを選択する人が出てきたことがあげられる。両家墓と、継承を前提としない墓や散骨・樹木葬とは、「世代的継承」という点で大きく異なる。前者は継承制をとり、後者は必ずしも継承を前提としていない。家意識や墓の継承制に縛られたくない人が、継承を前提としない墓や散骨などに流れている(一六九頁参照)。

単系で継承されてきた墓から、夫婦双方の親を祀る両家墓のような墓が出現したことは、大きな変化といわざるを得ない。しかし見方を変えれば、継承戦略が「養子縁組」から「継承の共同」を意味する「両家墓」に変わったにすぎない面もある。というのは、息子がいる者は、息子に特別な事情がない限り、両家墓はつくっていない。現在でも主流は男系であること、そして男系による継承が困難な場合に双方的になっている。複数家族墓は、「継承者のいない家族(人)」と「継承者のいる家族」との「継承の共同」という、いわゆる一つの継承戦略なのである。この戦略は、次の代でも同様な継承困難が起こると、さらにもう一親族が加わるということになり、墓石に家名を彫っている限り、墓石は家名だらけになってしまうという難点をもつ。だから墓石に非家名を彫るという者もいる。今後さらなる少子化で、次代にまた夫婦双方の故人を一緒に祀らなければならなくなる可能性は高い。つまり一代限りの夫婦制家族に継承が求められていること自体に無理があり、その意味で両家墓という継承戦略は、過渡期的なものであるともいえるだろう。今後、両家墓自体が変化する可能性を含んでいる。

本節は、墓石を対象にした調査の結果から考察したが、第3節では、複数家族墓をつくった人々を対象にした実態調査から考察を試みる。そして第4節では、「娘だけ」という家族が今後どういう選択をするか、複数家族墓以外の選択肢を含めて行った調査結果を紹介し、さらに第V章で、継承を前提としない墓や散骨・樹木葬に関して取り上げるので、詳細はそこで論ずることにしたい。

第3節　東京都にある墓地での「複数家族墓調査」

1　調査の概要

東京都内の民営墓地「すがも平和霊苑」(豊島区・真言宗「功徳院」)および寺院境内墓地「真福寺・境内墓地」(港区・浄土真宗)、「了源寺・境内墓地」(台東区・浄土宗)、「存明寺・境内墓地」(世田谷区・浄土真宗)、「最照寺・境内墓地」(八王子市・真言宗)で、墓石調査を行い、「複数家族墓」の数や建立年などを調べた(一九九八年)。調査の中心は「すがも平和霊苑」と「真福寺」であった。

複数家族墓の選定作業は、福岡市立霊園の時と同様に、墓所内に複数の墓石が建っている墓や、一つの墓石に複数の家名が彫られている墓、さらには家名ではなく任意な言葉が彫られているが、複数の家族が祀られていることが確認できる墓を対象として選び出し、墓所内の墓石(棹石)、墓誌、花立、香立、門柱、灯籠などに刻まれている文字情報からも判断した。[(8)]

「すがも平和霊苑」は、檀家に墓地を供給するために設けられたものではなく、不特定多数の人を対象にした(株)すがも平和霊苑と宗教法人・功徳院が運営する民営墓地である。墓石調査の結果、一九九九年五月時点で四八七基が使用されている中、複数家族墓と判定できた墓は二四基あった。二四基のうち墓標に「二家名」が彫られている墓は一五基、「先祖代々」が四基、仏教語(「南無妙法蓮華経」「南無阿弥陀佛」)が二基、任意語(「和」「浄」「風」)が三基である。一九八八年の開設で、複数家族墓は全て一九九〇年代に建立されたものである。

真福寺(開基は天正年間)では、二〇〇〇年時点で一七〇基あるうち、六基が複数家族墓であった。その内訳は「二家名」が五基、「南無阿弥陀佛」が一基である。建立年は古い順に、一九五六、一九五七、一九六九、一九七一、一九七二年、不明一と分散している。

副次的に調査した寺院境内墓地では、複数家族墓が、了源寺に五基(「家名」四、「南無阿弥陀佛」一)、存明寺に一五基(「家名」五、「南無阿彌陀佛」六、「家名＋南無阿弥陀仏」一、「先祖代々＋家名」二、「先祖代々」一)、最照寺に三基(「家名」二、「和＋家名」一)あった。

「すがも平和霊苑」と「真福寺」境内墓地で確認した複数家族墓使用者に対し、郵送法による「『両家墓』実態調査」を実施し(二〇〇一年二～三月、淑徳大学大学院生研究費補助金による調査)、さらにその回答者の中から同意が得られた二名に面接調査を行った(二〇〇一年三月、淑徳大学大学院生研究費補助金による調査)。その際、「すがも平和霊苑」に関しては、墓地管理者が、対象者二四人に対して、筆者の調査に対して受け入れの意志があるかを尋ねる下調査を行った。調査票では、回答者が理解しやすいように「両家墓」と表記したが、ごく少数ではあるが三家族で使用している墓があるので(三〇基中二基)、正式には「複数家族墓」の語を使う(第3節の表題も「複数家族墓」にした)。しかし実態としてはほとんどが二家族での使用なので、以後、本文では調査票に表記した両家墓の語を使用する。質問紙調査の内容は次のようなものである。

1両家墓に入る、もう一方の家との関係、2両家墓をつくった理由、3両家墓をつくった契機、4両家での意見の違い、5両家墓をつくる前の、墓の状況、6両家墓の今後の継承予測、7宗教、両家墓を「つくる前」「つくった後」、8両家墓以外の選択肢(散骨、樹木葬、墓標に好きな言葉を彫る、継承者を必要としない永代供養墓、合葬式墓地)についての賛否、9あなたにとって、祀る先祖とは、どのような人たちか、10先祖の墓を守るのは、子孫の義務だと思うか、11両家墓についての考えや、いま感じていることなど、自由記述

2　両家墓の実態

建立理由と契機

郵送法による『「両家墓」実態調査』の有効回答は九人であった。そのうち父と娘の二人が回答した事例が一ケースあったので、実質八ケース(事例①〜⑧)の回答が得られたことになる。事例①②が「真福寺」で、事例③〜⑧が「すがも平和霊苑」の墓地使用者である。

調査票の回答より、継承者側からみた「もう一方の家との関係」や「両家墓」の建立理由と契機をまとめ、また墓石調査から、墓標の表記や建立年・建立者、家紋についてまとめると表Ⅳ-8のようになる。

八基の両家墓をみると、「娘だけ」というケースが四例(事例①、③、⑥、⑧)ある。断定はできないが事例⑤も「娘が継承者」となっているので、「娘だけ」という事情が想定でき、これを加えれば「娘だけ」は五例となる。さらに事例④の「息子が単身者」であるため娘が継承者というケースを含めれば、「妻方の両親」と「娘夫婦」といった組み合わせが最も多く八例中六例となった。ほかの二例は、「単身者」のケース(事例②)と、「単身者の息子」が死んだので、その妹夫婦と一緒に入るケース(事例⑦)である。「単身者」というケースが少ないのは、単身者の場合、事例③の回答者が「継承者がいない時は永代供養墓がよいと思います」と記していたが、一般には両家墓はつくらず、当人が家族墓に吸収される形か、継承者を必要としない墓や散骨を選択する人が多い。

表IV-8 「両家墓」における両家の関係，建立理由と契機その他

事例	継承者＊	継承者側からみた他方との関係	両家墓を建立した 理由	両家墓を建立した 契機	墓標の表記	建立年 建立者	家紋
①	T♂	妻方の家族	妻方の墓は○○県の寺にあったが妻が1人娘で，夫の姓になり，首都圏に住んだため，その墓を継げず，妻の実母から頼まれて引き継いだ	妻の母親が，実家より墓を移したのが直接の動機	T A 家之墓	1969 T♀	1種
②	O♀	父方の祖母 将来：弟・妹夫婦	単身者で継承者なし．弟には子どもがなく，妹は娘だけ．将来，皆一緒に入れるように考えている	NA	南無阿弥陀仏	表記なし	1種
❸	K♂	妻方の両親	妻が2人姉妹の長女で両親の墓を守る立場であったので，私たち夫婦の墓と一緒にした	妻の父が亡くなったためと自分たちのことも考えて	K家 S家 之墓	1995 K♂	2種
❹	S♀	妻方の両親	妻の兄は単身者，妹は他家に嫁いで改姓．他に継承者がいないので，妻の父から託された	妻の父が高齢になって墓のことが不安になり，一緒につくりたいと話を持ちかけてきた	U家 S家 之墓	1993 U♂ S♂	2種
⑤	Y♂	母方の遠縁	両親とも郷里の墓に入りたくないという思いがあったため	散骨を希望していたが，相手の娘の「両家墓」に対しての強い要望があったので，当娘と私が費用折半の上施主となった	Y家 K家 之墓	1994 Y♂ K♀	2種
⑥	M♂	妻の両親 妻の姉夫婦	妻方の先祖を守る人がいなかったので，妻は姉と2姉妹．2人とも嫁いで改姓	妻の父が亡くなったので，お墓が必要になった	先祖代々之墓 (T家／N家／M家)＊＊	1990 T♀ N♂ M♂	1種
⑦	Y♂	妻の兄	妻の兄が単身者で継承者がいないため	妻の兄が亡くなったので	Y家 T家之墓	1995 Y♂	2種
⑧	T♀	妻方の家族	妻(本人)は1人娘で墓の継承者であるため	夫が亡くなったので，娘夫婦と話して決めた	和 (T/Y)＊＊	1996 T♀	なし

注：事例の●付数字は，面接調査を行った者である

＊調査票には記名を義務づけていないので，継承者で氏名がわからない人がいる

＊＊墓標の表記で(　)内に家名の記載があるものは，墓石の台座の石に彫られている家名である

墓標と家紋

「両家墓」という語を使って調査をしたが、必ずしも二つの家族がつくっている墓ばかりではなく、三つの世帯で共有する墓が二基あった。その二基はともに墓標に家名を彫っていない。そして次世代もまた「娘だけ」という家族を含んでいることでも共通している。

例えば事例②は、父方の祖母が墓に納骨され、現在の使用者は単身者で、今後、結婚はしているが子どもがいない弟や、娘だけしかいない妹が一緒に入る予定になっている。祖母の他に三世帯が同じ墓に入ろうというのに、この墓の次世代の継承者は妹の娘しかいない。この娘が結婚し、その配偶者がこの墓を拒めば、継承は危ぶまれる。もしこの墓に家名が彫ってあったとしたら、娘が結婚して改姓すれば墓石のどこにも同じ姓は見い出せない。家名を彫っていたのでは、より継承しづらくなるという現状があって、非家名(南無阿弥陀仏)になっているとも考えられる。

事例⑥は、妻方の両親と、長女夫婦、二女夫婦が入るケースである。次世代にあたる二女夫婦の子どもは「娘だけ」である。二女の夫は、「子どもの人数が少なくなってきている時代ですので、両家墓は増えてくるのではと思います。我が家も娘が一人しかいませんので、姉夫婦の子どもたちやその孫へと、お墓を守ってもらえばと思っています」と自由記述欄に記している。墓標には、家名は彫らず「先祖代々之墓」とある。「先祖代々」といっても単系的な系譜観念ではなく、やがて名乗るものがいなくなる家名を墓標に彫るよりは、みなで一つの先祖に統合されて、次世代以降の人々に違和感なく継いでいってもらえるようにという配慮があるのではないだろうか。そう推測したのは、「『両家墓』の実態調査」の回答によっている。事例⑥は、「墓石に家名ではなく好きな言葉を彫ることに対してどう思うか」という質問で、「自分もそうやりたい(既にそうしている)」を選び、「継承者が必要でない永代供養墓や合葬式墓地」に関しては、「自分もそういったお墓がよい」を選択し、「実際は墓がありますが、なかったらそうしたいと思っていました」と記入している。継承を前提としない墓を肯定していることで、系譜観念にとらわれていないことがわかる。そして「あなたにとって祀る先祖とは、どのような人たちをさすか」の質問では、「家の先祖というよりは、両家の両親など特に大切に思う身内」を選んでいることから双方的、近親追憶的な意識がうかがえた。

一方事例②は、墓標には「非家名の宗教語」(南無阿弥陀仏)を彫っている。「継承者が必要でない永代供養墓や合葬式墓地」については「自分は好まないが、希望者が求めるなら、いいと思う」を選んでいて継承にはこだわるものの、「あなたにとって先祖とは」の質問では「家の先祖というよりは、自分の両親など特に大切に思う身内」と回答していることから、何代も先の先祖を含むような系譜意識はないことがわかる。

家紋は、前節の福岡市立霊園と同様に、それぞれの家の家紋を入れる「二種類」が多く四ケース あり、「一種類」が三ケース、「家紋なし」が一ケースの順であった。ただし前出の事例②は、現在ある「一種類」は墓石の中央より左に寄せて彫られ、住職の話によると、妹夫婦の分として後から家紋を入れる場所をあけているという。これを加えれば、「二種類」は八ケース中五ケースとなる。さらに一種類の中でも、両家が同じ家紋であるため一種類になっている可能性も考えられる。そうなるとやはり両家の家紋を入れることはごく一般的に行われていることがわかる。

両家墓の建立の契機は、親が高齢になった時や、死者が出た時で、両家墓だからといって特別な契機はなく、一般的な墓と同様であった。

新たに家族を形成した夫婦の墓

両家墓をつくるにあたり、両家で意見のくい違いはなかったかという質問では、「新墓なのでありません」「夫は長男ではないので」「○○家は、私たち(夫婦)からのため、他人の助言は受けませんでした」というように、新たに家族を形成した夫婦が新たに墓をつくるケースが多く、娘の配偶者が墓の継承者でないケースなど、意見の食い違いは「ない」が四人と半数で、「無記入」二人であった。そのほかの二人は、「娘の実父は信心深かったが、娘の夫は宗教に無頓着だったので(どうでもよく)、何の問題もなかった。逆に実父と両家墓の管理者との宗教の違いを墓石業者から指摘され反対された」と、「両家の当主は、当初は散骨を望んでいたが、相手の娘が『両家墓』の希望があったので、その娘と私が費用を折半の上、施主となった」という回答であった。

新たに家族を形成した家族が新たに墓をつくるケースであることを裏付けるように、「両家墓」をつくる前の両家の墓の状況を尋ねると、両家とも「お墓はなかった」が四ケースと半数を占めた。両方に「お墓があった」と答えている人でも、「故郷の実家の墓」を指している人が二ケースあり、意識としては「故郷に墓はある」と思っているが、自分たち夫婦の墓はないので、「ない」と答えた四ケースと、状況としては同じと考える。つまり八ケース中六ケースは、新しく家族を形成した自分たち夫婦の墓がないケースであった。

両家墓と宗教

宗教については、両家墓を「つくる前」と「つくった後」の状況について尋ねた。「つくる前」も「つくった後」も「両家とも、宗教をもっていない」が二ケース、「つくる前」は「両家とも仏教の寺の檀家だが、宗派が違う」が「つくった後」は「両家とも、同じ寺の檀家」を選択した人が二ケースある。しかし、「つくる前」に関しては、実家がそうであるというだけで、自分たち家族が檀家であったわけではない。「両家とも、同じ寺の檀家」から「両家とも、同じ寺の檀家」となった、つまり檀家所属に変更がないのは一ケース、その他「檀家ではないが、慣れ親しんだ故郷の宗派が両家で違い」、「つくった後」は夫方の宗派（真言宗）と墓の運営者である宗教法人の宗派と同じだったので、回忌法要は真言宗で行っているというケースが一つあった。この事例③について、面接調査から得られた事情を記すことにしたい。

墓の使用者であるK氏は六三歳で東京在住、会社勤めの後、現在は麻雀荘を経営している。彼の実家は宮城県にあり、八人きょうだいの長男が家と墓を継いでいるので、彼には実家の墓を守る義務は課せられていない。一方、妻は二人姉妹の長女で、石川県出身である。妻の父親が七〇歳のとき石川県から出稼ぎに来ていたのを、K夫婦の近くに母親とともに呼び寄せた。やがて妻の父が亡くなったのを契機に、妻の母と話し合い、両家の墓をつくった。妻の実家がある石川県は浄土真宗の寺が多い地域で、舅の葬儀は浄土真宗で執り行った。葬儀の後、遺骨を一時、僧侶に預かってもらい、仏壇は、かつてKが自衛隊員だったことから、自衛隊員だった人につくってもらって安置した。両家墓を建墓してからは、「すがも平和霊苑」の運営母体・功徳院が真言宗なので、墓の開眼供養や彼岸の法事などは功徳院の僧侶に真言宗の読経をしてもらっている。ただし、功徳院は檀家をもたない宗教法人なので、真言宗の寺の檀家になる義務はない。現在、妻の母が危篤状態である。もし亡くなったら、葬儀を浄土真宗でするか、真言宗でするか迷っている。舅の時は、墓もなかったので故郷で慣れ親しんだ浄土真宗で執り行ったが、今は、墓地運営者の宗派である真言宗により供養している。またK氏の実家も真言宗である。娘である妻は、母親の時も父と同じ浄土真宗で葬儀をするといっているが、母親は何も話さない人なので、本人の意志がわからなくて困っている。

墓を統合した時、特定の宗教を信じていると難しい局面もでてこよう。しかし、深いこだわりを持っている人は、墓を統合などできないので、両家墓がつくれた人々は比較的、問題の少ない人々であるといえるだろう。

三世代の意識

事例④について、面接調査でわかったことを記すことにしたい。親世代の夫婦には、長女、長男、二女の三人の子がいる(回答者は長女の娘、東京在住の二九歳である)。長女は結婚して姓が変わり、長男は未婚で、二女も他家に嫁いで改姓している。このままでは墓をつくっても守る者がいないので、宗教心の厚い父は悩んでいた。父の実家の墓は千葉県にあるが、そこは父の兄が継いでいて入れてもらえない。困っていた父は、テレビで「両家墓」のことを知って、長女家族に「両家墓」をつくってくれるよう頼んだ。実は、父はアパートを経営していて、そのアパートへ長女の家族が引っ越してきていた。長女の夫は三男で、実家の墓を継ぐ立場にない。彼は家意識の強い実父に嫌悪感をもち、実家の墓に入りたくなかった。しかし、実母に対する思慕の気持ちは強く、住宅ばかりでなく墓まで妻方に入ってしまうことに初めは躊躇したという。しかし結局、宗教的なことにこだわりがあるわけではなく、住宅を提供されている日頃のお礼に、舅にプレゼントをするような気持ちで、両家墓をつくることに同意した。墓をつくると間もなく長女の夫が五〇代で急死した。その際、金融機関に務めていていた長女の夫が、その金融機関へ舅が預けたはずのお金を使い込んでいたことが発覚し、残された家族は墓のローンや借金を抱え金策のために大変苦労をした。長女は夫の死後、夫の実家を嫌って法的に親族関係を解消した。長女夫婦の子どもには、二九歳の娘(回答者)と、二四歳の長男がいる。長男は墓のことには無関心で、「継ぐ」という観念すらない。父の法事で「手を合わせなければならないのは、なぜだ」と言うほど、祭祀の意味を理解していないという。長女も墓を継ぐ意志はない。長女は「継承者を必要としない墓」が良いと思う。「先祖の墓を守るのは子孫の義務とは思わないが、大切な身内なら祀ってあげたい。墓に眠っている祖父のことは大好きだったし、父親は死んでしまっていても自分の『家族』なので、自分が生きている間は守ってあげたいと思っている」と語った。加齢とともに考え方が変わるだろうが、それを加味しても、近親追憶的な祭祀に変化してきていることを示唆している。

両家墓の継承とそれ以外の選択肢

「両家墓」の継承については、「心配ないと思う」との回答が二、「不安がある」が一、「継いでくれる人がいない」が一、そして一番多かったのが「子どもや孫が継いでくれなくてもよいと思っている」の四ケースであった。自分たちの代では両家墓をつくったが、その後は継がれなくてもよいという考えをもつ人が多い。この点でいうと、系譜的連続意識が薄れているといえよう。自分たちの代までは双方的であるが、次世代に対しては、継承を期待していない人が半数であった。

事例③のＫ氏は「不安がある」と回答した一ケースである。ただし「少々」と付け加えた。夫妻の子どもは三五歳で未婚の娘一人である。両家墓以外の、継承者を必要としない墓や散骨・樹木葬などの選択肢は、全て「反対」とし、自由記述欄に「両家墓」について「墓地・墓所のスペースもあり、都内では当然のようにも考えます。継承者がいないときは永代供養墓がよいと思います」と記している。要するに、娘でも子どもがいるなら、継承を前提とした両家墓をつくるがのがよいということである。

一方、継承者の確保が困難な場合の選択肢として、「両家墓」以外に「散骨」「樹木葬」「永代供養墓・合葬式墓地」などがあり、また墓石に「家名」ではなく、「好きな言葉」を彫る工夫などがあるが、それらについてどう考えるかを尋ねた(表Ⅳ‐9、これ以降の質問は、回答者の個人的な考えを問うものなので、単位は「ケース」とせず「人」とする)。その結果、「散骨」については「自分もやりたい」一、「自分は好まないが、希望者がやるのは良いと思う」七、「反対」一人。「樹木葬」は「自分もやりたい」一、「自分は好まないが、希望者がやるのはよいと思う」六、「反対」二人であ

表IV-9　新しい葬法や墓碑銘についてどう思うか

n＝9　単位：人

葬法・墓誌銘 ＼ 賛否意見	散骨	樹木葬	墓石に好きな言葉を彫る	永代供養墓 合葬墓
自分もやりたい	1	1	2.5	3
自分は好まないが，希望者がやるのは良い	7	6	4.5	5
反　　対	1	2	2	1
合　　計	9	9	9	9

注：回答者9人(事例①のみ父と娘の2人が回答)　複数回答をした人は0.5人とした.

る。墓石に「家名」ではなく「好きな言葉を彫る」については「自分もやりたい（「既にそうしている」を含む）」二・五、「自分は好まないが、希望者がやるのは良いと思う」四・五、「反対」二人であった。「永代供養墓」や「合葬式墓地」に関しては「自分もそういったお墓がよい」三、「自分は好まないが、希望者がそういう墓を求めるならば、それはよいと思う」五、「反対」一人であった。

全般的にいえば、「自分は好まないが、希望者がやるのはよいと思う」という意見が多い。「自分もやりたい」と回答した者は、もともと散骨をしようと考えていた一人のみであった。一方、墓石を建てる方では、「墓石に好きな言葉を彫る」と「永代供養墓、合葬式墓地」は、二〇代の回答者一人を含む三人が「自分もやりたい」と回答した。

近親追憶

両家墓をつくった人たちが、その墓で祀る先祖の範囲をどのように考えているかを知るために、「あなたにとって、祀る先祖とは、どのような人たちをさしますか」という質問をした。その結果は、表Ⅳ-10に示す通りである。

「家の先祖というよりは、両家の両親など特に大切に思う身内」が四人であった。この選択肢は、「家的先祖祭祀」に対して「近親追憶」を意識して設けたものである。回答総数がわずか九人なので実証できたとはいえないが、双方的な先

表IV-10　あなたにとって祀る先祖とは

n=9　単位：人

自分の実家の先祖	0
両家の先祖	3(男3)
家の先祖というよりは，自分の両親など特に大切に思う身内	1(女1)
家の先祖というよりは，両家の両親など特に大切に思う身内	4(男2，女2)
★欄外記述：妻方の両親	1(男1)
合　計	9

表IV-11　先祖の墓を守るのは子孫の義務と思うか

n=9　単位：人

思　う	2.5
どちらかというと，そう思う	2
どちらかというと，そう思わない	0
そう思わない	1
義務とは思わないが，大切な身内なら祀ってあげたい	3.5
合　計	9

注：複数回答した者は0.5人とした

祖が想定され、近親追憶的な墓祭祀が想定できる回答が見受けられた。

「両家の先祖」という回答が三人あった。この設問に対する回答の選択肢に「両家」とあるのは、「夫方、妻方」を想定したが、実際の墓では「妻方の両親」と「その娘夫婦」という「両家」である。そこで、墓祭祀を中心に考えた娘の代の夫が、どの選択肢にも該当しないと考え、欄外に「私の両親は宮城県にて長兄家族が守っているので、妻方の両親」(★欄外記述：妻方の両親)と書き加えた。

「先祖の墓を守るのは子孫の義務と思うか」という質問に対しては、「そう思わない」という否定的な意見は一人のみで、あとはみな肯定的な意見を選択している(表IV－11)。「義務とは思わないが、大切な身内なら祀ってあげたい」が四人(そのうち一人は複数回答者)あったことにも、家的先祖祭祀ではない近親追憶的祭祀の傾向があらわれているように思われる。

第4節　「娘だけ」のケースにおける墓・仏壇の継承

1　調査の概要

父子継承ラインの弱体化と親子関係の双方化を視野に入れつつ、墓・仏壇の継承に関しての意識調査として「お墓・仏壇・介護に関する世代間関係の意識調査」(淑徳大学社会福祉研究所助成研究)を一九九九年三月に実施した。そのうち一つは質問紙調査で、もう一つはその回答者の中から八人を対象に行った面接調査である。このうち質問紙調査による結果を第4節で、面接調査の結果を第5節で考察する。

質問紙での調査項目は、「墓の継承について」、「仏壇の継承について」、「介護・看取りの担い手について」、「先祖(家族)観」などである。そのうち「介護・看取りの担い手について」は省くことにし、そのほかの項目における主な設問は次のような内容である。

「墓の継承について」は①墓を受け継いで守っていく立場にあるか、②利用できる墓があるか。「ある」場合、その墓はどこにあるか、どのような墓か(自分の先祖の墓、配偶者の先祖の墓、自分たちで新しくつくった墓)、③将来墓をつくるか、④同じ墓に入りたい人、⑤継承者の有無。「ある」場合、継承者は誰か、などの質問をした。

「仏壇の継承について」は①仏壇の有無、②「ある」場合、それはどのような仏壇か(自分の実家の死者を祀った、配偶者の実家の死者を祀った、自分と配偶者の両方の死者を祀った)、③「ない」場合、今後仏壇を持つか持たないか、④「持つ」としたらどういう仏壇か、⑤「持たない」のはなぜか、などを尋ねた。「先祖(家族)観」については①先祖とは、だれを指すか、②先祖代々の墓と仏壇を守り、供養することを子孫の義務だと思うか、③両親や祖父母の仏壇や墓を守り、供養したいと思うか、について質問した。

本節では親子間における墓や仏壇の継承見込みの分析を行う。調査対象は、これまでの慣習からして墓や仏壇の継承見込みが低いケース、すなわち継承において息子よりも劣位にあった「娘だけ」のケースとした。問題を抱えた人々がそれをどう乗り越えるか、そこに社会変動の露頭をみることができると予測したからである。「娘だけ」のケースのうちで「妻方同居」のケースにとくに注目した。生前の「同居」が、死後の墓や仏壇の継承につながるのかどうか。かつての家制度時代では、同居している家のメンバーは同一家名、同一戸籍で、同一先祖を祀ってきた。では現代の、妻方に同居しつつ夫の姓を名乗った子ども夫婦にとって、「先祖」とは、妻方のそれなのか夫方なのか、それともその両方を指すのか。家意識の希薄化と残存の中で、「妻方同居」のケースは興味深いデータを提供してくれると思われる。

対象を「既婚の男女」と限定し、A「娘だけ」のケースの「親の立場」と「子どもの立場」の、それぞれの「夫」と「妻」とした。すなわち親世代ではⅠ子どもが娘だけという夫婦の夫、Ⅱ子どもが娘だけという夫婦の妻、子世代ではⅢきょうだいが姉妹だけという妻、Ⅳきょうだいが姉妹だけという女性を妻にもつ夫である。またB「娘だけ」で、かつ「妻方同居」であるケースについても分析の対象とした。主に首都圏在住者としたが、子どもか親が他府県に在住する場合があったので、少数ながら調査票は首都圏の外に及んだ。一つは郵送法[9]による質問紙調査として実施し、もう一つは、同じ対象者の中から九人を選んで非構造化面接調査を行った。

表 IV-12　被調査者（既婚男女で，「娘だけ」のケースに関わる人々）　単位：人

立場＼回答		①単独	②夫婦	③親子夫婦	計	
親の立場	夫	2	12	13(3)	27 (3)	66 (7)
	妻	9	12	18(4)	39 (4)	
子の立場	夫	5(1)	14(3)	17(5)	36 (9)	88(21)
	妻	18(4)	14(3)	20(5)	52(12)	
合　計		34(5)	26 組 52(3 組 6)	19 組 68(5 組 17)	154(28)	

注：合計の(　)内の数字は妻方同居の人数である

送付した調査票は一八〇で、そのうち一六五票を回収し、無効一一を除くと有効回答票は一五四であった。その中には「妻方同居」の二八票を含んでいる。被調査者の回答は、次の三パターンに分類される[(10)]（表IV-12）。

①単独：該当者が単独で回答

②夫婦：当該の一組の妻と夫が個別に回答

③親子夫婦：当該の一組の親と娘およびその配偶者が、それぞれの立場から個別に回答

注1、③の場合、親娘とその配偶者で最多は一組四人となるが、親が一人の場合や、娘の配偶者の回答を欠くケースがある。

また、二人姉妹の両方の娘夫婦が回答したケースもある。

注2、②と③に関しては、親・子・配偶者それぞれの回答を、他者にわからないように個別の封筒で回収し、筆者のところで一組に合わせた。

本節では、まず全対象者一五四人の調査結果から、全体像を把握し、つづいて被調査者の回答の三つのパターンのうち、③親子夫婦（一九組六八人）の回答をもとに、墓や仏壇の継承についての世代間の意識を分析した。妻方同居については、②夫婦で回答した三組に、③親子夫婦で回答した五組を加えた八組について、親の立場を除いた、娘夫婦（夫・妻）一六人（②と③の子の立場のうち（　）内人数の合計）の回答によって、その特徴を考察する。

2　先祖祭祀の継承意識と双方化

本論に入る前に全回答者一五四人の集計結果から、継承者が「娘だけ」という対象者の傾向を、次の三点(先祖観、墓の継承意識、継承からの脱却意識)にしぼって概観しておきたい。

先祖観

墓や仏壇は、父系男子の単系によって継がれてきた。明治民法に「妻ハ婚姻ニ因リテ夫ノ家ニ入ル」(第七八八条)と規定されていたように、女性は結婚すると夫側の家のメンバーになって、夫の先祖を自分の先祖として祭祀してきた。そこで現代でも同様の意識が残っているのかどうかを知るために、「あなたにとって先祖とは、どれを指しますか」という質問を用意した。回答の選択肢は、1自分の実家側の先祖、2配偶者の実家側の先祖、3自分と配偶者の両方の先祖、4先祖とは親や祖父母の代ぐらいだと思う、5その他、の五つで、二つまでの複数回答を可能にし、全回答者一五四人のデータから男女比較を行った。

子の立場で男女ともに一番多かったのが「自分と配偶者の両方」(男性四四・四%、女性五〇・〇%)で、「双方化」傾向が見受けられた。つづいて二番目に多かったのは、女性は「自分の実家」(三二・二%)で、男性は「親や祖父母の代まで」(三八・九%)であった。女性はこれまで男系で継がれてきた不利な立場から、あえて「自分の実家」を主張して男性と同じスタートラインに立とうとしているのではないだろうか。男性は歴史的優位性から、「綱引き」の綱を引く必要もなく、系譜的先祖から親和的先祖(親や祖父母といった慣れ親しんだ人々)への意識を強めているように思われる。

さらに親と子の立場や、男女の比較をしてみると、子の立場の男性では「自分の実家」が三〇・六％で三位であったのに対し、親の立場の男性ではそれが四〇・七％と一〇ポイント多くて一位であった。親の立場の女性で「自分の実家」と回答した人は、子の立場の女性よりも一二ポイントも少なく二〇・五％であった。ただし親の立場でも女性の一位は「自分と配偶者の両方」(四三・六％)で、「親や祖父母の代まで」は男性の二位(二九・六％)であった。

家意識の世代差と男女差が見られる一方で、男女ともに「自分と配偶者の両方」の先祖を想定した回答が多く、双方化の傾向がみられ、また「親や祖父母の代まで」という経験的に知りうる身近な死者が先祖として想定されていた。

墓の継承意識

先祖祭祀にかかわる人々は「祀られる側」と「祀る側」の二つの立場がある。ここではまず「祀る側」、すなわち墓を継承する子ども側の立場に注目することにしたい。前にも記したように、少数の子どもしか持たなくなると、生まれてくる子どもの性別が一方の性だけというケースが増えてくる。そうなれば当然、「娘だけ」のケースも増加する。家意識の強い時代は、娘だけの家は婿養子などで息子を補充し、その息子に家や墓を継がせてきた。ところが婿養子に固執すると娘が結婚できなくなる恐れがあり、また、養子縁組みをしてまで家の永続を願う意識は薄れてきた。その結果、予想されるのが、「夫婦が互いに墓を受け継いで守る立場にある」ケースが多くなることである。

「あなたがたご夫婦は、ご両親のお墓を受け継いで守る立場にありますか」という質問に対して、「子の立場」である妻と夫の回答をみると、「夫も妻も受け継いで守る(可能性を持った)立場にある」と認識している人が六割強(八八人中五四人、六一・四％)いる。さらに「妻だけ受け継いで守る立場にある」と答えた人が一五％(八八人中一三人、一四・八％）あった。実際に継承するかどうか分からないが、意識の上では「妻の墓や仏壇の継承」の責務は認知されていることが分かる。

継承からの脱却意識

「墓をつくらない理由」を、全回答者の中から概観してみると、親の立場で多かったのは「娘に墓を継ぐという負担をかけたくない」であった。娘の立場では、「自分の先祖の墓に入りたい／守るべき墓がすでに三つある」などの理由が述べられていた。要するに「墓をつくらない」ということは、海山に遺灰を散骨するなど墓石を建てない選択と、実家側の墓を継承するために「自分の代の墓はつくらない」という意味での回答があった。

また継承問題とは別に、「お墓の必要性を感じない／身近な人の心の中に存在できればよい／お墓に入る気がない」といったように、墓自体に意味を感じない人が多くなっている。

「自分と配偶者の両家を一緒にした墓」（両家墓）を選んだ人たちは、「少子化で二ヵ所を見るのは大変だから／墓参りが一度で済むから」などの理由をあげ、「継承者を必要としない墓」を選んだ人は、「子どももたちもそれぞれの生活形態を作っていくであろうし、墓を継承してもらいたいとは思わない／いろいろなわずらわしいことを子にさせたくない／一人娘なので娘が日本にいるかどうかも不明」などと理由を述べている。

人々の考える先祖の範囲が「両親や祖父母の代まで」で、同時に夫も妻も「自分の実家」、あるいは「自分と配偶者の両方」というふうに双方化してくると、単系が基本で家単位に継がれていく従来の仏壇は、人々の意識に見合わなくなっている。そこで人々は、オリジナルな追慕・慰霊の場を工夫してつくりだしている様子がうかがわれた。「子どもたちに迷惑をかけるから、仏壇という形を残すのは不要／簡単に処分できない物は残したくない。自分に仏壇があっても困るから」などといった理由で仏壇を持たず、「配偶者が亡くなりました時に、オリジナルモニュメントを作ったので、それが仏壇がわりのようなものです」というように、写真や花を飾るコーナーをつくったり、そこに遺灰の一部をそれぞれの容器に入れて安置している人もいる。従来の家の先祖を祀った仏壇でなければ、妻も夫も気軽に双方の両親を追慕する場所を家庭の中にしつらえることができるからである。

先祖祭祀の継承については、「先祖を供養する気持ちは失いたくない」という考えを持ちながら、「(継承については)大きな矛盾を感じどうしてもなじめない。個を抹殺する方法である／少子化傾向の中、重い負担になっていく気がする／いちいち墓を私有し〝家〟制度を補完するのには不快を感じる」といった反対意見が多くみられ、「自分たちの後の世代には、もうやらなくなってよいようにしてあげたい／墓守りしないと供養じゃないとか、家ごとに継ぐものとの〝脅迫〟にも似た慣習を変えたい／自分の代で継承を断ち切るべきかと迷う」といったように、旧習を変革していこうという気持ちが強まっていることも事実であった。

3　先祖祭祀の継承見込み

ここからは、先にあげた「③親子夫婦：当該の親と娘およびその配偶者が、それぞれの立場から個別に回答」した一九組六八人の回答から、墓や仏壇の継承見込みを詳しく分析することにしたい。

一九事例のうち一一ケースが「一人娘」であった。さらに、そのまた子どもが「娘だけ」が八ケース、「いない」が五ケースで、合計一三ケースが旧来の父系男子での継承を前提にすると、孫の代でも継承難が見込まれ、二代にわたって継承に不利な条件を抱えていた。ちなみに孫の代の「娘だけ」八ケースのうち六ケースは「一人娘」である。

「一人娘」とは、子どもが「女」という継承において不利な性であることに加えて「一人」という他に選択の余地を持たない状況であるため、かなりの重荷がのしかかっていることが考えられる。このような状況の中で、墓・仏壇などの先祖祭祀がどう変わろうとしているのか、調査結果をもとに、「親子間の意識の相違」や、「夫婦間の意識の相違」から、今後の墓や仏壇による「先祖祭祀の継承見込み」を分析した。

その結果は次の通りである。多い順に「親の墓は継承されないが、先祖祭祀や追慕の形態はある」八組、「継承される見込みが低い」五組、「継承の見込みがやや高い」三組、「継承の見込みが高い」一組となった。それに「継承する立場にない」が二組あった。墓の継承意識における世代差を分析するに当たって、一九事例のうち「継承する立場にない」の二事例を除く一七事例について分析していくことにする。

〔先祖祭祀の継承見込み〕	事例数
1　継承の見込みが高い	1
2　継承の見込みがやや高い	3
3　親の墓は継承されないが、先祖祭祀・追慕はある	8
4　継承される見込みが低い	5
「継承する立場にない」(姉がいる)	2

「墓は継承されないが、祭祀はある」事例

一七組の中で最も多かった「親の墓は継承されないが、先祖祭祀・追慕はある」の八組をみていくことにしたい

( )内の数字は年齢。「妻方同居」には、その旨を記し、同別居について何も説明がない事例は「別居」とする)。

事例1(母六〇、娘三六、娘の夫三六歳)は、娘は散骨を希望しているので、母が今後つくる墓は継がれないが、娘は「仏壇という形のものでなくても、亡くなった人を祀ったり供養したりする方法はある。うちでは棚に写真(亡き父)などを飾って供養している」という。さらに娘は、「先祖を供養するのはとても大切なものだと思う。けれど、それが形式的な慣習や義務感によって個の生き方を支配したり、負担になるようになるものなら、とらわれるのは私自身はいやだ」と回答し、伝統にとらわれない自らの意に添った追慕・慰霊の場を既に持っている。

事例2(母七二、娘四八、娘の夫四六歳)は、母子二代とも一人娘で、さらに娘夫婦には子どもがいない。娘は親の墓を継がず「継承者を必要としない墓」を希望し、仏壇は「自分の実家側」を祀るとしているので、墓は継がれないが仏壇で祭祀される。ちなみに娘の夫は、墓には「妻、両方の両親、ペット」と入りたく、仏壇では「自分たち夫婦の代の仏壇」としている。妻は自分の実家を中心に考え、夫は双方的に考えている。

事例4(母六二、娘三二、娘の夫三八歳)は、母娘ともに「墓はつくらない」を選択し、仏壇は、娘夫婦ともに「持たない」を選択した。理由として「懐かしむという意味では、はっきりとした形(箱)にする必要はないと思う」といい、追慕していく気持ちは否定していない。また「両親や祖父母の供養はしたい」という近親追憶的な祭祀を考えている。娘夫婦の子どもも一人娘である。

事例5(父五七、母五三、娘二七、娘の夫三〇歳)は、父も娘夫婦も、墓はつくらず、散骨を希望している。娘は「後継者がいないし、どうせどこに葬られても同じこと。『自然に返る』のが気に入っている」という。娘の夫は「先祖を敬う気持ちは持っているが、『あとつぎ』というのはしっくりこない」と記入している。墓も仏壇も持たないといい、祭祀が途絶えるように見えるが、娘は「両親や祖父母の供養をしたいと思うか」の質問に「どちらかというとそう思う」と回答した。また「位牌(俗名)はつくると思うけど、それを意識的に仏壇という特色のある空間に入れてしまうことには抵抗がある」と記入している。以上から墓・仏壇は持たないが、俗名の位牌はつくって祭祀をする気持ちはあるようである。

事例9(父七八、母六八、娘三六、娘の夫三五歳)は、妻方同居のケースである。娘は三女で、未婚の長女が同居している。父は自分の代で買った墓に入り、母は墓はつくらないで散骨を希望している。娘は「子どもが一人娘なので重荷にさせたくない」から継承者を必要としない墓に入り、夫は自分の実家の墓と回答した。仏壇は、娘もその夫も自分の実家の仏壇を持つという。母や娘は継承されることにこだわらず、父や夫は自分の実家の墓にこだわる。娘は「先祖のお墓を守り、供養する慣習は守りたいと思う」といい、「将来は、仏壇を持つ」を選択した。父の墓は継がれないが仏壇で祭祀される。

事例14(父五八、母五八、娘三二歳)は、親世代は夫の先祖の墓に夫婦とも入るといい、娘三人なので継承者の不安があると考えている。結婚して間もない長女が、実家の墓や仏壇を守るために姓を変えるわけにはいかないからと、婚姻届も出さぬまま実家にいる。娘は、実家側の墓だけを継ぐわけにはいかないから、将来「両家墓」をつくり、仏壇は、自分の実家の仏壇を持つと考えている。

事例15(父七五、母六八、娘四四、娘の夫五一歳)は、親夫婦ともに夫の先祖の墓に入るが、「継承してくれる人がいないため、継承者の不安がある」と回答した。娘や娘の夫は、親の墓は受け継がないが、自分たちでつくる墓(「両家墓」か「継承者を必要としない墓」)に双方の親を祀ろうと考えている。仏壇について娘は無回答、夫は持たないとしている。

事例17(父七八、娘五〇歳)は、父が一人娘に負担をかけないように墓の継承を実弟に頼み、娘も、自分の子がさらに娘だけなので継承者の必要ない墓に入ろうと考えている。仏壇はつくらず、写真と遺骨が入ったケースで、亡き母の祭祀をしている。

以上みてきて分かることは、継承困難な状況から試行錯誤のうえ、墓については「継がない」「つくらない」という意見であった。そう回答した人に具体的には「死後をどうするか」質問したところ、「継承者を必要としない墓」が三組、「散骨」が二・五組（一組の事例［親子夫婦］で、異なる二種類の意見があった場合、一つを〇・五と数えたため、小数点以下がある。以下同じ）、「両家墓」一・五組、墓はつくらないが「具体的にどうするか不明」が一組であった。第2節、第3節で「両家墓」は、「娘だけ」という、従来の男系で継ぐには困難な状況にあって、「継承の共同」という形を取った継承戦略の一つであると述べた。また、少子化がすすむ中一九九〇年代以降、両家墓が増加しないのは、他に継承制をとらない選択肢が登場してきたためとも記したが、この調査結果が裏付けている。

親の代の墓は継承されないが、祭祀の形態が模索され、家を単位してきた宗教や伝統的な形式によらない新しい追慕や祭祀の場を既につくりだしている人が四ケースあった。

「継承される見込みが低い」事例

続いて一七事例中五組と、二番目に多かった「継承される見込みが低い」事例についてみていく。

事例3（父七六、母七五、夫の母七一、娘四八、娘の夫四八歳）は、夫の父には継承している墓があるが、誰も継ぐ人がいない。夫の母は一人で「継承者を必要としない墓」を購入し、妻の両親も、夫婦で「継承者を必要としない墓」を購入した。娘夫婦はともに「墓もつくらず、仏壇も持たない」という。娘は、墓や仏壇の継承について「そうしたい人はすればよいけれど、私はばかばかしいと思っています」と記述している。娘の夫は、墓は「いらないと思う」とし、墓や仏壇の継承について「私は家を継いで行く考え方にはあまり賛成できない」と記述している。娘夫婦は、同じ地域に住む同級生であった。長男長女同士の結婚で、結婚後は夫の両親とともに自営業を営み、四人の親が近居という環境で、互いの自主性を尊重しあいながら中立的な立場を保とうとしている。妻は個人的に宗教を持っている。次代も娘一人である。

事例10(父七八、母七五、娘五二、娘の夫五一歳)は、親子それぞれの家族は、同じ集合住宅の別棟(スープの冷めない距離)に妻方近居である。しかし娘は、夫も妻も受け継いで守る(可能性を持った)立場にあると認識していながら、配偶者の先祖の墓に入るつもりだと回答している。夫も自分の先祖の墓に入ると言い、夫婦は「夫の先祖」の墓や仏壇の継承を選択し、既に娘夫婦の家には夫方の仏壇がある。母は孫(男子二、女子一)の一人に継いでほしいと考えているが、今のところは、それも決まっていない。現在ある夫方の仏壇に、いずれ妻方の両親も祀られるかというと、夫は自分にとっての先祖を「自分の実家の先祖」と限定し、妻は無記入となっている。夫方と妻方の均衡を考えているのか、生前の住まいは妻方寄りで、死後の墓や仏壇での祭祀は夫方を選んでいる。

事例11(父六一、母六一、長女二九、長女の夫三一、二女二七、二女の夫三〇歳)は、父は他に女ばかり四人の長男で、故郷に受け継ぐべき墓が存在するが、散骨を希望し、その墓を継承する意志はない。親世代、子世代(長女)夫婦は墓をつくらないと言っている。したがって継承される見込みが低いというよりは、はじめから墓をつくらない方針である。母は、仏壇は「ある」と答え、それは「祀るところではなく、祈るところとして存在する。位牌はない。形があった方が心定まって祈れると思った時に、仏壇のようなものを購入した」という。父はその祈りの場に「我が家にゆかりの動物たちも含めて祀られている」と説明している。

事例12(父六二、母六二、娘三九、娘の夫四六歳)は、娘は、自分も実家を継承しなかったし、子どもも娘だけなので、本当はどうでも良いのだけれど、うやむやだと娘たちが苦労すると思うので、とりあえず墓は買うという。「義務や仕方なしにやるのであれば、やらなくても良い自由はあると思う」。仏壇は「立派な形や入れものには興味がないし、あとを守る人がいないので、すぐにゴミになってしまうと、あとの人がたいへんだ」と回答している。娘の夫は、家族の変化や生き方の多様化などから墓や仏壇を継承するのは「無理がある」という。

事例13(父七二、母六七、娘四二、娘の夫五二歳)は、娘夫婦はともに「継承者を必要としない墓」に夫婦で入ると記入している。娘は「自分の子にやっかいなことを残して行きたくない」と言い、娘の夫は「子どもにお墓を残したいとは思わない」「少子化に伴い、子どもの負担になっていくので良いとは思わない」と回答した。仏壇も「あとを守る人がいないから」「子どもに残したくない」という理由で持たないと言っている。

以上をみてきてわかるように、事例3、11、12、13は家の継承を良しとせず、あるいはそういったことには関心を持たず、または少子社会にあって子どもに負担を負わせたくないとの考えから、「継承者を必要としない墓」を選択したり、「仏壇や墓を持たない」という方向で、積極的に継承による連続性から離脱しようとしている様子がうかがえる。一方、事例10は、むしろ旧習を残す形態である。母は、男孫の一人に墓を継いでもらいたいと願い、娘夫婦は「妻方」に近居しながら、墓や仏壇は「夫方」を選択している。

「継承の見込みがやや高い」事例

「継承の見込みがやや高い」ケースをみると、三組とも「妻方同居」かあるいは「妻方同居」の経験があることがわかった。

事例6(父七七、娘四八、娘の夫四八歳)は、一年だけ妻方同居を経験した。娘は、親の墓を継ぐとは答えず「わからない」と回答しているが、娘夫婦はともに墓や仏壇で「双方の両親や実家の先祖」を祀ると考え、双方的である。妻の実家の墓は近くにあり、夫の実家の墓は遠い他県にある。それに夫は二男であるので、妻側を継承する見込みは高い。ただし、娘夫婦の子が一人娘(養女)なので、次代を考えると「わからない」と回答している。

事例8(母六七、娘四一、娘の夫四四歳)は、娘は子どもがいない家にもらわれた養女である。妻方同居で、すでに墓や仏壇があり、娘も娘の夫も妻方の墓を「受け継ぐ立場にある」と認識している。娘はその墓に入って継ぐつもりであるが、今のところ娘の夫がその墓に入るかどうか「わからない」と回答している。

事例16(父五八、母五八、娘三〇、娘の夫三二歳)では、娘夫婦が「双方とも墓を受け継ぐ立場」で、娘の両親が「墓」を買おうとしている。娘はその墓を継がなければならないだろうと考えている。娘の夫は「自分の実家側の墓に入る」と言う。仏壇に関しては、娘は「自分の実家の仏壇」を持つと言い、夫は無回答である。以上のように、墓も仏壇も、娘による継承の見込みが高い。娘の夫は、先祖を「自分と配偶者の両方」と回答しているので、妻方の存在を無視しているわけではないことがわかる。

事例8、16が、継承の見込みが高いではなく、ややや高いとしたのは、夫婦間に意見の相違があるからである。娘は継ぐといっているし、夫婦は必ずしも同じ墓に入らなければならないという規範も薄らいでいるので(第Ⅴ章で述べる)、意志があれば娘は親の墓を継ぎやすいだろう。また事例8のような妻方同居の場合では、同居のまま妻の親が死亡し、家屋が妻に相続されれば、家屋には仏壇がついてくる。そのとき夫は、その家で、妻方の両親を祀ることを拒否しにくいであろうと考え、これらのことから「やや高い」とした。

「継承の見込みが高い」事例

「継承の見込みが高い」一組を見ると、妻方同居の上に、途中から養子縁組していることがわかった。

事例7(母七五、娘四八、娘の夫五〇歳)は、娘夫婦は妻方に同居し、最初は夫の姓を名のった結婚をしていたが、妻の父親が亡くなった時に、夫が妻の母と養子縁組をして戸籍上は妻方の姓(通称は別姓)になったケースである。ここまでくるまでに試行錯誤が繰り返され、様々な経験を重ねた結果、「夫婦は平等」という意識のもとに、便宜上、形態だけは妻側の墓や仏壇を継ぐ結果になった事例である。

4 妻方同居での夫の立場

妻方同居が即、夫の妻方の墓への帰属を意味しない

現代の妻方同居が、妻方の墓や仏壇の継承およびそこに入ることにつながるのかどうか。妻方同居の娘夫婦にとって、墓・仏壇で祀る先祖は妻方のそれなのか夫方なのか、それともその双方を含むのか。表Ⅳ-12の「②夫婦」の回答のうち、三組の妻方同居の娘夫婦と(過去の妻方同居の経験を含む)、「③親子夫婦」のうち、五組の妻方同居の娘夫婦を合わせた八組の事例(事例A〜H)をもって考察する。

八組の妻方同居の夫婦の回答について、夫婦の年齢、きょうだいの中での夫の位置、姓の選択、墓や仏壇を受け継いで守る(可能性を持った)立場にあるかどうか、墓をどうするか、同じ墓に入りたいと思う人たち、仏壇の有無、先祖とは誰をさすか、といった項目の回答をまとめると表Ⅳ-13のようになる。これを見てもわかるように、事例Bの妻を除くすべての妻が、墓や仏壇を守る立場にあると回答している。事例Bの妻は四姉妹の長女で、墓や仏壇を「受け継いで守る立場にない」と回答しているが、住居には妻方の死者だけを祀った仏壇が既にある。

表 IV-13　妻方同居における娘夫婦の墓や仏壇の継承意識

事例	年齢・兄弟の位置	姓	継承立場	墓をどうするか	一緒に墓に入る人	仏壇	先祖とは(複数回答可)
A	妻 45	夫	○	妻方の墓	夫・子	妻　方	双　方
	夫 46(長男)		△	散　骨	——	妻　方	双　方
B	妻 56	夫	×	自分たち	夫・子孫・自分の両親・親戚・姉妹	妻　方	双　方
	夫 57(二男)		×	夫婦の新墓	NA	妻　方	夫方，親や祖父母
C	妻 48	別姓	○	妻方の墓	夫・子・孫・自分の両親	妻主，夫従	妻方，双方
	夫 45(長男)		○	わからない	妻・子	妻　方	夫　方
D	妻 36	夫	△	非継承墓	夫・子	妻　方	妻　方
	夫 35(三男)		○	自分で作る	妻・子	夫　方	夫　方
E	妻 48	夫	○	妻方の墓	夫・子・孫・自分と配偶者の親と先祖	妻　方	双　方
	夫 48(二男)		×	自分で作る	妻・子・孫・自分と配偶者の親と先祖	妻　方	双方，親や祖父母
F	妻 48	妻	○	妻方の墓	夫・妻の両親	妻　方	双　方
	夫 50(三男)		○	妻方の墓	妻・妻の両親	夫　方	双　方
G	妻 41	妻	○	妻方の墓	妻・子・孫・自分の両親と先祖	妻　方	親や祖父母
	夫 44(二男)		○	わからない	——	妻　方	双　方
H	妻 42	夫	○	非継承墓	夫	持たない	双　方
	夫 52(長男)		○	非継承墓	妻	持たない	親や祖父母

注 1：妻の両親との同居で，妻方の墓や仏壇の継承を問題にするので，表では妻を先に表記した

注 2：「継承立場」で，墓を守る立場を○，守る立場にないを×，本人と配偶者の認識が違っている場合を△で表現した

親の代で妻方の墓が既に存在するのが、事例A、C、D、E、F、Gの六ケースである。事例Bは自分たち夫婦で新しい墓をつくった。事例Hはまだ親が健在で墓はない。妻方の墓がある六ケースのうち、事例D以外は、妻は一応その墓を受け継いで守るつもりである。その妻方の墓を継承することを想定している夫は、養子縁組をした事例Fだけである。つまり、生前の妻方同居が即、妻方への帰属を意味しない。便宜上の同居ということになる。墓をどうするか「わからない」と回答した夫は、妻方の墓に入る可能性はあるが、「将来、自分で墓をつくる」という夫の意見は、妻方へ帰属しないという意志表示とも読みとれる。

「自分の実家の墓を守る立場」と回答する夫

事例Dは、妻は、墓や仏壇を「夫も妻も受け継いで守る立場にない」と回答し、夫は「夫も妻も受け継いで守る立場にある」と妻と正反対な回答をしている。筆者が知りうる限り、夫は三兄弟の三男で、三分の一の責任はあっても「受け継いで守る立場」とは言い難い。それを「守る立場」というのは、妻方に帰属しているわけではなく、自分にも実家の墓を継ぐ可能性のあることを示しているのではないだろうか。妻は三女で、両親と未婚の長女(四〇代)が共同で建てた家に、家賃を払って家族で同居しているので、一応、受け継ぐ立場の第一順位を長女にしているが、未婚で子どものいない長女に担えないところを補充する要員であると考えている。その証拠に、仏壇は「妻方のものを守る」と考え、先祖には「自分の先祖」を想定している。ただし墓は、子どもが娘一人ということから、「娘に負担がかかるので、継承者を必要としない墓」を買おうと考えている。ちなみに妻の姉の二女は海外で暮らしている。

この事例Dの夫の心情にやや近いのではないかと思われる回答が、事例Fである。養子縁組をし、墓は妻方のそれを守ることに決めており、夫は「夫も妻も妻方の墓を受け継いで守る立場にある」と回答している。彼は三男で、長男は親と同居している。実母が長男の妻を嫌い、三男と同居したいと言い出したこともあった。便宜上、妻方の養子になり妻方の墓を守るが、それでもなお妻方だけに帰属しているとは思っていない。仏壇は「自分の実家の死者を祀ったもの」とし、先祖は「自分と配偶者の両方の先祖」と考えている。

妻が小さい頃、子どものいない家の養女となり、婚姻の際には妻の姓を選んだ事例Gの夫もまた二男で、「夫も妻も妻方の墓を守っていく立場にある」と認識している。妻の養父が亡くなったので、仏壇は既に妻方のものが家にあるが、夫は自分が妻方の墓に入るかどうかは「わからない」と回答している。現代では長男子相続といった規範が薄れたために、長男であろうが次三男であろうが出生順位に関係なく、また生前の居住形態が妻方であろうがなかろうが、自分の定位家族への帰属意識、親や祖父母とのつながり意識は、どこかで持ち続けているようである。

なお、妻方同居の夫たちは、妻方の墓を選択していないが、仏壇では「妻方」をあげている。これは同居している妻方の住宅に、夫の意志とは無関係に仏壇がある状態で、こういった形態を許容している。しかし、先祖は「自分の実家の先祖」か、「自分と配偶者の先祖」という双方の先祖を想定した回答が多い。

5　総　括

「娘だけ」のケースの、親と子のそれぞれの夫婦を対象にした意識調査から、先祖観に関する質問の回答を見ると、子の立場で男女ともに最も多かったのは「自分と配偶者の両方」の先祖で、半数弱の人が双方的な先祖観を持っていることがわかった。男系の先祖が自明だった旧来の家制度時代と大きく異なっている。「娘だけ」という限定されたケースではあるものの、先祖観が変容しつつあるプロセスが浮き彫りになった。子世代の二位は男女で異なり、女性は「自分の実家」、男性は「親や祖父母の代まで」で、ともに三割台であった。女性が「自分の実家」の故人を先祖と想定することは家制度時代にも家庭内領域(domestic level)ではあっただろうが、墓や仏壇について、一般的には女性が実家側のそれを継承していく意思は見られなかったことを思えば、ここにも先祖観の変化を見ることができる。また男性が二位、女性が三位の「親や祖父母の代まで」という意識も、経験的に知りうる身近な死者が先祖として想定されており、系譜観念の希薄化があらわれていて興味深い結果であった。

子の立場の男性では「自分の実家」が三割で三位だったのに対し、親の立場の男性ではそれが四割と多く一位であったり、親の立場の女性で「自分の実家」と回答した人は、子の立場の女性よりも一割以上も少なく、家意識の濃淡をめぐる世代差が数字にあらわれていた。しかし、親の立場でも女性の一位は「自分と配偶者の両方」(四割台)で、男性の二位は「親や祖父母の代まで」(約三割)と、双方化や近親追憶への移行過程は親世代にも看取できた。

墓の継承意識では、「夫も妻も受け継いで守る(可能性を持った)立場にある」と回答した人が六割以上存在した。この数値は、単系で継いでいく継承制の限界を示している。また「妻だけ受け継いで守る立場にある」と答えた一割半の人を加えれば、七割半以上の人が伝統的な男子による墓の継承に困難な条件を抱えることになる。このことは、第V章において詳述する、継承制から脱却した非継承墓の申込者で一番多いのが「娘だけ」のケースであるという事実を展望するものでもある。

最後に、妻方同居の分析から得た知見を述べておきたい。妻方に同居している夫は、同居している住宅に付帯している仏壇では妻方の祭祀を許容するが、墓に関しては、生前の妻方同居が必ずしも、夫の妻方への帰属を意味しないことがわかった。墓について夫は「わからない」と回答したり、「将来、自分で墓をつくる」などといった妻方へ帰属しないという意志が読みとれる回答もあった。

第5節 「娘だけ」「妻方同居」ケースの墓・仏壇の選択

本節では、前節で紹介した「お墓・仏壇・介護に関する世代間関係の意識調査」(一九九九年)のうち、面接調査(淑徳大学社会福祉研究所助成研究)の結果を用いて事例研究を試みる。

1 事例の概要

面接調査から得られた情報をまとめると表Ⅳ－14のようになる。「娘だけ」の親と子の立場の人を対象に面接調査を行ったが、九事例のうち事例⑦は、「娘(姉)」だけでなく、別居の息子(弟)も存在する。この点で、他の八例とは異なるが、夫が若くして戦死したあと妻は長子である娘に将来の期待をかけ、その通り娘が親と同居し、仏壇・墓の継承者になったという点では、「娘だけ」のケースと「課せられた」ものが共通するので、この事例を含めることにした。ただし、調査票の集計からは「娘だけ」ではないのではずした。

事例①～③の被面接者は「親の立場」、事例④～⑨の被面接者は「子(娘)の立場」の人である。「子の立場」の中で事例⑧のみ、回答者は今は親の墓を受け継ぐ立場でなくなった。小さい頃から長女として家や墓を継ぐことを課せられて育ったが、結局は三女夫婦が継承者となったというケースである。

「妻方同居」が四ケース、一年だけ妻方同居一ケース、妻方近居が二ケース、妻方夫方双方の親と同居した双方同

表 IV-14　面接調査の事例一覧

事例	被面接者	娘の夫	同別居・近居など	養子縁組	関係＊	仏壇・墓
①	娘だけの母	長男	母が娘夫婦のもとへ〈近居〉	な　し	△	写真・散骨か
②	娘だけの父	二男	父が娘夫婦と「同居」するが失敗	父両養子	△	妻方の墓所内に娘夫婦の墓石か
③	娘だけの母	長男	自分たち夫婦より実家の墓が心配	な　し	△	娘が守らなくていい墓
④	娘だけの娘	二男	娘夫婦が 妻方同居 (同敷地内別棟)	夫が養子	○	妻方の墓を継承
⑤	娘だけの娘	長男	娘夫婦が 妻方同居 (夫の実家が近く)	な　し	×	妻は夫と別墓を希望
⑥	娘だけの娘	二男	娘夫婦が 妻方同居	妻が養子	×	仏壇は娘が守るが，墓は未定
⑦	娘が継承者	六男	娘夫婦が[夫方同居]から 妻方同居	な　し	○	妻方の墓と同じ墓地内に別墓
⑧	娘だけの娘	二男	三女の夫が養子縁組〈近居〉	三女の夫が養子	○	三女の夫が妻方墓を継承
⑨	娘だけの娘	長男	娘夫婦が妻方・夫方双方同居	な　し	○	妻方は永代供養，夫方に入る

注：事例③, ⑤, ⑦, ⑧, ⑨は本節初出である．事例①は 4 節の事例 1 と，事例②は 4 節の事例 6 と同じである．事例④は表 IV-13 の事例 F と同じ，事例⑥は表 IV-13 の事例 G と同じである

＊「関係」とは親子間の関係のことで，○＝うまくいっている，△＝普通，×＝悪い

居が一ケースである。事例③だけが同居経験がない。親子・夫婦の関係が悪化したケースが事例⑤と事例⑥、子の立場で養子縁組をしたのは三ケース(事例④⑥⑧)であった。

2　墓・仏壇の選択にかかわる動向

妻の仕事と妻方同居

長男であっても親と同居しないケースが多い時代に、「娘だけ」だからといって、妻方同居をしなければならないという規範も、そう強くは存在しないはずである。それをあえて同居を選択するのは、メリットがあるからであろう。その一つが「子どもの面倒をみてもらえる」ことである。特に妻方の親である実母には、義理の関係の姑より遠慮が少なくて子どもを託しやすい。

事例⑦の娘（五九歳）は、子どもが産まれても仕事を続けるために、最初は夫方の両親と同居、そして近居をし、子どもの面倒をみてくれる夫の両親が亡くなると、今度は自分の母に頼み、最初は子どもが両家を行き来するが、ついに妻方に同居することになった。妻の母も祖母も、それは歓迎すべき同居であった。このようにして義理の関係の夫さえ理解を示せば、妻方同居は親世代・子世代ともにメリットがあるといえる。このほか事例⑥の娘（四一歳）も、結婚当初は一年別居するが、子どもができて仕事を続けるために同居をした。

家庭内離婚と双方同居

事例⑦のように、娘が仕事をもって生きるために、プラス思考でおしすすめる同居ならばうまくいくケースも多いだろうが、他人同士である娘の親と娘の夫は、娘であり妻でもある人がいてはじめて親族関係となるのであるから、娘（妻）が同居の意味を感じていないと、義理の関係にある者は居心地が悪い。事例⑤の妻（四八歳）は、高校生の時に兄を亡くし、続いて父も死亡して母と娘だけになってしまった。

夫の実家は隣の市にあり距離的にも近く、夫も妻も親の面倒をみることが期待された長男長女同士だったので、結婚にははじめから親の反対があった。彼女が出した結婚の条件が、彼女の家で母と同居することだった。彼はその条件を受け入れて結婚したが、夫の母は、息子がすぐ近くの妻方の家で同居している状況をいつまでも納得できないでいる。こういった結婚前からの両家の確執がその後も尾を引き、最近では夫婦の間でも不信感が生まれ、家庭内離婚の状態となった。お互いの家が近いのならば、どちらの親とも同居せず、双方から等距離を保てばよかったのかも知れないが、兄や父を亡くし同じ精神的な痛みを共有する母をかばう娘には、それができなかった。娘はあくまでも自分と実家を守ろうとし、墓は夫とは別の、実家の墓に入ることを決めている。

事例⑤のように、跡継ぎ同士の結婚を反対されつつ結婚し、その後もよい関係をつくれなかった夫婦もいれば、同じ後継ぎ同士でも、双方の関係をうまくつくれた夫婦もいる。

事例⑨の娘(七三歳)の夫は長男だが、三兄弟の長男であったことが、事例⑤と大きく異なる。夫の母は二男や三男もいるので、「長男が妻方の家に入ってもよいが、生活費は長男にみてもらいたい」という条件を出して、結婚に同意した。いざ結婚となったら、夫は妻の姓になるのをいやがり、結局、終戦後の民法改正を待って夫の姓を名乗った結婚をした。親の意見だけでなく、当事者である夫の考えも尊重している。結婚後は約束どおり「妻方同居」となるが、その後、状況の変化によって、夫方の母を引き取る夫方同居の形態をとり、最終的には二世帯住宅をつくって両方の親と同居した。台所が二つある家である。三世帯三つの台所ではないところに、この家族員の意識を読みとることができる。一つは妻の両親、他は夫の母とその息子夫婦の台所である。娘(妻)は、墓も夫方の墓に入るつもりで、そのことに迷いも選択の意識もない。事例⑤の娘夫婦が戦後生まれなのに対して、事例⑨の娘夫婦は戦前生まれである。戦前に社会化を経験した人は、「跡取りであれば親の面倒をみるのが当然」という意識を持っていたし、妻は結婚して「夫方の家の人間である」ということにも違和感を感じていない点が、事例⑤と違うように思われる。子どもの数の違いも大きいであろう。そして事例⑨は、事例⑤のように娘夫婦をめぐる両家の思惑に飲み込まれるのではなく、娘夫婦が主体的に行動している点が違う。

呼び寄せ近居・同居

事例①の母は若くして夫を亡くし、娘が離家した後は独居であった。六〇歳に近づくと、目を使う洋裁の仕事が思うようにできなくなって、老後の身の振り方を模索しはじめた。一九九六年暮れ、滋賀県にある生家(親が建てた家)

を改築して、その二階に住むことにした。「生家では、障害を持った弟が一人暮らしをしていたので、弟の面倒をみながら、独り暮らし同士助け合っていこうと思った」からである。しかし一年間過ごしたが、お互いに長いこと独り暮らしに慣れていたので喧嘩が絶えず、結局うまくいかなかった。年をとると住み慣れたところを離れては暮らせないという思いと、娘への遠慮もあっての選択だったが、失敗に終わった。その後、娘の住む東京で暮らしていけるかどうか、母の心の葛藤はつづいた。結局、娘の家まで歩いて三分の所へ「近居」という形態で折り合いがついた。

事例②の父(七七歳)は、妻を五年ほど前に亡くした。その後は独り暮らしをしていた父へ、娘夫婦が家を建てて同居しないか、といってきた。父も金銭的な協力をして家を新築し、同居したが、一年でもとの家に戻った。東京二三区内の父の家は二世帯が同居するには狭い。娘たちが主導でつくった家には、父の部屋は用意されたが、父の意見が反映されず居心地が悪かった。娘の夫との関係がうまくいかず、間に入って娘が苦しむのがかわいそうだった。猫を連れていったが、娘の夫はそういう生活が合わなかった。「体が弱っても、娘の家に行く気にはならない。猫が死んで一人になって、寝込むようなことになっても、ヘルパーさんを頼んで今の家にいる。それが無理なら入院したい」と語っている。今は独り暮らしにもどり、ペットの猫と暮らしている。娘とは同じ東京に住むので、広い意味での近居である。同じ屋根の下で暮らして、娘の夫と気まずい思いをするより、一人の方が気が楽だと思っている。

時間をかけた養子縁組

聴き取りをしていると、養子縁組という選択肢は、選択するしないは別として、多くのケースで認識されていることがわかった。しかしほとんどの夫は「養子はいやだ」と言っている。事例④や事例⑧などをみてわかるように、初めから養子縁組をするのではなく、時間をかけて既成事実をつくって事前に擬似的体験をしてから、状況適合的に養子縁組にもっていくケースが多い。それも双方にとってメリットのあるところで話は決まっている。事例④の夫婦は学生結婚で、はじめは夫が大学院に通う学生であったため、食べていけないことが理由で妻の実家に移り住んだ。その時すでに子どもが二人いた。結婚する時、一回だけ養子にならないか、という話が妻の親から出たが、夫は断った。二年前、妻の父が亡くなって、相続税対策で夫が妻の母と養子縁組をした。夫は、戸籍、保険、銀行関係は妻方の姓だが、仕事上も含め日常生活の人間関係においては旧姓を使っているし、実質的に妻の実家で一〇年間一緒に暮らしていたので違和感がないという。

事例⑧は、「跡取りだ」といわれて育ったが長女が長男と結婚したため、〇〇県に住む父は、三女が二男と結婚する時、三女の夫に自分の家の姓を名乗らせようと思った。しかし三女の夫の父が養子になることを許さなかった。今ではその三女の夫の父も死に、結婚後二五年以上経って養子縁組をした。三女夫婦ははじめ首都圏に住んでいたが、夫は妻の父と同じ〇〇銀行に勤めていた。彼も〇〇の出身、いずれは〇〇に帰れるだろうと思っていたら、××に転勤になり八年間の単身赴任の後、子どもが〇〇大学に合格したのを機に妻子も〇〇へ移って養子縁組をした。

伝統と新しさの狭間

事例②の父は、「もし私に介護が必要になっても、娘は△△家にやったのだから、無理に会社を辞めて私のために介護することはない」という。嫁にやったのだから、介護や墓の継承を押しつけることができないという、遠慮の気持ちが親の方に見受けられる。彼は、「墓がないということは、浮遊者みたいでいやだ。親父が墓を買わなくてもオレは買っただろう」とか「妻は〇〇県出身で、一人娘が同じ〇〇県出身の二男と結婚することになって、内心喜んだこともあった」と一面では伝統的な考えをうかがわせている。「娘の夫は、実家を気にかけ、実家との結びつきが強い」ので、「私たち夫婦の墓は無縁になっていい。シベリアで死んだと思えば、散骨してもいいと思っている」とあきらめる。

しかし、事例②も次に述べる事例③もそうだが、多くの場合、娘が墓に一緒に入ることを希望した時のために、娘夫婦が入れる場所を確保している。事例②では、新しくつくった墓は、横に娘の姓が彫れるようなスペースが空けてある。「無縁仏になっても私はいいと思うが、娘がみてくれればみてもらいたい」と、本音と娘を思いやる気持ちが交錯している。事例③は、国際結婚した娘のために、夫婦は教会の納骨堂の一区画を求め、娘が墓を継承しなくてもいいようにしてあるというが、もし娘夫婦が一緒に入ることを希望した時のために、家族用の納骨スペースを買った。

娘夫婦は、墓や仏壇は双方の両親や実家の先祖を祀ると回答している(質問紙調査)。子世代は自分の親が主、配偶者の親が従、という双方的な親子関係を想定していて、相互に対等の関係にあると考えている夫婦が多く、親世代と子世代の世代間の相違がみられた。

文化パターンの内面化

事例①の母親は、伝統的な仏教の慣習が根強く残っている滋賀県に生まれ、その後も京都や滋賀から出たことがなく、夫方妻方双方の仏事を執り行ってきたが、ついにその仏事や仏壇を捨てた。それは東京にいる娘家族の近くへ引っ越したのがきっかけであった。還暦を迎え洋裁の仕事も思うようにはかどらなくなって、全く未知の東京へ出た六〇歳の女性の再出発に、先祖を祀った仏壇や仏事は必要なかった。そのかわり最低限の両親を懐かしむ追憶の場を持った。夫や両親を祀ってきた仏壇は生家に後ろ向きに置き、封鎖してきたという。東京に出ても、子どもが娘であるので心底頼れないという遠慮や不安感もあった。東京では六畳一間に置かれたタンスの上に、花を飾り両親や夫の追憶のコーナーができている。家の先祖を仏式で供養するという伝統的な祭祀形態は、このようにして終わりを告げた。独居の母親にとって、もはや家の永続とか先祖を祀ることなど何の意味も持たない。老後を娘に迷惑をかけないでどう生きるかに必死である。しかし、祭祀が途絶えたわけではない。娘も同様なコーナーを作り、幼い息子に「お祖父ちゃん」に手を合わせるよう教えている。

人が死んだからといって、瞬時にその人への感情や、関係が消えるものではない。心の中での対話や追憶という形で、生者のこころの中に関係は生き続ける。こういった家の枠組がはずされた慰霊・追憶の行動は、R・スミスのいうところのメモリアリズム(追憶主義)への移行といえるだろう。六〇歳以上になると、この女性だけではなく、次にあげる事例③のHさんも同様に、「自分の親が懐かしく思い出される」と言う。

事例③は、四〇歳になる一人娘が、国際結婚をしていて将来どの国の墓に入るかわからないので、親は娘に墓を継いで欲しいとは思っていない。両親はキリスト教信者で、教会の納骨堂の一区画を求め、娘が墓を継承しなくてもいいようにしてある。親も娘も教育程度が高く、専門職に就き、自分たちの墓などについては進歩的な考えの持ち主である。しかし母親のHさんは、祭祀の継承について、自分たち夫婦のことでは何の執着も持っていないが、実母のことになると悩みぬいている点が興味深い。彼女の実家では、子どものいない本家のために二男を跡取りとして養子に出し、長男も一〇代で死亡するなど、辛いことが続いた。加えて父は愛人をもち、母は悲痛な日々に永年耐えた。その母が夫亡きあと、恨んでいた本家とは離れた場所(実家のそば)に墓を建てた。現在、実家の墓を守っているのは本家の養子になった弟(二男)である。弟は本家と実家の二つの墓を継承した。いずれは二つがまとめられてしまう。

Hさんが気がかりで仕方がなかったことは、①本家と一緒になっていること、②祭祀がきちんと行われていないことの二点である。彼女も夫方の両親とは不仲で、関係を絶った経験があったから、よけいに母の気持ちに感情移入するのだろう。一方祭祀については、自分自身は娘に祭祀して欲しいなどとは望まないのに、実母の祭祀がきちんと行われていないことを非難している。「母も祖母も日蓮宗で先祖を毎日お祀りし、おつとめをしていた。母は夫の両親と自分の両親の戒名を刻んだ位牌を作って、灯明をあげていた。私も、そういった母を見て育った。ご先祖さまを大切にする宗教教育だった」というのである。さらに「私はクリスチャンで、父や母は心の中に住んでいるが、なんか淋しい。長唄の見台を自分の両親の位牌に見立てて拝んでいた。捨てきれずに、いまも私の家に持って帰ってきている」ともいう。

森岡清美は、一九七〇年に刊行された『日本人の宗教』の中で、家制度が廃止され、核家族が増加すれば先祖祭祀は衰退すると考えられていたにもかかわらず、一九七〇年に「仏壇ブーム」が起こった背景について言及し、「文化パターンの内面化」ということに触れている。このHさんのように、家制度時代に生まれ、伝統的宗教が安定した基盤をもっていた時期に少年時代を過ごした人は、先祖の命日には近親・縁者が集まって、ともに仏壇の前で先祖を祀り、供養した体験を持っている。そういう子どものころの文化パターンの内面化が、親が死んで、親を追慕する至情をあらわすときに、結局、自分の少年時代に慣れ親しんだその方法に落ち着く、と森岡はいう。「文化パターンがそれ自体としてあるのではなく、幼時からの社会化の過程を通じて個々人の内側のものとして内面化されたとき、はじめて意義を持つ」。また、少年時代にそういった経験を持たない後の世代が、仏壇を買って自分の親たちを記念するかどうか。「もっと違う形の親の記念の仕方、たとえば写真を並べるとかいうこともできるわけでありますから、そういう別の形態——別の文化パターン——が出てくるのではないか」と森岡は予測した[森岡 1970：155-158]。

前出の事例③のHさんは一九九九年三月時に六九歳である。彼女にとって「幼時からの社会化の過程を通じて個々人の内側のものとして内面化された」文化パターンとは、家の永続規範、本家分家関係、妻の夫側の家への帰属、男性優位などが特徴としてあげられる社会でのそれであった。したがって、自分と娘との間では、何の意味も持たないことでも、自分と母親の関係では、母が行ってきたやり方、「つまり自分の少年時代に慣れ親しんだその方法に落ち着く」様子がわかる。娘に対しては同様なことを要求していない点で、文化パターンが変わりつつある過渡期的な状況であると考えられる。

事例①の仏壇を封鎖した母親は六〇歳で、事例③の母親Hさんより九歳若い。さらに面接調査はしなかったが、団塊の世代に「仏壇はもたず、写真・花などの慰霊のコーナーをつくっている」人が多いことは、質問紙調査でも明らかになっている。

さらに、事例③のHさんがこだわったことは、次の言葉が象徴している。「本家と一緒の墓にすることだけは、やめてほしい。それをやったら母は化けて出る。しゃくに障るのは、きちんとお参りしてくれないこと。腹が立つ。母が毎日あげていたお経と違うの。母は父の本家のとは違うお経をあげていたのに」。彼女は経の種類にまでこだわるが、宗教の違うキリスト教会の納骨堂に入れることにこだわっていない。「弟夫婦のやり方に我慢できなくて、私が実家の祭祀を引き受けるとしたら、と考えることがある。教会の納骨堂は仏式の礼拝はしてはいけないが、戒名がついた仏教徒の遺骨も入れてくれるので母の遺骨を私たちと一緒に入れる。残った仏壇は、増上寺に一二月三一日の晩に持って行って燃やす。毎年増上寺に行っているので思い出がある。もう一つの手は、今日は母の命日ですというと、ミサのときに名前を出してくれる」という。

そして、「今私は六九歳だが、父や母のことが懐かしい。昔よりもずっと情緒的になった。自分は幸せであった。こういう自分があるということは、親がいるから、先祖があるからである。日常平和に暮らしていて、お父さんお母さんに感謝している。親が教育をしてくれたから、親が生んでくれたから、よかった。毎日がありがたいと思う。親の魂はあるわよ、心に住んでいる」という。こういった近親者(特に親)への感謝の念や、追慕の気持ちは、代々の先祖に向けられたものではなく近親追憶であった。

注

(1)「複数」といっても二家族の場合が多いため、一般的には「両家墓」などと呼ばれている。ただし墓石に三家名、四家名が刻まれている墓を確認しており、それらを総称する語として「複数家族墓」を使用することにした。この墓は、最初の段階では、複数の家族で使用する形態をとるが、次の段階では、継承者が所属する家族に「統合」され、複数の家族の故人が祀られている墓を一家族が使用する形態の墓になる。「複数家族墓」は、継承制から脱却する方向ではなく、あくまで継承を前提とするため、さらなる少子社会である次代でも、同様の問題をかかえる可能性は高い。すでに複数家族墓をつくったが、孫が女だけとか、孫は男だがその配偶者が女だけといったケースも多く、墓標に複数の家名を刻む形態である限り、根本的な解決策にはならない。詳細は後述するが、複数家族墓の墓標に刻まれた文字には、①家名、②非家名(宗教用語、任意語)がある。この②非家名は、家名の違う者が入りやすいようにとの意図をもって刻まれている場合がある。

(2)「墓所」とは墓地内で一使用者が使用許可を受けた一区画をいう。

(3)条例の内部規定の文言にも規定されているように、市立霊園の墓地エリアには伝統的な墓所を囲障(外柵)で区切って使用する「普通墓所」と、芝生地に洋型の墓石を置くだけで墓所を囲障(外柵)で区切らない形の「芝生墓所」の別がある。ただし福岡市がはじめて「芝生墓地」エリアを設けたのは、一九九〇年に建設した西部霊園からである。

(4)民法八九七条に「系譜、祭具及び墳墓の所有権は、前条の規定にかかわらず、慣習に従つて祖先の祭祀を主宰すべき者がこれを承継する。但し、被相続人の指定に従つて祖先の祭祀を主宰すべき者があるときは、その者が、これを承継する。②前項本文の場合において慣習が明かでないときは、前項の権利を承継すべき者は、家庭裁判所がこれを定める」とある。傍線部分に基づいて「祭祀を主宰する人を指定」しておくことができる。

(5)　福岡市立の三霊園のうち、平尾霊園（一九五五年開園）と西部霊園（一九九〇年開園）の二霊園に関しては既に一九九六年度で募集を終了している。平尾霊園の総区画数は四〇一七基（九六年度募集終了時）で、そのうち返還された空墓所は六四基（二〇〇〇年一一月現在）、建立済み墓所は三九五三基である。三日月山霊園（一九八一年開園）の総区画数は一〇〇六基（二〇〇〇年度）で、市の所有分が一一基、空墓所は一九基、建立済み墓所は九七六基である。二〇〇一年度以降も募集し、最終的には二〇〇三年度までに一四六〇基を予定している。西部霊園の総区画数は四〇八六基（九六年度の募集終了時）で、そのうち市所有分二五基、空墓所三七基（二〇〇〇年一一月現在）となっている。建立済み墓所は四〇二四基、二〇〇四年以降に空墓所の募集を行う予定になっている。

(6)　使用者の募集は数回に分かれて行われているので、一九八〇年代が少ないのは、募集が少なかったということがいえる。八〇年代は返還された空墓所を二八基のみ供給し、一九九〇年代は空墓所三三基、新規に三二〇基を募集し、合計三五三基が供給された。

(7)　ちなみに複数家族墓と断定できなかったⅡ型混合は、六ケースあった。

(8)　複数家族墓らしいものは全てピックアップしたが、確実にそれとわかるものだけを選んだ。例えば「すがも平和霊苑」の墓で、墓石に「先祖累代之墓」と書かれ、側面に「〇〇英子、△△悦子、△△雅人、建之」と彫られている墓がある。「〇〇英子」は母親で、「△△悦子」は結婚して改姓した娘、「△△雅人」は娘の夫という推測も成り立つ。あるいは、「△△姓」の男女は姉弟で、「〇〇英子」は離婚して旧姓に復氏した母親という推測も成り立つが、こういった墓は、一応、抜き出しはしたが、複数家族墓としてその数に入れていない。明らかに墓石表面（墓標や台座など）に彫られている家名や家紋で二つ以上の家名が認められたもの、あるいは寺の住職の説明によって明らかになったものだけとした。したがって実際には複数家族で使用しているか、あるいは複数家族が祀られている墓は、もう少し多いとも考えられる。

(9)　質問紙調査は、郵送法で行ったが、ごく一部手渡した調査票もある。該当者一人に郵送する場合もあったが、多くは夫婦、親子の分をまとめて郵送した。同じ家族員の分をまとめて郵送した場合でも、返信用封筒は各自個別に返信できるよう対象人数分を同封し、たとえ夫婦や親子であっても他者に見られないよう配慮した。調査票配布時に岡部美保（淑徳大学大学院研究生）の協力を得た。

(10)　本来ならば、一組の「親の立場」「子の立場」の両方から関係者全員の回答を得て分析を試みるのが理想だが、義理の立場にある人や、夫が妻方に住むというまだ社会的に少数派の人々を対象とするため、関係者全員の回答が得られないケースが出て来ることも否めない。そこで被調査者は三パターンに分かれた。

第Ｖ章　家族の個人化と脱家現象

第1節　本章の課題と資料

1　課　題

筆者は、戦後の家族変動が墓に及ぶまでにはタイムラグがあると考え、変化が顕著にあらわれてくるのは一九九〇年代以降と想定し、変化の指標を「脱継承」と「双方化」にして分析を試みてきた。家は父系単系によって継がれ、系譜的連続が重んじられているが、夫婦制家族は夫方妻方、双方の親子関係が重視され、夫婦一代限りの不連続な家族である。家から夫婦制家族の特徴に移行するには、家の系譜的連続性を可能ならしめている継承制から脱却することや親子関係の双方化が条件となってくるからである。

本章は九〇年代の墓をめぐる変化を考察する。九〇年代は、五〇年代の中頃から顕著になった家族の第一段の変化の、時を経て表出した影響と、さらに八〇年代より顕著になった家族の第二段の変化の影響が重なり合って、墓祭祀の大きな転換期になった。その変化がどのようなものであるかを明らかにする。

第2節「家族の個人化と墓をめぐる妻の選択」で筆者は、家族の個人化を既婚女性に視点をあてて見ていくことにする。葬儀や墓における個人化は、妻だけでなく一般に様々な形でみられる傾向であるが、本研究では変化の起動力となった既婚女性の「脱・家」行動に絞って言及する。男性を含めた人々の葬儀や墓における個人化については『墓をめぐる家族論』第五章「死後の個人化」[井上 2000：173–215]を参照されたい。

第3節「家族の変化に伴う墓の脱継承」では、九〇年代の脱家現象と代替システムの特徴を「脱継承」と「自然志向」と位置づけて、その実態を考察する。また葬儀や墓の担い手を欠く人々が増加し、これまで共同体や家族・親族で担ってきた葬送儀礼に、どのような代替システムが登場してきたかを探る。

2 資料

本章では次にあげる、「一緒の墓に誰と入りたいか」「夫婦が同じ墓に入る必要はない、という考えをどう思うか」という質問項目を持つ既存調査や、筆者が実施した「非継承墓」および「樹木葬墓地」申込者を対象とした調査票による意識調査や面接調査の結果をもって分析を試みる。

○既存調査

「現代人の墓に関する意識調査」(井上治代、一九八九〜九〇年)首都圏・関西圏を中心に一〇代から八〇代までの男女四〇九人(男性一六九人、女性二四〇人)に郵送法(一部手渡し)によって実施。

「都政モニターアンケート」(東京都、一九九三年)東京都民四九八人(男性二四八人・女性二五〇人)を対象に郵送法によって実施。

「お墓に関する意識調査」(ライフデザイン研究所、一九九四年)全国既婚男女(ライフデザイン研究所生活モニター)の三〇代から六〇代の七八六人(男性三九〇人、女性三九一人、不明五人)を対象に郵送法によって実施。

「都市型墓地に関する意識調査」(東京都、一九九五年)東京都民一五〇〇人を対象に郵送法によって実施、有効回答数一一二九人。

「都民の生活意識と生活費用等実態調査」(東京都生活文化局、一九九五年)東京都在住の二〇歳以上の男女三〇〇〇人を対象に留置法によって実施。有効回答数二三九五人。

「葬儀についてのアンケート調査」第五回(全日本葬祭業協同組合連合会が(財)日本消費者協会に委託、一九九五年)日本消費者協会全国モニターと全国消費者協会連合会会員一〇九五人を対象に郵送法によって実施、有効回答数一〇八九人。

「都民要望に関する世論調査」(東京都、一九九六年)東京都在住の二〇歳以上の男女三〇〇〇人を対象に個別訪問面接聴取法によって実施。有効回答数二一五三人。

「墓地に関する意識調査」(主任研究者・森謙二、研究協力者・山田昌弘、井上治代、一九九八年。厚生科学特別研究事業)。全国二〇歳以上の男女二〇〇〇人を対象に調査員による面接聴取法によって実施。有効回答数一五二四人。

○実施調査
「合祀墓『安穏廟』会員意識調査」(主任研究員・井上治代、研究協力者・妙光寺住職小川英爾、一九九五年。(財)東京女性財団助成研究「変わる家族と女性と墓」)一一月二三日〜一二月九日に、安穏廟申込者を対象とし郵送法によって実施。発送総数一九六人、有効回答数一五六人(男性七五人、女性八一人)。年齢では三〇代〜八〇代と幅広い年代層が「安穏廟」購入しているが、五〇代、六〇代、七〇代を合わせると八六・六%になる。特に六〇代、七〇代で約七〇%弱となって集中している。居住地は、新潟県内が約半数(四九・四%)で、残る半数のうち多くは首都圏在住者(三五・三%)である。未婚・既婚の別では既婚者が圧倒的に多く七五%であった。また子どもの有無では、「子どもあり」が多く、その子どもの性別は無回答を除けば女だけ四一人(四三・六%)、男と女二九人(三〇・九%)、男だけ二二人(二三・四%)の順となり、娘だけの家が多いことがわかる。同居者の有無は、無回答を除く「なし」が五二・六%、「あり」が四二・三%と、半数以上が独居である。

「非継承墓購入者の面接調査」(井上治代、一九九五～九六年)「安穏廟」申込者の中から「娘だけ」「妻が夫と別墓」のケース各一名、「もやいの碑」申込者から「夫と別墓」のケース一名、計三名に実施。

「『安穏廟』購入者の実態調査」(井上治代、一九九九年。淑徳大学大学院生研究費補助金による調査)七月二六日～八月一〇日、安穏廟申込者二八四人を対象に郵送法で実施し、有効回答数一六七人。購入者が老後や死後のことについて日常どのように考え、行動し、運営者側に何を希望するか、今後のサポートシステムのあり方を探った。

「『安穏廟』購入者を対象とした面接調査」(井上治代、一九九九年。淑徳大学大学院生研究費補助金による調査)「生涯未婚者」「子どものいない夫婦」「再婚者」「墓の近くに移動した夫婦」「夫とは別墓」などのケース一〇名に実施。

「樹木葬墓地申込者の意識調査」(エンディングセンター研究代表者井上治代、二〇〇二年)岩手県一関・祥雲寺「樹木葬墓地」申込者を対象に一月二二日～二月六日に郵送法によって実施。課題は「現代人が樹木葬に何を求めているのかを探り、樹木葬墓地の特質を分析する」こと。質問内容は次の七項目である。①購入時の墓地所有の実態、②申込者の幼少期の社会化過程における宗教的環境、③申込者の「他界観」「霊魂観」「慰霊意識」を探る、④樹木葬墓地の選択理由、⑤自然志向の葬法「散骨」との比較、⑥非継承墓としての樹木葬墓地の実態、⑦生前から自然と親しめるという付加価値についての価値観、⑧先祖観を含む家意識(系譜的連続性)の残存程度。

「樹木葬墓地申込者の聴き取り調査」(井上治代、一九九九年一一月の初の樹木葬実施時、二〇〇〇年三月「樹木葬フォーラム」、同年四月の樹木葬墓地見学会&シンポジウム、二〇〇一年三月「樹木葬フォーラム」の折に実施)。

第2節　家族の個人化と墓をめぐる妻の選択

1　妻の意識変化と個人化

戦後の家族の第二段の変化は、夫婦制家族における妻の自我意識の芽生えが契機となって起こったという一側面を持っている。そこで最初に妻の戦後の意識変化をとらえておきたい。一見、墓には無関係のようだが、こういった意識が墓にも影響を及ぼし、墓祭祀の変化を生じさせる起動力となっている。

妻役割の戦後変化

戦後の日本の産業化は、一九五五年頃以降、高度経済成長期を通じて急速に進展し、これによって、家族の中の妻の役割は大きく変化した。かつての農業社会では、職場と家庭は一体となっており、妻も夫も同じ職場で働いていた。職住未分であれば、子どもの面倒をみながら仕事ができたし、親と子の生殖家族が同居する家族では、祖父母が孫の面倒をみるなど、子育てを家族の成員で協力しあうことができた。ところが工業化社会となって、夫が会社に通勤する賃金労働者になると、職場と家庭が別になった。しかも産業の発達は利潤追求の上に質のよい労働力を必要としたため、企業戦士を確保するのに都合のいい、妻に家事育児を一切任せるという、性別役割分業が顕著になったと考えられる(1)。それには夫の稼ぎだけで一家の生活を支えられるようになったことが大きく寄与している。

図 V-1　コーホート別にみた女性労働力率

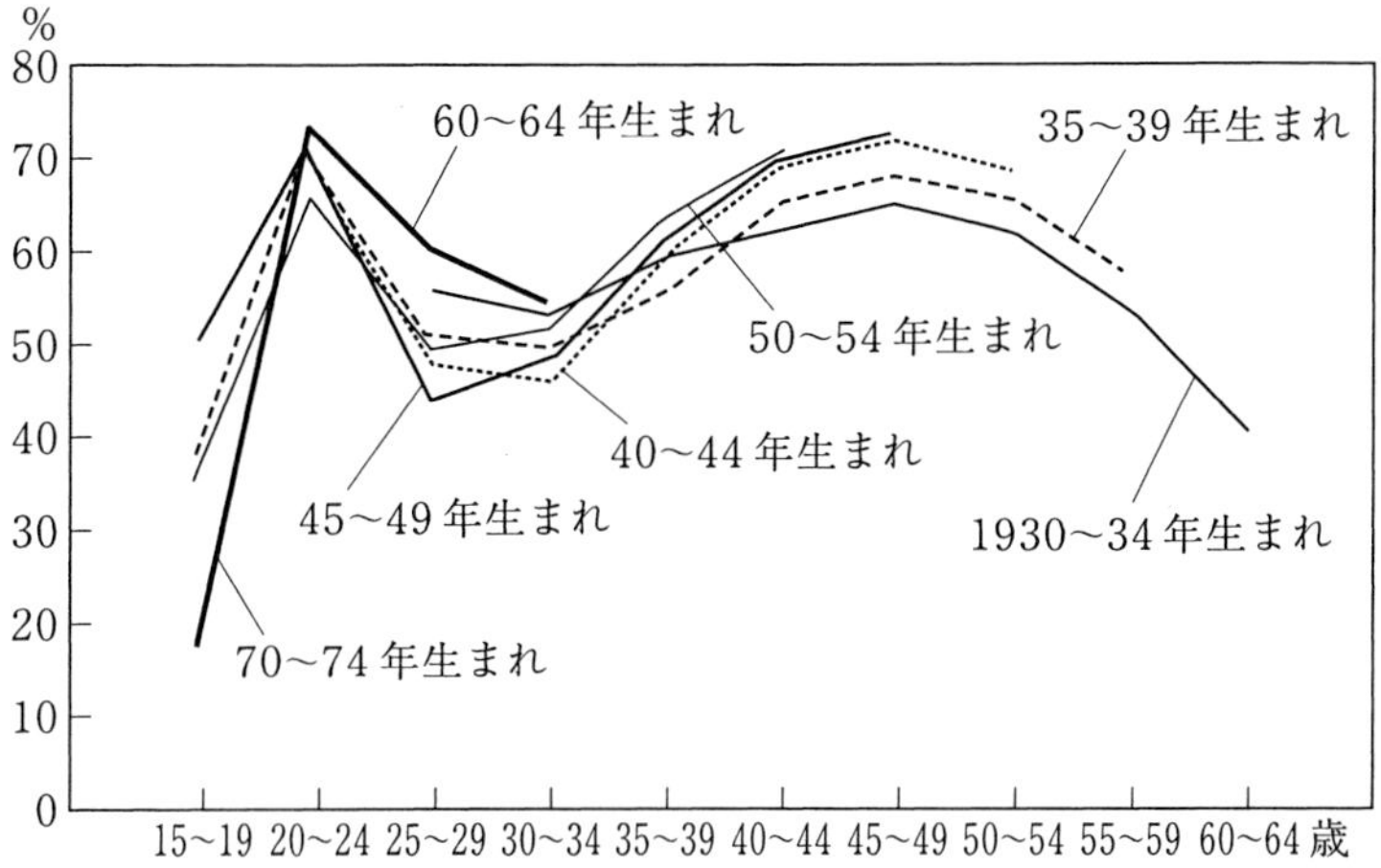

資料：1995 年度「国民生活白書」経済企画庁
出典：1998 年度『厚生白書』厚生省監修，1998：51

日本の女性の労働力率は、いわゆるM字型を描くのが特徴としてあげられている。女性は、結婚・出産を機に退職して専業主婦になり、二五〜三四歳位の年齢で労働力率が低下し、子育て後に再就職するという就労形態である。この労働力率をコーホート別にみると、高度経済成長期の末期に結婚・出産期を迎えた団塊の世代(一九四五〜四九年生まれ)で、M字曲線の谷が最も深い(図V-1)。しかしこれは、生涯専業主婦者を増加させる方向へは行かなかった。家事労働に専念する専業主婦の増加傾向は、一九七〇年代くらいまで続いたが、一九七三年のオイルショックによる低経済成長を経験し、その後の安定経済成長期に移行した頃から変化の兆しがあらわれた。第三次産業の就業者数が半数を超えた一九七〇年代半ば以降、パートタイム労働者を中心に既婚女性の雇用者が増加し、一九九六年にはサラリーマンの妻のうちの雇用者数が専業主婦数を上回るに至った。

家族の個人化と墓

性別役割分業が戦後における家族の特徴の一つとなり、父親が高度経済成長を支える企業戦士となると、家庭では父親不在のような状態が起こり、子育てが密室で、母親だけで行われるようになった。母親は社会に向かって自己実現を求められない分、自分の自己実現を子どものそれに重ね合わせ、子どもに過大な期待をかけもした。産業化は、結果として家電の普及を促進し、かつての農家の妻にはなかった家事以外のことに費やす時間を妻にもたらした。また、少産化と平均寿命の延びは、末子が成人する頃には死を迎えていた多産多死時代と違って、エンプティ・ネスト(empty nest)(2)の期間を出現させ、女性にさらなる時間を与えた。自由選択できる時間を得た妻たちは、子育て後のパートタイマー就労や、カルチャースクールなどでの学習や情報収集の機会を得て、対等な夫婦の関係が実現できていないことに目覚める。妻が目覚めた後も、夫は引き続き性別役割分業意識を持ったままの人が多かった。家事・育児の責任は、妻が望むようには夫に分担されず、妻に課せられたまま「家事・子育て」に加えて「仕事」の負担もかかるという、妻にとって過重に負担がかかる状態が生まれた。

専業主婦も、子育てが一段落してみれば、子どもや夫から取り残され、彼らの自己実現のための奉仕者になっている自分に気づいた。家事を賃金に換算したら相当な金額になるにもかかわらず、アンペイドワークであるがゆえにその価値が認められず、夫には「夫が妻を養っている」と認識され、その意味で妻は夫婦関係でも劣位におかれることが多かった。夫の親と同居している妻には、家意識の残る中、夫方の家に帰属する嫁としての行動規範が科せられるケースもあった。自我の意識に目覚めた女性は、まず社会的不平等に気づいて「個の尊重」を主張するようになった。つまり女性の個人化は、「他者のためだけの存在」から「自分自身の人生」の要求という形で始まったのである。

家族の第二段の変化は、主に夫婦を単位とした家族の内部で、夫婦関係のあり方の変化としてあらわれた。一九七〇年代後半から一九八〇年代にかけてのフェミニズムの台頭、「国連婦人の一〇年」(一九七六〜一九八五年)などが追い風となって、自我に目覚めた妻から、夫婦間の平等、個の尊重が主張された。パートナーである夫が妻の気持ちを理解できない時、生前に離婚を申し立てた者もいれば、死後に自分一人で入る墓を買って、夫とは別墓を希望した妻もいる。日本では、残存する家意識が男性優位の社会通念を助長しているので、その家意識を残す墓に入らず、個として墓に入るという行為をもって、妻は自らの生き方を主張したのである。妻たちのこの行為は、第2節の後半で考察する。家族の個人化は、生前の「夫婦二人三脚」的な生き方と、死後の「夫婦同穴」の考え方をゆるがした。

女性が自我に目覚め、家族に規範解体が起こると、一九八〇～九〇年代は、離婚率が上昇し、晩婚化、未婚化、子どもを産まない選択をするカップルが増えるなど、家族を集団としてとらえたアプローチでは分析できない人が増加した。それは子どもや配偶者をもたないライフコースにも市民権を与え、「個人」を単位とする社会への動きである。マスメディアでは「家族崩壊」の文字が踊り、家族の集団性のゆらぎともいわれた。森岡清美は「第二段は小集団から家族という関係複合体への変化(個人化)」であると規定した[森岡 1992b : 6]。それはつまり、家族のメンバーがそれぞれ個人的な生活領域をもち、自己実現を求めて個人化しながら家族として結合している状態への変化である。個人化とは、家族の集団生活の内外に家族員個々の活動領域が形成され、そこでの活動が家族役割の遂行に必要な程度を超えて拡大し、個人の自己実現が求められる傾向をさす[森岡 1997 : 4]。

2　夫婦同墓・夫婦別墓

夫婦家族の墓意識

厚生省の委託を受けて全国規模で実施された「墓地に関する意識調査」(一九九八年、主任研究者・森謙二、研究協力者・山田昌弘、井上治代)に、「墓に誰と一緒に入りたいか」の質問(複数回答可)がある(図V-2)。その結果は、「配偶

図 V-2　誰と一緒にお墓に入りたいか

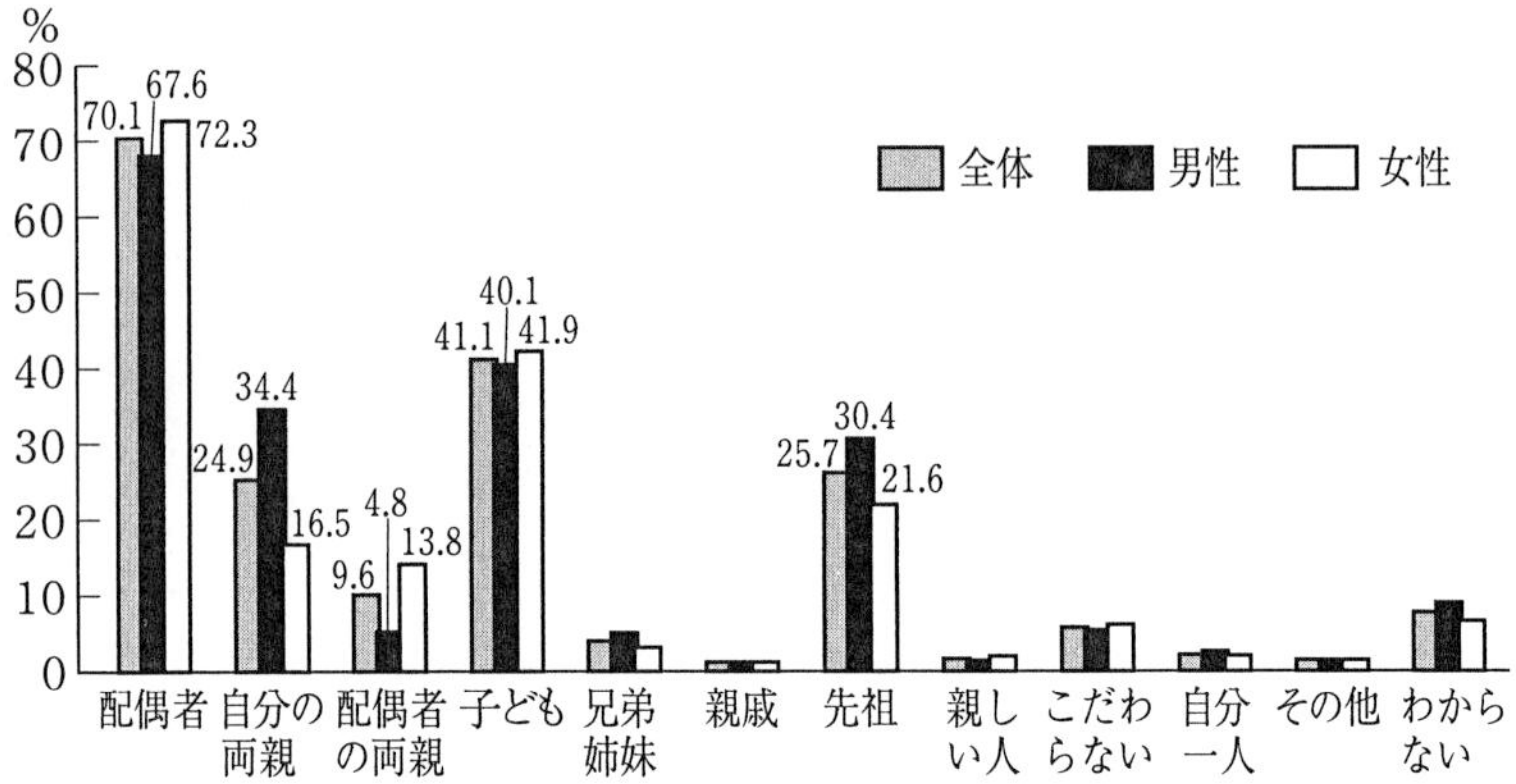

出典：森謙二『墓地に関する意識調査』1997 年度厚生科学研究事業 1998 : 13

者」が七〇%と最も多かった。続いて「子ども」四一%、「先祖代々」二六%、「自分の両親」二五%、「配偶者の両親」一〇%の順となっている。男女別に見ても「配偶者」を選んだ人は、男性(六八%)より女性(七二%)に幾分多いことがわかる。これらの選択肢に、誰とは特定しない「家族」という項目を加えた聞き方でも、「配偶者」がトップである。東京都が実施した「都市型墓地に関する意識調査」(一九九五年)で、「誰と一緒に埋葬されたいか」について回答を求めたところ(複数回答可)、「配偶者」が四五%で最も多く、ついで「家族」四四%、だいぶ差があって「子ども」二五%、「先祖代々」二一%、「親」二〇%と続いた。これらの結果から推察するに、できれば家族で入りたいが、子どもを束縛するつもりはないので、夫婦で入ることにいちばん現実性を感じている、といったところだろうか。

その他の意識調査でも、「配偶者」「家族」「子ども」「先祖代々」「両親」の順に、ほとんど差異はみられない。「親」とか「先祖」と一緒というよりは、夫婦・子どもといった単位で埋葬されることを望んでいる人が多い。ここに夫婦家族における近親追憶的祭祀の特徴があらわれている。また「配偶者」が約七割、「子ども」が約四割と、その差がかなりあるのも、夫婦制家族が一代限りであるために、「子ども」に「面倒をかけてまで継がせることは忍びない」という、前章の意識調査の結果にもあったような意識の反映であるとも解釈でき(二六四〜六五頁)、墓への意識は既に家意識を脱却し、夫婦制家族意識に根ざしているといえる。

縦継承ラインを重視する男性

墓には「夫婦一緒に」入りたいという希望が男女ともに多いことがわかったが、希望通りにならないかも知れない可能性もまた意識調査から浮かびあがってきた。夫も妻も「一緒に入りたい人」に「配偶者」をあげるが、他の選択肢では男女に多少の違いがみられるからである。

「都政モニターアンケート」(東京都、一九九三年)における「誰と一緒に入りたいか」の質問では、女性よりも男性に支持率が高かったのは、「先祖代々」(男性三八%、女性一九%)、「一族全部」(男性一一%、女性三%)、「子孫」(男性一三%、女性六%)などで、男女でかなりの差が認められた。一方、男性よりも女性に多かったのは、「配偶者」(男性四四%、女性五一%)、「とくにこだわらない」(男性一七%、女性二六%)である。このように男性は、自分の「先祖」「一族」「子孫」といった直系の系譜にこだわり、女性で「先祖代々」と答えた人は男性より約二〇ポイントも低い。男性は親から子へといった縦ラインを重視し、女性はむしろ、自分たち夫婦が主体の横ラインを重視する傾向が見受けられる。

また、前出の「都市型墓地に関する意識調査」でも同様に、女性は「配偶者」との埋葬[3]を希望する人が最も多いのに対して、男性は「家族」との埋葬を望む人が多く、男性は女性と比較すると、「先祖代々」の墓に埋葬されることを望む者が多いこともわかった。

以上は、東京という大都市に住む人を対象とした調査であるが、全国的に見るとどうなるのであろうか。全国的調査の「墓地に関する意識調査」(厚生省委託、一九九八年)も「先祖代々」(男性三〇%、女性二二%)は男性にその割合が高く、「配偶者」(男性六八%、女七二%)、は、やや女性にその割合が高いという同様な結果であった。

ただし、「自分の両親」(男性三四%、女性一七%)を選んだ人に女性が少なく、「配偶者の両親」(男性五%、女一四%)は逆に女性の方が多いという結果は、戦前までの「家」意識を残している事実を物語っている。しかし、これも年齢で比較すると、「自分の両親」と答えた二〇代女性は二五%で、三〇代、四〇代までは二〇%台であるが、六〇代女性ではたったの七%になる。また「配偶者の両親」を選んだ女性は、二〇代では六%、三〇代、四〇代、五〇代までは一〇%台と低く、六〇代になると二二%にもなる。このように若い人ほど「自分の両親を」選び、「配偶者の両親」を選ぶ人が少なくなっていることがわかる。つまり若い人ほど家的な意識が希薄化していることから、今後、ますます変わっていくことが予想される。

高齢女性の意識

さらに興味深い結果を紹介したい。二〇四〜五頁の表Ｖ－1を見てもわかるように、「墓地に関する意識調査」で、年代があがるほど家意識が根づいているためか、女性は「自分の両親」と一緒に墓に入るよりは「配偶者の両親」を選ぶ人が多くなる。しかし、七〇歳以上の女性は、一緒の墓に入りたい人として「自分の両親」が一一%、「配偶者の両親」と答える人が一三%で、あまり差がなかった。

また、東京都民二〇歳以上の男女三〇〇〇人を対象に行った「都民の生活意識と生活費用等実態調査」(東京都生活文化局、一九九五年)でも、女性で「配偶者の先祖の墓」を希望する人は、二〇〜四〇代が二割強、五〇代が三割台、六〇代以上が四割強と年代があがるほど高くなるが、その一方で、「自分の先祖のお墓に入る」は、六〇代以上が三割弱、三〇～五〇代が一割台、二〇代が約一割で六〇代が最も高い。家制度の影響下で価値観を形成した女性ほど、当然「夫の墓」を求める人が多いものの、それと裏腹に「実家の墓」の希望者も他の年齢より多いという、興味深い結果が出ている。

高齢になると夫の両親が死んで久しく、気を遣わなければならなかった夫の親戚の人たちも亡くなり、なかには夫も亡くなっている人もいる。気遣いする者がいなくなり、自分の死を迎えようとする時、人は本音が出てくるためであろうか。それに加え、年をとると昔が懐かしく、特に父母に対する追慕の情が募ってくることは、前章の面接調査でも確認された。小さい頃に幾度となく聞いて体にしみ込んでいる経で、その時々のさまざまな思い出に包まれて死んでいきたいと思う人がいる。これまでそれができたのは男性で、女性は結婚前の一切の文化的・宗教的な要素を、男性の家のそれによって塗り替えられてきた。しかし、高齢になって人生をふり返った時に、自分が生まれ育った定位家族への思慕や愛着が出てくることも大いに考えられる。

夫婦の意識の相違

首都圏・関西圏を中心に一〇代から八〇代までの男女四〇九人(男性一六九人、女性二四〇人)に行った「現代人の墓に関する意識調査」(一九八九～九〇年、井上治代)では、墓に「誰と一緒に入りたいか」の質問に対して「自分の両親」「分骨して実家の墓に」「姑と一緒はいや」「夫の先祖の墓はいや」「夫と一緒はいや」と回答した女性を合算すると三六%になった。一九九〇年代に入ってこういった「夫側の家の墓」を拒否する女性の意識が社会的に問題提起されると、その後の意識調査では、「夫側の家の墓」の支持率を問う設問が、積極的に設けられるようになった。

最近の意識調査の結果でも、男女の意識の差が明らかになっている。全国三〇万人以上の都市に居住する二〇歳以

入りたいか(性別・年齢別)

単位：「総数」が「人」，それ以外は全て%

先祖代々(あなたの家の先祖)	親しい人(友人・仲間を含む)	誰と入るかこだわる必要はない	自分一人でお墓に入りたい	その他	わからない	回答計
25.7	0.8	5.4	1.4	0.5	7.3	190.6
30.4	0.6	5.2	1.7	0.6	8.6	198.7
21.6	1.0	5.7	1.1	0.5	6.2	183.5
18.6	—	9.3	3.1	1.0	26.8	161.9
26.5	1.7	7.7	2.6	—	5.1	223.1
29.2	0.7	9.7	1.4	—	7.6	198.6
28.9	0.8	1.7	1.7	0.8	3.3	185.1
33.6	—	1.5	1.5	1.5	7.5	197.8
46.0	—	1.0	—	—	4.0	224.0
11.5	1.0	10.4	1.0	—	16.7	164.6
11.6	0.7	10.9	—	—	8.7	179.7
20.0	1.3	7.5	2.5	1.3	3.1	188.1
24.4	1.2	1.8	—	1.2	5.5	187.2
30.9	0.6	3.7	1.2	—	3.7	185.8
28.6	1.1	—	2.2	—	2.2	190.1

上の人を対象に行った総理府の「墓地に関する世論調査」(一九九〇年)では、「墓地に一緒に入るのは、どういう人が望ましいと思うか」の質問に対し、「自分の両親」と答えた男性は六一%であるのに対して、女性からみて同じ立場の人を意味する「配偶者の両親」は三九%と少なかった。それに対して女性で「自分の両親」と答えた人は三六%にもなった。これでは、夫婦が同じ墓に入ろうにも、目指す墓が違っていることがうかがえる。

また同様に、全国既婚男女(ライフデザイン研究所生活モニター)の三〇代から六〇代の七八六人(男性三九〇人、女性三九一人、不明五人)を対象に行った「現代人のお墓に対する意識」(ライフデザイン研究所、一九九四年)で、男性は「自分の実家の墓に入りたい」が四八・六%で一番高率であるのに対し、女性で「夫の実家の墓に入りたい」という人は二二・六%しかいないという結果が出た。ここでも男性の希望する実家の墓に女性が入りたいと思っている人

表Ⅴ-1　誰と一緒にお墓に

	総　数(人)	配偶者	自分の両親	配偶者の両親	子ども	兄弟姉妹	左記以外の親戚
	1524	70.1	24.9	9.6	41.1	3.6	0.3
F1〔性　別〕							
男　性…………………	713	67.6	34.4	4.8	40.1	4.6	0.3
女　性…………………	811	72.3	16.5	13.8	41.9	2.7	0.2
【性別・年齢】							
男性　20～29歳……	97	38.1	29.9	3.1	25.8	6.2	—
30～39歳……	117	63.2	44.4	12.0	45.3	13.7	0.9
40～49歳……	144	67.4	36.8	3.5	40.3	2.1	—
50～59歳……	121	74.4	27.3	2.5	40.5	3.3	—
60～69歳……	134	74.6	29.1	4.5	41.0	3.0	—
70歳以上……	100	84.0	39.0	3.0	46.0	—	1.0
女性　20～29歳……	96	57.3	25.0	6.3	31.3	4.2	—
30～39歳……	138	65.2	21.7	10.9	46.4	3.6	—
40～49歳……	160	68.1	20.0	13.1	48.1	2.5	0.6
50～59歳……	164	78.7	15.9	14.0	42.1	1.8	0.6
60～69歳……	162	77.8	7.4	21.6	35.2	3.7	—
70歳以上……	91	84.6	11.0	13.2	47.3	—	—

出典：『「墓地に関する意識調査」集計結果表』1998：49-50(内部資料につき印刷物なし)

が少ないということがわかる。女性たちの支持が最も多かったのは、「夫婦で購入」だった。一方で、「自分の実家の墓」を希望する女性は一四・三%(「夫と一緒」六・九%、「自分だけで」七・四%)にのぼっている。さらに「夫とは別に」と考えている妻は一二・七%もいることがわかった(「自分の実家のお墓に自分だけ」七・四%、「自分専用のお墓や納骨堂に」五・三%)(図Ⅴ-3)。

前出の「都民の生活意識と生活費用等実態調査」でも、「自分のお墓についてどのようにお考えですか」の質問に対して、「自分の先祖のお墓に入る」は男性の六〇代以上は約五割前後、三〇～五〇代が四割台、二〇代でも三割台を占めている。一方、女性で「配偶者の先祖の墓」を希望する人は、六〇代以上四割強、五〇代が三・五割、二〇～四〇代が二割強で、同年代の男性よりおよそ一割前後から、多くて二割低いことがわかった。

以上述べてきた男女の意識の違いは、夫や妻がそ

図 V-3　望ましいお墓の確保方法

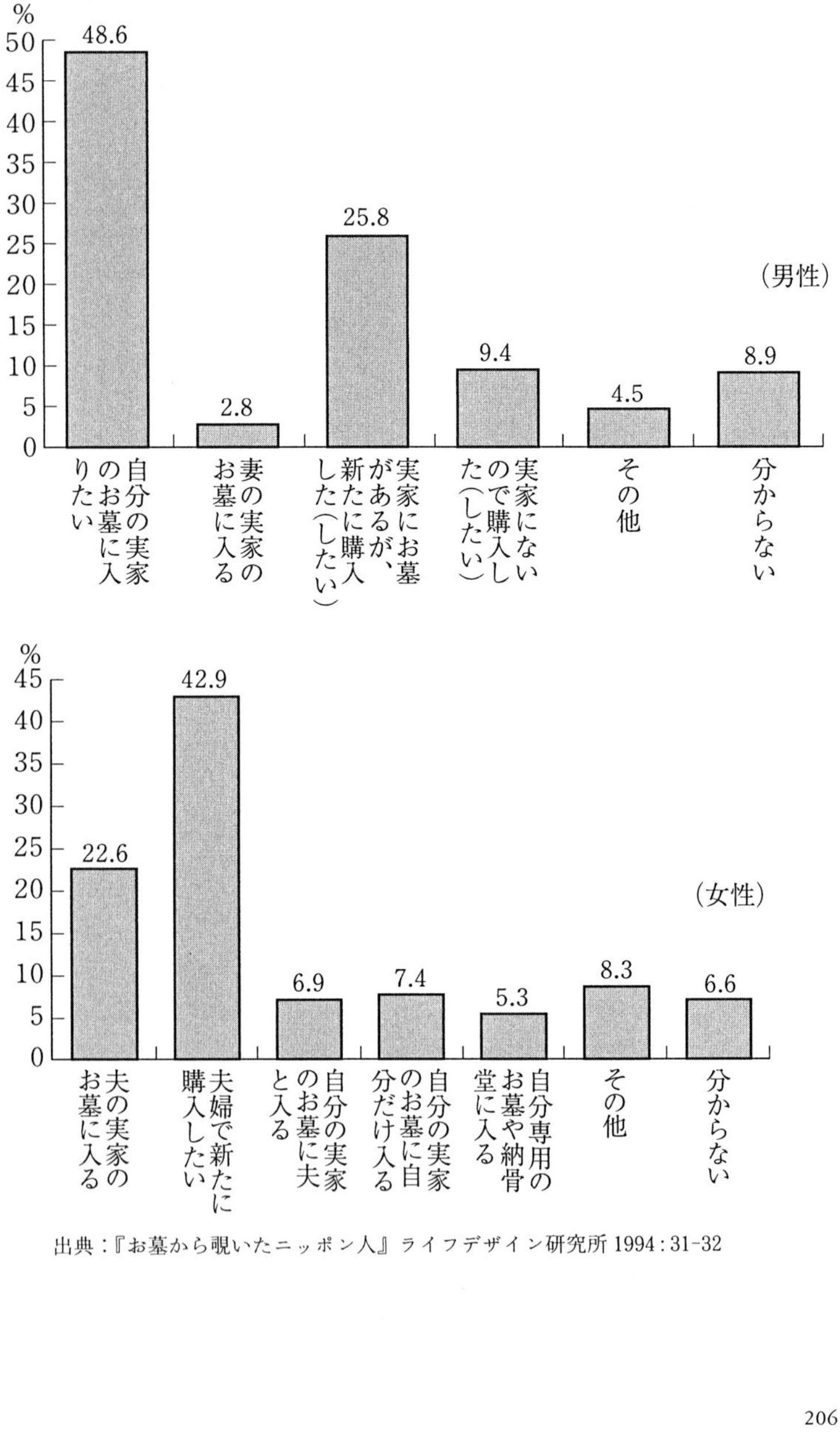

出典：『お墓から覗いたニッポン人』ライフデザイン研究所 1994：31-32

れぞれの意志を通せば、別の墓に入る可能性の高いことを示唆している。

夫婦別墓についての意識

妻が夫と一緒の墓に入る意志があるかどうかを探るための意識調査をする場合、一般的に「誰と一緒に入りたいか」と質問し、「配偶者」「子ども」「親」「先祖」「きょうだい」「親戚」といった選択肢を設けて間接的に尋ねることが多い。ところが「夫婦が同じ墓に入る必要がない」という項目を設け、これについて「どう思うか」と直接的に聞いた調査がある。

この調査は、東京都在住の成人男女を対象とした「都民要望に関する世論調査」(東京都、一九九六年)である(図V-4)。その結果、「夫婦で入る必要がない」という意見に「肯定派」(「そう思う」+「どちらかというとそう思う」)は三四%いることがわかった。これを男女別に見ても、男性の「肯定派」は三四%、女性のそれは三五%と、大差はなかった。ただし、年代別に男女を比較をすると、二〇代、四〇代、五〇代、六〇代に男女差があった。なかでも六〇代(男性三一%、女性二〇%)だけが男性に「肯定派」が多く、あとの二〇代(男性三八%、女性四九%)、四〇代(男性三六%、女性四四%)、五〇代(男性二五%、女性三四%)では、八~一一ポイント女性の方が多かった。

また、全日本葬祭業協同組合連合会が(財)日本消費者協会に委託して行った第五回「葬儀についてのアンケート調査」(一九九五年)では、「夫婦が別々の墓に入ることについてどう思うか」と、自由記述方式で聞いているが、「個人の自由」「夫婦互いの納得・理解があればよい」などの賛成派が多かった。

このように「夫婦で入る必要がない」と考える人が三四%もいて、なおかつ年齢別の男女比較でみると、多くの年齢層で女性にそう考える人が多いということがわかった。

図 V-4　夫婦が同じお墓に入る必要はない？

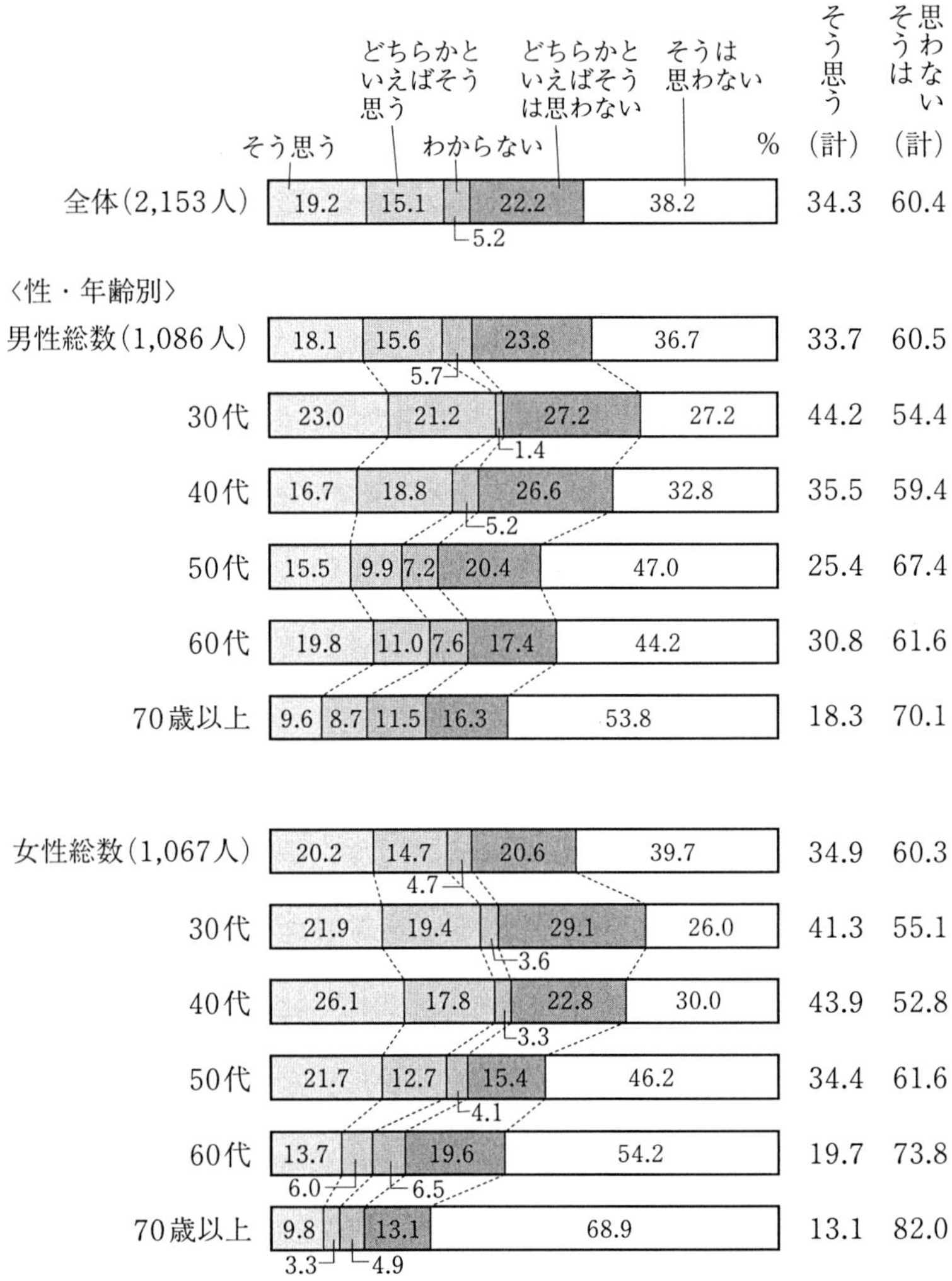

注：「そう思う(計)」は「そう思う」「どちらかといえばそう思う」の合計
　「そうは思わない(計)」は「そうは思わない」「どちらかといえばそうは思わない」の合計
　20代を省略
出典：『都民に関する世論調査』東京都政策報道室 1996：70

家族の個人化と選択の自由

これまで見てきた様々な意識調査から、夫婦家族制理念が墓まで及び、「夫婦で一緒の墓に入る」ことを希望する人が最も多いことがわかったが、しかし一方では「夫婦で入る必要はない」という回答も三分の一あって、一見矛盾するかのような結果が確認された。これは、夫婦であっても別人格であるのだから個が尊重されるべきであるという、まさしく家族の個人化に通ずる考え方であろう。

この意見に賛成の回答が女性に多いのは、これまで女性が夫側の家に従属的であったことがその背景にあるのではないだろうか。戦前の結婚が当時の民法に「妻ハ婚姻ニ因リテ夫ノ家ニ入ル」(第七八八条)とあるように、妻が夫の家に入って従属・吸収される形態であった。結婚の際に妻は、それまで育った家の考え方、食物の味など嗜好の類に至るまでを捨てて夫側の家の人間になった。さらに妻は、法的に何の権利も持たない「無能力者」とされ、夫と同等の権利がないばかりか、自分で産んだ子どもの親権すらなかったのである。夫の家に吸収された妻は、家の存続のために跡取りを生み、舅姑に仕えて介護もし、夫の家の先祖を祀った墓や仏壇を守り、最期には自分もそこに入った。

しかし現代の結婚は、妻が夫側の家に入る形態ではない。男女平等の意識が根付き、夫婦が単位の家族意識が定着すれば、妻にとっての先祖や親が、夫の親や先祖でなくなるのは、家族の形態上もごく自然なことであるといえるであろう。そうであるにもかかわらず、妻は夫方の家の墓に入るのが当然のように思われていることには、抵抗感を覚える人も多いだろう。夫婦が単位の家族を営んできた者が、死んで夫方の家の墓に入るのでは整合性がないからである。「夫婦で入る必要はない」という考えは、裏返せば「選択の自由」を主張しているかのように思われる。

3　夫婦別墓の事例

継承者を必要としない墓の一つである新潟県巻町の妙光寺「安穏廟」の購入者の中で「妻が夫とは別に」墓を求めたケースをみると、二〇〇〇年一〇月では三六八件中三〇（八・二％）となっている。一般的な墓には継承者が必要である。したがって、妻が夫と別に個人的に墓をつくる場合は、継承者を必要としない墓を購入している。

筆者は一九九五年度の(財)「東京女性財団」の助成研究として「変わる家族と女性と墓」(主任研究員・井上治代、研究協力者・妙光寺住職小川英爾)を実施し、その際、「安穏廟」の調査票による意識調査のほかに、「夫と別墓を購入した妻」二人の面接調査を行った。その二人(「安穏廟」と「もやいの碑」の購入者)と、一九九八年に行った面接調査で一人(「安穏廟」購入者)、計三名の事例を紹介し、考察する。

事　例

事例1(Mさん、一九四一年東京都に生まれる。面接日一九九八年一一月二一日現在、五七歳)

a　父に反発した結婚

父は歯医者で開業医をしていた。表向きはPTA会長をするなど町の顔役だったが、子どもの目から、飲酒、夜遊びにふける父親といった印象は拭いきれなかった。弟たちは大学へ行ったが、私に許されたのは和裁を習うことだった。祖母は、将来家の跡を取る弟をかわいがった。幼い頃、私が、寝ころんでいる弟の上をまたいだら、「女が男をまたぐんじゃない」と叱られた。私はその祖母を死ぬまで嫌いだった。「なぜ、弟に許されて、私だと叱られるのか」

と、悔しかった。

私は、父の意向に添った結婚はしたくないと思っていた。一九六四年、二三歳の時に数軒先に住んでいた二九歳になる男性と結婚した。夫は、新制中学校を出た一五歳の時から、リヤカー一つで仕事を始めた人だった。父は学歴のない男性との結婚を良くは思わなかった。

b　家業を営む家族

夫の家では、姑の権威が一番高かった。舅は五〇代ですでに仕事につかず、賭事が好きで、怒った時は妻の髪の毛をもって引きずり回すような人であった。それなのに姑は、何不自由なく夫にお金を与えて遊びに出した。夫が出かけた後、夫が大切にしていた盆栽の松に、石油ストーブの上でぐらぐらと沸いていたヤカンの熱湯をぶっかけるほど、腹の虫が煮えくり返っているのに、建前として夫を立てた。姑は後妻で、器量良しの先妻(姑の姉)が死亡したあとに居座った、押し掛け女房としての弱みや、体重八〇キロ、目の回りには黒いシミ、女としてコンプレックスを持っていた。そこで姑は、存在価値を持つために、姑の弟、長男、二男、娘婿らを味方に付けて実権を握り、長男を中心に据えて商売に励んだ。

この長男が私の夫で、弟や親戚を使って自営業を営んでいた。両親のほかに妹弟三人が同じ家に住み、他にも一緒に仕事をしている親戚が毎日出入りしてた。一家の財布を握る姑は、私が買い物にいく時には、金庫をあけて千円札を手渡すだけだった。これでは子どものミルク一つ買えない。夫に買いたい物があることを告げると、「お袋に相談してくれ」と言うだけであった。それでいて姑は、息子の夜遊びにはわかっていてもお金を出した。一緒に働く親戚の者も、夕食を食べ、風呂に入って帰ったので、その家事は大変な量だった。皆同じお風呂に入るので、入り終わると、湯量も少なくなり、固形石鹸一つがお煎餅のように薄くなった。私はいつもその最後の湯に入った。家事だけでなく家業も手伝った。手伝うというよりむしろ、一人前に働いたという方が正しい。しかし、どんなに頑張っても、それは「夫の手伝い」としてしか認められなかった。離婚を考えなかったわけではない。それでも思いとどまったのは、両親の意に添わない結婚を自分の意志で決めた意地があったからだ。実家の母のことを考えた。実母から「やっぱり、やめれば良かったのに」と言われたくなかった。そんな中、三人の娘を産む。私が三三歳の時、二年半の介護の末、姑は亡くなった。同居して一〇年経っていた。

c　自立のための活動開始

三女が高校生になった頃、番犬と同じ、鎖につながれてじっとしていた私の首の綱は、とても太くなっていた。それを食いちぎった。夫は五二歳の頃、「六〇歳になった時、商売を辞める」と言っていた。その時を迎えても私はまだ五〇代、それを機に勉強をはじめようと考えた。

五一歳で生理がなくなった。夫とセックスしなくて良くなって至福の時がきた。夫婦としての形を取っている時は拒めなかった。義務感でセックスをしなくても生きていけるまでの精神的な自信がついていった。

外に出て女の仲間をつくった。夫は内心面白くなかったようだが、悔いのないように持っている力を注いだ。一泊二日の研修にも行った。そこで、「夫のため、子どものためにだけ生きるような人生はやめよう」と女同士誓い合った。ある時から「主婦やめる」と夫に宣言。お弁当をもって外出し、昼は別々に食べるようになった。夫に「私が仕事をするようになったら、夕飯をつくって待っててくれる？　それがいやなら外食にしよう」と言い切った。

女性だけで一口五万円を出資しあって学習塾をつくった。そのようなことはそぶりにも見せなかったので、夫にとっては不可解な一大事だっただろう。その学習塾は学校の勉強や生活について行けない子と母親を支える塾で、私は母親の相談を担当した。心理学やフェミニズムについて学び、カウンセラーと親子セミナーの講師の資格を取った。

現在は、週二〜三日、夫の暴力に耐えきれず逃れてきた女性たちの「シェルター」活動や、女性のための相談員をしている。夫と全く関係ないお金を稼げるようになった。稼ぐことで、一人の人格として認めてもらいたかった。

d　自分の墓を購入

数年前に跡継ぎを必要としない墓「安穏廟」の存在を知り、その墓のある新潟で行われる年一回、一泊二日のイベントに毎年参加するようになって三年が経った。ついに一九九八年に自分の墓を買った。夫に「私が死んでも、墓には一切行かなくてもいい。遠いし、住職やお墓の会の人を信用している。あんたとは一緒に入りたくない」と告げた。

お墓を買ったことで半分くらい楽になった。これができた私って、生きられるな、と思った。生きているうちに決められて、やれたなって感じ。唯一自分の意思で、毛皮のコートではなく、お墓を買えた。冷蔵庫一つ買い換えるにも夫の意見に従わなければならなかった。みそ汁の味すら姑に聞かなければならなかった。悔しいことがあっても、今にみていろと思って耐えた。一本筋を通した生き方をしたかった。自分の選んだ人生を否定したくなかった。

夫との関係、婚家との関係は、墓を買ったことで決着をつけた。実際は入る入らないではなく、自分が一人の人間として確立できた、そのことの満足感がある。自分が稼いだお金で自分一人で決める、これが素晴らしい。家の従属物でもない、夫の従属物でもない、自分の墓をつくったことが輝かしく感じられる。夫が一緒に入りたいと言ったら、「あなたはお母さんのところへ行きなさい」と言ってやる。母親の価値観をずっと語り続けてきた夫だから。墓が夫との関係の一つの答えだった。

夫の女遊びを全部知っていた。しかし、知っていることを一言も話さないできた。最近になって、夫が私の行動を不可解に思うから、その原点が夫にあると説明した。夫が遊ぶ中、私は着物一つ、指輪一つ買わず、子育てをし、介護に明け暮れてきた。実は、お菓子箱にお金を貯めていた。自立の日のために、夜中にお札を一枚二枚と数えていた。

お墓に入るのは、友だちとならいい。女友だちは大事だ。ああいう人たちとつながっているので、生きていけるかなと思う。彼女たちがいるからやる力が出る。お墓は、はじめ女友だち八人で、お金を出し合って買おうと言っていた。それが私一人で本当に買ったものだから、皆がびっくりした。私はやったよ。やれたんだ。輝かしく感じられる。こうしていいんだよって、同じ境遇の皆に伝えてあげられる。実行できたと言うことが、人に説得力を持つ。この人生面白いもの見たな。私の人生も捨てたもんじゃないなと思う。

仕事を辞めた夫に家事をやらせるようになった時、湯豆腐、鯵、里芋、きんぴらの作り方を教えて、つくったら「おいしいね」と言ってあげた。ぬかみそも教えた。最近夫が「ぬかみそって、冬に手を入れると、手がちぎれるほど冷たいんだね」と、しみじみ語った。

私と同じ人生を歩まさないように、娘たちが自分の力で生きていけるよう全員大学に入れた。「女は学をつけると男が馬鹿に見えて幸せになれない」という夫に対して、これだけは譲れないと頑張った。その間、自分のものは何一つ買わず、三人娘の入学式や卒業式の写真を見ると、いつも同じ服を着た私が写っている。娘たちは今、大学を出て身につけた資格をもって働いている。

事例2（Kさん、一九三三年北陸に生まれる。面接日一九九六年三月二六日現在、六三歳）

ａ　地方の旧家

私は、五人きょうだいの三女として生まれた。明治生まれの旧家の主であった父は、農業を営みながらも夕方四時になれば田んぼからあがって、町に遊びに出歩くような遊び好きな人だった。私が二歳の時、町に芸者遊びに出て、夜更けに線路を歩いて帰宅途中に電車にひかれて死亡した。母は、夫が好き放題に暮らす中で、縁の下の力持ちとして働いてきた。母は、これからの女は学問をしなければ男に馬鹿にされると言い、三二歳で未亡人になった後でも、借金してまで私を高校へ行かせてくれた。学用品は一級品をそろえてくれた。高校を卒業した私は、役所に勤めた。ずっと仕事を続けたいと思っていたが、大地主の家から結婚話があった。その家の近くの郵便局で結婚後も仕事が続けられると考えて結婚を承諾したが、夢は破れ、そればかりか旧家の身分関係やしきたりに合わずに離婚した。その後、東京に縁談があって上京した。

b　対話のない結婚生活

再婚した夫は、最初はサラリーマンだったが、数年後に自営業を始めた。はじめのうちは給料袋を封を切らずにそのまま渡していた夫が、使用人を使う一国一城の主になると人が変わった。徹夜の麻雀や酒、ゴルフなど、接待やつき合いと称して遊び歩くようになった。仕事が認められると、夫は見栄っ張りなので、より一層働き、寝ずに遊んでいた。「家族があるんだから、体に注意して」という言葉など、「うるさい！」の一言で片づけた。とにかく自分勝手だった。何を決めるにも妻である私には何の相談もなかった。「そんなの夫婦じゃない」と思う。

義弟、小姑二人や職人を抱え、忙しいときには娘三人の子育てだけでも大変なのに、下の子をおぶって深夜二時頃まで仕事をしたこともあった。子どもが病気を患って大変な時期でも、夫がそばにいても子どもを車には乗せてはくれなかった。背があまり高くない私が子どもをおぶって、やっとのことで病院や学校に連れて通った。泣き出したいぐらいにつらかった。でも泣いたって何の解決にもならない。夫婦二人の子どもなのだから二人で助け合って育てていいはずなのに、「なぜ？」といった思いを拭いきれなかった。

家の商売と三人の子どもの育児・家事をこなす私の知らないところで、やっと買った土地の売買が勝手に行われていた。私を一人前の人間としてみていない。夫は四五歳のとき脳溢血で倒れた。一命を取り止めたが後遺症が残った。

それでも夫は仕事を続けた。しかし、家に生活費を入れなくなったので、しかたなく私は外で働いた。パンの耳を囓っておなかの足しにしたこともあった。倒れて一〇年が経った年、夫は五六歳で死亡した。遊びと取引先にだまされてつくった借金が一千数百万円残った。

c　縁を切る

夫は死後、故郷の実家の墓に入った。それまで私も夫側の実家の墓に入るんだろうと漠然と思っていた。ところがいざその時が来てみると、一緒に入るのがいやだと、はっきり思うようになった。それに夫側の身内と永遠にかかわることもいやだった。姑に夫の愚痴を言うと「女は口を出さず、最後まで男について行くものだ」と言い、義姉は夫が倒れて入院した時、私を呼び捨てにして、ああしなさい、こうしなさい、と命令した。このような「嫁を人間と認めず、一方的にいじめる夫の実家とも縁を切った」。

我慢、我慢の繰り返しだった。その夫とは死んでまで一緒になりたくない。ただそれだけ。単純なんです。夫を看取り、夫の実家の墓に納骨を済ませた後、自分だけの墓を買った。

夫婦が対等の立場に立っていない旧態依然とした夫および夫の親族の考え方には、もうついて行く気もなかった。夫が生きているうちにも離婚を考えたことは何度もあったが、子どものことがあったり、夫が倒れてからは世間体もあって別れられなかった。誰もあの世に行って帰って来た人はいない。だから、生きている時の想いだけなんですよ。私の顔の片目は、夫になぐられて視力がほとんどない。人並みのことを夫に言っただけで夫の手が飛んだ。セックスがいやで苦痛でたまらなかった。お金をもらえない娼婦と同じ。お金はないけど、今が一番幸せ。娘たちに〝結婚してもいいけど、嫁に行くことはないよ〟と言っている。

事例３（Ｉさん、一九五三年東北に生まれる。面接日一九九五月一一日二日現在、四二歳）

ａ　三〇代で自分の墓を買う

私は、東北の山間部のある村に生まれた。父は田舎の長男で農業を営み、母は小学校の教員をしていた。その関係で、父は子育てや家事をよくやった。しかし母は、田舎での家意識に基づく旧習を嫌っていた。そして、ついに実力行使に出た。母は夫と旧態依然とした家意識をきらって、四〇歳の時、自分で土地と家を買って家を出た。

私は故郷を出て京都の大学で学んだ。その地で就職し、同じ大学で知り合った二つ年上の男性と二六歳で結婚した。独身時代は彼と話し合ったが、結婚するとすぐ二人の関係は変質してしまった。夫は本家の長男で、結婚後は四国の彼の故郷で暮らすことになった。故郷に帰ると、夫の父母や二人の姉とともに暮らし、「夫の陣地に入ってきた嫁」として、私は一方的にその土地の習俗や、夫側の人間関係を強要された。夫は他に姉ばかりの末っ子で、男尊女卑の考えのもとに特別扱いされて育ったため、故郷に帰ると骨抜きになった。夫と二人で築く家庭などなく、夫は親や姉たちばかりに柔順で、嫁である私はまったくないがしろにされた。

ｂ　不毛な日々

夫が酒を飲んで浪費するためか家計は苦しかった。しかしいつも夫は責められず、義母や義姉は「夫の操縦法がなってない」と私を責めた。生まれたばかりの二女をおぶい、四歳の長女を連れて家を出て、近くの港の岸壁から身を投げて死んでやろうかと思ったこともあった。しかし、その時はっと気づいた。このまま死んだら夫の家の墓に入ってしまう。これほど無視され、苦しめられている夫側の家の人間として死んでしまうではないか。それだけはごめんだ。これで人生終わってしまってはいけないと、死ぬのを思いとどまった。

夫とは二年ほど別居生活を送ったが、長女の小学校入学を控えて、もう一度やり直すことになった。その後、夫の転勤があって首都圏に移住する。夫側の親族や共同体から逃れたものの、その間の夫への不信感や、一方的に妻という人間を無視した結婚のあり方への不条理は、場所が変わったからといって消え去るものではなかった。「協議離婚をしたい」と夫に申し出るが、夫は応じない。田舎の共同体のしきたりや、家意識の中に身を置いている夫には、私の言葉がストレートに伝わらない。

誰にも自分の気持ちが理解されず、不毛な日々が続いた。毎日アルコールを浴びるほど飲むようになっていた。ワインを毎日一本ずつ空け、お金がなくなると、それよりも安いジンを何杯もあおった。自分の置かれている状況を自分でも把握できず、人にもうまく言えずに苦しんだ。そんな日々が続いた頃、継承者を必要としない墓の存在を知る。その年の秋、三七歳でアルバイトで貯めたお金で「もやいの碑」を買った。

c　墓を買う

肉体労働をして汗水たらして自分で稼いだお金で買った。誰にも承諾を得ず実行し、とても充実していて、張り合いがあった。年齢は関係ないですよ。それだけ切迫した事情があったんです。お墓を買って、いきなりというわけではないが、私は確かに変わった。今でも夫やその親族は嫌いだが、以前とは違う。最近になってやっと、私の母もそうだし、姉もそう、夫の母や姉たちも、私の娘たちも、みな女としてつながっていると感じるようになった。社会に差別されている底辺の人たちが、感情でいがみ合っている場合じゃない。夫の母や姉が嫌いといっているだけでは、この先何も見えなくなってしまう。考えてみれば彼女たちが悪いのではない。そう思うようになって、だんだんと嫌悪感が消えた。家という入れ物があって、無理やりその中に入れ込もうとしている以上、何十年経っても良い人間関係は生まれてこない。

墓とは家の象徴で、自分の墓を買うことによって、夫の家と縁を切って、従属感のない一人の人間として歩みはじめた。今はアルコールに逃げたり溺れることはない。我慢して飲んでいないのではなく、飲む必要がなくなった。自分が取り巻かれている状況が客観的にわかるようになった。自分を表現する言葉を獲得した。これは私個人の性格ではなく、社会構造から来ている悩みなんだと。自分をお酒でごまかさなくてよくなった。楽しみとしては飲むが、一人で飲むことはない。まったく嘘のようになくなった。

時々自分が入る墓を見に散歩に出かける。そこで出会った人たちは、同じ墓に入る連帯感から自然と挨拶を交わし合う。壁石に刻まれた大勢の名前の中に、朱で刻まれた「旧姓」の私の名が存在する。

母に墓を買ったことを告げた。すると「かわいそうに、なにも無縁墓みたいなところに入ることはないだろう」と、初めは娘を不憫がった。無縁墓という古いイメージがあったからだ。しかし、お花見も兼ねて墓を見に来てもらうと、家意識を引きずらず、地縁や血縁を超えて入る新たな形態の墓が気に入り、急に「私もこれに入る」と言い出した。母は自分の住む田舎に立派なお墓をつくり、戒名までもらって世間的体面を整えていた。しかし、そういったものも捨て、母も同じ墓を申し込んだ。これを聞いたまだ学生の娘たちも「私たちもそこがいい」といい出した。娘たちはその墓が、私が夫と別に入るために買った墓だとわかっている。

考　察

(1)　旧習との葛藤

三つの事例には、「昭和」という時代の変遷が刻印されている。事例1と2の夫は、昭和一桁の後半、家制度のもとで生まれて、様々な価値観を身につける青少年期に戦争を体験している。そして価値観が一八〇度転換した戦後、高度経済成長の波の中を泳いできた人々である。彼らは家制度時代の社会的に期待された男性役割と男性優位の価値観を身につけて、戦後の高度経済成長期には経済成長を下支えした。戦後、急速に高学歴化して行く中で、サラリーマン層として定着しなかった過渡期の人々である。資本主義社会の利潤追求の歯車の中で、妻子、家族のことにかまわず、戦士となって駆け抜けた男性像が浮かびあがる。自営業では、家父長的性格をいつまでも残す土壌があった。ただしそれが、就業形態の特質だけではないことを、事例3のサラリーマンを夫をもったIさんの例が証明している。戦後もなお旧態依然とした家規範の中に生活する人々がいて、それは「自我に目覚めた女性たち」にとって、自分の存在意義を否定されたような苦痛となった。

このような葛藤がなお社会に広範に残存する中で、新民法が規定した「夫婦が対等な関係」でつくる家族の理念は戦後生まれの若い世代から定着した。旧民法的な古い家族規範から自由な「友だち同士のような夫婦」がひとつの夫婦像として社会的に認知されると、家父長的な価値観に拘束された男性たちは社会から遊離しはじめる。はじめ、妻も夫と同様に伝統的な社会の中で生まれ、旧い価値観を受忍しているが、性差別体験を受ける側の立場にあるため、自分が抑圧された存在であることにいち早く気づき、さまざまな学習を通じて男女平等の生き方や価値観への理解を深めていく。その結果、夫と妻の価値観がますます乖離する状況が見受けられる。

(2)　生き方の延長線にある墓

妻たちが墓にこだわるのは、死後の世界にこだわっているわけではなく、むしろそれは生き方の延長線上の問題、あるいはその帰結として認識されていることが三つの事例から推測できる。事例1のMさんは、「実際は、(墓に)入る入らないではなく、自分が一人の人間として確立できた、そのことの満足感がある。自分が稼いだお金で自分一人で決める、これが素晴らしい。家の従属物でもない、夫の従属物でもない、自分の墓をつくったことが輝かしく感じられる」と言い、「お墓を買ったことで半分くらい楽になった。これができた私って生きられるな、と思った」、「一個として人格が認められた生き方を確立するために行う「行動」といえよう。

自分の意思で行動できたことに満足感をもっている。つまり墓を分けることは、家や夫に従属した立場から脱却し、るには「夫と墓を分けることは必要である」と語る。事例3のIさんもまた、自分の稼いだお金で誰にも相談せず、およびその墓そのものへの不満というよりも、「生きている時の想い」であると言い、だからこそ納得がいく生き方をす分らしく生きるため」につながった行為であることがわかる。自分の墓をもつ意義として、事例2のKさんも、死後本筋を通した生き方をしたかった。自分の選んだ人生を否定されたくなかった」とあるように、墓を買うことが「自

(3)　夫婦別墓の背景

三つの事例で共通している点は、背景に「夫側の家」があり、そこで妻は「夫側の家に従属した嫁」として扱われ、個の尊厳の保たれない日常生活を強いられたと感じていることである。それらの身分関係を断ち切るために、家の象徴でもある墓を別に買い、その家に従属しない自分の立場を確立することによって、悩み抜いた心に決着をつけた。妻が発言権すらもてない生活を送る中、夫はそれに気づいて妻をかばったり思いやるどころか、その夫まで旧態依然とした男尊女卑の考え方の持ち主であると、夫婦が同等に築き上げる家族の形はどこにもない。そこで夫が、夫側の家との関係で悩む妻の気持ちを理解し尊重できていれば、妻がひとりで入る墓を買うまでにいかないのである。夫に妻の人権意識が欠如していると、夫が感知しない間に、妻は生涯にわたって深く傷つくことになる。その自我を抑えつけられて傷ついた気持ちを晴らすことができる自己主張が、「自分の意思で夫に従属しない自分の墓を買うこと」なのである。それは家や夫に従属した立場から脱却し、個として人格の認められた生き方を確立するための「行動」であるといえる。

第3節　家族の変化に伴う墓の脱継承

1　非継承墓

非継承墓の特徴

（1）　墓の継承困難

戦後における家族の第一段の変化は、高度経済成長に伴う労働力の地域移動によって起こった急激な世帯規模の縮小(核家族化)と、父子継承ラインを軸とする家から、同等の権利を有する夫婦を軸とする夫婦制家族への移行としてとらえられている。

核家族化は「親子別居」世帯の増加を意味する。家族機能のうち介護や先祖祭祀は、親子が同居する形で最も遂行されやすい。したがって親と子の生殖家族が別居する夫婦家族制では、墓の継承困難を引き起こす要素を家族それ自体に胚胎していると言っていいだろう。直系家族制であるところの家は、連綿と続く家族であったからこそ「〇〇家之墓」を代々継承する墓のシステムは適合していたが、一代限りで終わる不連続の夫婦制家族に、代々継続する「家墓」は適合するとは言い難い。また戦前は農業を営み、移動の少ない社会であったので、そこにつくられた墓は継承が容易であった。しかし戦後の産業化は地域的移動をもたらし、親子は別居するようになった。このような生前の変化は死後の墓にも影響を及ぼさないはずがないであろう。

「ご先祖様は渋い顔?」の見出しで「お墓参りに訪れる人もないまま荒れるに任され、管理料も不払いが続いている『無縁墓』がふえている」と報じる一九八五年の新聞記事(『朝日新聞』一九八五年一〇月一三日)は、家族の第一段の変化が墓にその影響を及ぼした実態を報じているものである。記事中央には、「核家族化進み『家』崩壊、ふえる『無縁墓』。寺などの要望を受けた国、改葬促進へ動く」といった中見出しが続く。厚生省が、民法学者、弁護士、墓地経営者らのグループに改葬策の研究を委託した。その記事によれば、東京都は一九八〇年度から無縁墓の計画的な処理に着手し、六年間に九〇〇件の「改葬」を済ませたという。一九八〇年代は、この記事が報じるような祀り手の絶えた継承問題が注目されるようになった。

家族を集団としてみる分析枠組ではとらえきれないような家族の変化が、一九八〇年代以降に次第にあらわれてきた。家族の第二段の変化で顕著になった離婚による単身者の増加、生涯未婚者、生まない選択をした夫婦や、子どもがいない夫婦は、墓からみれば「継承者のいない人」の増加を意味した。そして八〇年代後半に継承者のいない人々の受け皿として、継承者を必要としない、つまり「継承を前提としない墓」(非継承墓)が登場した。それは従来の家族が単位となった墓ではなく、家族や血縁を超えて不特定多数の人々と同じ墓に入り、家族およびそれ以外の人々によって祀られていく共同性をその特徴に持った墓である。そのこと自体、これまでには考えられなかった大きな変化といえるだろう。

(2)　非継承墓の呼称

継承者を必要としないこの種の墓を何と呼ぶか、ということに触れておきたい。継承者を必要としない墓は、「継承を前提としない」ということでは共通するが、その他、墓の形態やシステムはさまざまである。そしてその呼び方も一様ではない。大きく分ければ①祭祀を強調した名称と、②形態面を強調した名称があると言えるだろう。

祭祀面を強調した言葉としては「永代供養墓」「合祀墓」の語が一般的に使われている。「永代供養墓」は、墓の運営者側が子孫になりかわって永代に供養する墓の意で、「合祀墓」は、墓の運営者側によって合同に祭祀される墓の意である。「永代供養墓」という言葉は、「墓は永続させ、先祖を永代に供養するもの」という旧来からの規範が前提にあって存在し、墓の運営者が子孫に代わって「永代供養をする」という意思表示をしている。だがこの語は、従来の「永代供養」あるいは「永代経」という語がもつ概念と混同されやすい。これまで、故人の永代供養、永代経を寺に依頼することは一般的に行われてきた。また墓地管理料が途絶えれば、その家の墓は片づけられ、寺の一角にある「無縁塔」「無縁塚」などに遺骨が移される。「永代供養墓」というと、これまでの「無縁塔」や「無縁塚」を指しているかのようにとらえる人も多い。現にそういった無縁塔や無縁塚のような墓と混同している人がいるのも事実である。近年の「継承を前提としない墓」は、その流れに近い墓もあれば、そういった旧来のシステムを超えた新たな形態も多い。したがって、「永代供養墓」と一言で言ってしまうと適さない墓もある。また、公営の「継承を前提としない墓」にしても、自治体は宗教的なことに携われないことから「供養」の語は使用できず、「合葬式墓地」「合葬式納骨堂」などと言っている。世の中には「永遠に供養されたい」との思いをもっている人は多い。したがって寺が運営するこの種の墓を「永代供養墓」と言うのはいいだろう。しかし、それがこの種の墓を意味する「一般名称」にはなり得ない。現に寺にある墓でも「永代供養墓ではなく、個人墓である」と言うところも出てきている。

形態面を強調すると、不特定多数の人々が集まって、墓を共有しているという意味で「合同墓」、「共同墓」「集合墓」、「総墓」の語がある。それに「葬る」という意味を加えたものが「合葬墓」である。先に述べた自治体の「合葬式墓地(納骨堂)」はこれに当たる。以上のように「合」「共」「集」「総」などの文字が使われてきたが、注意しなければいけないのは、継承を前提としない墓でも「個人墓」や「夫婦墓」などがあり、必ずしも皆で入るという形態ばかりでないということである。あとで述べる「樹木葬墓地」も基本的には継承者がいることを前提としていない墓である。したがって「合」「共」「集」「総」などの言葉では、多様化したこの種の墓をとらえきれない。

森謙二は、このような墓を新たな「総墓」形態として位置づけている。「総墓」（ソウボ、ソウバカ）とは「複数の家族あるいは血縁関係にない人々が一つの墳墓あるいは納骨堂を共有している墓制の形態」と定義し、秋田県河辺郡雄和町水沢や石川県・福井県の浄土真宗系の寺院においては日常的に用いられている同様の墓の呼び名を採用したものである［森 1992：255-315］。森の「総墓」に対して、新潟県糸魚川市押上にある「共同納骨碑」の研究を行った孝本貢は、「総墓の呼称は共同墓地などにも使われることもあり紛らわしくなる。そこでここでは家の境界性を持たせないような共同納骨形態をとっているため、共同納骨碑とした」［孝本 1992b：170-171 註1］。藤井正雄は、「合葬墓」の一形態に位置づけた。これまでにも存在する「一村一墓」「一寺一墓」「一族墓」は、森の位置づけでいうと「一村総墓制」「寺院総墓制」「同族総墓制」にあたると、藤井はいう［藤井 1993a：593-605］。

筆者は、先祖祭祀の変容を研究する社会学の立場から、「非継承墓」の語を使用する。なぜならば先に述べたように、寺が運営するこの種の墓では祭祀を行い、自治体では祭祀を行わないという違いがあり、形態にも個人墓、夫婦墓、集合墓、合同墓、樹木葬墓地などがあって一様ではないが、家族の変化を反映して、これまでの「継承制がとられてきた墓」ではなく「継承を前提としない墓」「継承者を必要としない墓」として登場してきたという、従来とは大きく異なる共通点に着目したからである。ただし、家族を超えて皆で行う祭祀の形態を強調したい時は、「合祀墓」の語を使用することをことわっておきたい。

（3）　比叡山延暦寺の「久遠墓」

一九八五年、比叡山延暦寺大霊園の一角に「久遠墓」という、継承者を必要としない非継承墓が登場した。当時のパンフレットを見ると「比叡山延暦寺があなたの子孫となって永遠にご供養します」と書かれている。久遠墓は、一緒に入る人の人数によって、個人墓、夫婦墓といった少人数用の墓から、慈眼墓、慈眼観音墓と名付けた、三人以上の納骨ができる地下納骨室(カロート)の広い墓がある。個人墓や夫婦墓が多く、基数からみると、この形態が主であることがわかる。三人以上の墓の申込者には、既存墓を所有しながら継承者が絶えるケースの人がいる。非継承墓の先駆となった久遠墓には、開設当時、他にこのような墓がなかっただけに、北海道から九州までの地域からの申込者があった。

一九九〇年代に増えていくこの種の墓は、延暦寺の久遠墓と違って、集合墓や合葬墓の形態が多い。一般墓に比べて省スペース化、共同化を余儀なくされるのは、その後の管理料や供養料、寄付などの収入が見込まれないからである。世代的に継承される一般墓であれば、使用者がいつでも存在し、墓地が特定の故人だけに占有されることがなく再利用される。また墓地の管理運営者は、墓を売った後も遺族から管理料を毎年徴収できる。それに加えて寺院墓地ならば、故人の供養の折の読経に対する布施や寄付も見込まれるので、申込者一人につき一基を用意しても採算が合う。しかし継承を前提としない墓はそれらが全く期待できないため、合葬墓、集合墓の形態をとるものが多い。延暦寺の久遠墓が個人や夫婦単位で一基設けているのは、敷地が広いこともあるが、いまでこそ市民権を得た集合・合葬という形態も、一九八五年当時では、不特定多数の人々と墓を共有することに違和感があったためではないかといった推測も成り立つ。

(4)　一九九〇年代に各地に広がる非継承墓

一九八九年には、各地で家族・血縁を超えて入る新たな形態の非継承墓ができた。東京・巣鴨に「もやいの碑」(もやいの会)、新潟・巻町の妙光寺では「安穏廟」(安穏会)が建設され、さらにその年の一二月には京都・嵯峨野の常寂光寺に「志縁廟」(女の碑の会)が落成した。しかし、そうした墓を求めたり共感する人々が集まって実際の活動が始まったのは一九九〇年からである。この年六月に「もやいの会」が会員を迎え、七月には市民グループ「二一世紀の結縁と墓を考える会」(代表・井上治代)が結成されて、継承者を必要としない墓を社会にアピールすることを目的に、八月に新潟・妙光寺の「安穏廟」のもとで、会名と同テーマの「二一世紀の結縁と墓を考える」と題したシンポジウムを共催した。この一泊二日のシンポジウムには、首都圏を中心に二〇〇名以上の参加者が集った。妙光寺もこの年八月、安穏廟を購入した人たちを中心とする「安穏会」をつくり、一九八九年に納骨堂を落成した「女の碑の会」を含めて、さまざまな活動が展開されるに至った。それは、単に墓を提供するだけではなく、家族の変化、生き方の多様化に対応した新たな形態の墓を社会に普及し認知させる一種の市民運動として展開された。このように葬送の市民運動は、継承者のいない人たちの受け皿としてできた非継承墓の運営者と、それに賛同する市民によって、合同慰霊祭や文化講座、旅行など生前の活動を通じて、家族・血縁を超えた新たな相互扶助の形態をつくりあげる方向へと活動が展開されたのである。

(5)　檀家制度ではなく会員形式

日本の墓は「家」を単位として世代的に継承され、また寺院は檀家という「家」を単位にした寺檀制度を存続基盤にしてきた。ところが非継承墓は、家族で守っていくわけではないから檀家制度も前提としていない。したがって寺院運営の非継承墓でも、檀家になることを求められている墓は少なく、それどころか宗教・宗派を問わない墓も多い。ではこれまでの家・家族に代わるものは何になるのか。非継承墓は、会員形式をとっているところが多い。生前から墓を介して集まった人たちが縁を結んで会員となり、家族・血縁者に代わって墓を守り、供養していくという形態である。次にあげたのは、代表的な四カ所の非継承墓の申込者で構成される会の趣旨である。

○新潟・妙光寺「安穏廟」
　血縁による承継を前提とせず、血縁を超えて永代に供養することで、墓への不安を解消するとともに、個人を基本単位とすることで、寺自体が人々のこころの原点となることをめざす。
○東京・明治寺「多宝塔」
　「多宝塔」の縁によって、利用者同士が信頼を結び、観音信仰を深め、ともに寺を護持するという参加意識によって、永代に供養していこうということ。
○東京・東長寺「縁の会墓苑」
　生前に自ら墓を選ぶことで、自分の信条に沿った生き方を実現するとともに、寺を身近なものとし、仏教に触れることをめざす。また、地縁・血縁を超えて会員が新しい縁を結び、互いの冥福を祈ることを支えていく。
○東京・もやいの会「もやいの碑」
　家族・血縁を超えて、人々が現世から「もやい」あい、有縁となって、共同墓地を互いに守り、共同供養を続けようということが趣旨である。

　これらからも分かるように、非継承墓は、①家族・血縁・地縁を超えて、家ではなく個人が単位となって、②会員同士が墓で新しい縁を結び、③生前交流をしながら相互に守り支え供養していくということを、その特徴としている。

（6）　会の活動と供養

　運営母体が任意団体である「もやいの会」では、もやいの会としての供養は「超宗教」(4)という形をとっている。具体的には会員が集い、献花という形で年一回以上の合同の祭祀を行っている。もちろん、それ以外の日に家族および縁者がそれぞれの形式の儀礼で、年忌などの祭祀を行うことは認められている。寺院が運営母体であるところでは、盆や春秋の彼岸の供養、さらには祥月命日にも供養しているところがある。その際、寺の宗派に限定して仏教に触れることをめざすところもあれば、全く宗教も問わないところもある。後者の場合、宗教宗派は問わないが、供養に関しては、その寺院の宗派による読経ということになるため、申込者はあらかじめそのことを承諾しておかなければならない。

新潟・妙光寺の年一回の宿泊を伴った「フェスティバル安穏」では、葬送や、老後、生と死などをテーマにシンポジウムを行い、会員・檀家・地域の人々が集って生前交流が行われている。「もやいの会」では月例会が開かれ、講演や「源氏物語を読む会」などの文化サークルもできている。そのほか法話や座禅、写経、文化活動への参加ができる明治寺や、東長寺では毎月一日に「一日法要」を催し、文化講座も毎月開催されている。どの会も「ニュース・レター」を発行して、会員との連絡や交流をはかっている。

購入者の実態――新潟県妙光寺「安穏廟」より――

ここでは「合祀墓『安穏廟』会員意識調査」一九九五年(有効回答数一五六)と、一九九五、九六年の面接調査をもとに購入者の実態を把握することにする。

(1)　会員の属性

一般的にいえることは、男性よりも女性の入会者が多いということである。「もやいの会」では女性会員が男性の約二倍、「東長寺・縁の会」では入会者の六割が女性で、単身入会者の八割が女性である。「妙光寺・安穏会」をみても、女性が圧倒的に多い。

筆者は、妙光寺住職・小川英爾の協力を得て、これまで一九九六年、二〇〇〇年、二〇〇三年の三回にわたって

「安穏廟」申込者の属性を調べた。各調査年における「申込理由」の上位三位をあげると表V－2のようになる。

一九九六年一月のデータでは、「子どもがいない」(二三・五％)がトップで、次が「子どもが娘だけ」(一九・五％)、三位「息子はいるが」(一三・〇％)の順であったが、二〇〇〇年十月データでは一位と二位が逆転している。「子どもが娘だけ」というケースが二四・五％と最も多く、次に「子どもがいない」二一・七％と続いた。

さらに二〇〇三年一月になると一位の「子どもが娘だけ」(二五・七％)は変わりがないが、二位と三位が逆転して「息子はいるが」(二二・二％)が二位に浮上し、九六年で一位だった「子どもがいない」(一九・七％)が三位となった。

九六年に「子どもがいない」が一番多いのは、継承者を必要としない墓が登場した一九九〇年代初めは、墓の面倒を見てくれる「子どもがいない」という、もっとも継承困難の境遇にある人が、真剣に墓の継承問題に悩んでいたからと言えるだろう。そして「娘」でもいる人は、まだ継承できると希望をつないでいたのかもしれない。しかし、家族の変化、多様化した生き方に対応した「家族だけに頼らない、家族・血縁を超えた墓」の理念が浸透してくると、「子どもが娘だけ」というケースの申込者はさらに増えてきた。戦前の多産時代と違って、戦後の少産時代に二人ぐらいしか生まない子どもの性別が「娘だけ」というケースは、多産時代と比べれば絶対数としても多いかもしれないし、その「娘だけ」をもつ親世代が墓を意識するような高齢になってきたということもあるだろう。また近年の少子化で、孫世代のさらなる墓の継承困難が目の前に見えていることも一因であるかもしれない。

表V-2 「安穏廟」申込理由・年別上位3位比較

申込理由＼年	1996年1月 順位	1996年1月 %	2000年10月 順位	2000年10月 %	2003年1月 順位	2003年1月 %
子どもがいない	1	23.5	2	21.7	3	19.7
子どもが娘だけ	2	19.5	1	24.5	1	25.7
息子はいるが	3	13.0	3	19.8	2	22.2

表 V-3 「安穏廟」申込理由別件数

申込理由	件数	%
①子どもが娘だけ(親が買う 105，結婚した娘が親のために買う 11)	116	25.7
②息子はいるが…… (安穏廟の主旨や自然環境が気に入った 48， 息子に頼りたくない 19， 息子を頼れない 17，息子が未婚 14，息子が外国生活 2)	100	22.2
③子どもがいない	89	19.7
④単身者(女性 40〈一人で 34，親と入る 6〉，男性 3)	43	9.5
⑤夫と別墓を希望する妻 24，夫の家墓を拒否する妻 13，夫婦 3	40	8.9
⑥離婚者(女性のみ)	25	5.6
⑦再婚者(夫婦一緒 13，夫とは別 7)	20	4.4
⑧その他 (移転に際し先祖の土地に先祖の遺骨を一部残す 5， 宗教を異にする親 1，夫 2，妻 1，身寄りのない親族 4， 故郷に分骨希望の妻 1，妻と別墓を買う夫 1，不倫の胎児 1， 子どもが死亡 1，内縁関係の女性 1)	18	4.0
合計	451	100.0

注：複数の理由が絡み合っているケース(例えば「再婚者」で再婚相手との間に「子どもがいない」)もあるが，集計の都合上，優先する理由によって分類した．数字は 2003 年 1 月 15 日現在．妙光寺住職小川英爾氏の集計データをもとに，筆者が作成

第Ⅳ章の「娘だけ」のケースを対象とした意識調査で、「両家墓」に加えて、継承者を必要としない墓(非継承墓)を希望するという意見がとらえられたが、「安穏廟」からその実態が確認できた(表Ⅴ－3)。

注目したいのは、「息子がいる」ケースである。一般的に継承者を必要としない非継承墓といえば、子どものいない人や単身者が購入していると考えられがちであるが、二〇〇三年一月データでは「娘だけ」が一位で、「息子はいるが」がついに二位となった。息子はいるが「安穏廟の主旨に賛成し、自然が豊かな環境が気に入った」というケースが四八件ある。一方、何らかの事情を抱えるケースが五二件である。前者の中には、結果としてそういう考え方を持つに至ったが、後者のような背景を持つ人も含まれている可能性はあるだろう。後者の

内訳は、「息子に頼りたくない」一九件、「息子に頼れない」一七件、「息子が未婚」一四件、「息子が外国で生活」二件となった。一般的に、息子がいても継承者を必要としない墓を申し込む人は、息子が妻方の親と同居していて故郷の墓守りを頼めそうもないとか、親子で仲違いしている、息子を勘当した、息子が身体障害者とか、息子が四〇代、五〇代で未婚、あるいは、息子はいてもその子ども(孫)が娘だけというケースなど、さまざまな事情が見受けられる。

従来の墓の継承からいえば、息子が確保できていて何ら問題もないはずなのに非継承墓を購入する人々の存在は、親子関係の双方化、家族の一代化、永続規範の希薄化を実証しているといえよう。既に継承制そのものが現代家族の家族形成理念から遊離し、まだ一部ではあるが機能不能の状態が露呈している。

「安穏廟」申込者のうち「単身者」は九・五%であった。東京新宿区にある東長寺「縁の会墓苑」では「単身者」は二〇・二%と、地方にある妙光寺「安穏廟」(新潟県巻町)より、その割合が高い。しかし、女性単身者が圧倒的に多いということでは両者は共通している。妙光寺「安穏廟」の「単身者」の男女割合は、男性七・〇%、女性九三・〇%、東長寺「縁の会墓苑」のそれは、男性一五・四%、女性八四・六%である。また、第1節でも触れたが、「安穏廟」申込者のうち「夫とは別の墓に入る妻」は八・二%(表Ｖ－３⑤の「妻」の合計)、そして「離婚者」五・六%、「再婚者」四・四%となっている。このような「非継承墓」の購入者をみると、逆にどのような人が伝統的な一般墓に受け入れられにくいかが、浮き彫りになってくる。「子どもがいない」ということに加えて、子どもがいても「娘だけ」では、継ぎにくい状況があることがわかる。男系の単系で継がれてきた継承制が、差別さえ引き起こしかねない状況にまで文化遅滞を引き起こしている。また、女性の購入者が多いというところに、男性は家に帰属する者として実家の墓に引き取られやすいが、女性の場合、嫁いで他家の人間になるべきものという意識が残っていて、未婚中年であると実家の墓に入りづらい状況があるという推測も一つには成り立つのではないだろうか。単身高齢者は人口的にいっても

表 V-4　子孫に永遠に祀られたいと思うか？

	人*	%
①できるものなら，子孫に永遠に祀られる先祖になりたい	18.0	11.5
②かつてはそう思ったが，今では仕方がないと思う	20.5	13.2
③かつてはそう思ったが，今では子孫より縁あって集まった人たちと眠れ，住職に供養されることに満足している	73.5	47.1
④以前から子孫に祀られたいとは思っていない	25.5	16.4
⑤その他	15.5	9.9
⑥無回答	3.0	1.9
計	156.0	100

＊　2項目に複数回答したものは1項目を0.5とした

女性の割合が高いという、絶対数の違いも考慮しなければならないだろうが、家意識の影響を考慮に加えてもいいのではないかと考える。

最後に、比叡山延暦寺の久遠墓地の管理者から一九八六年に聴き取ったその他のケースについてつけ加えておきたい。それは、「後妻」が先妻が入っている墓に入りにくく、「個人墓」を買っているケースや、「夫婦墓」では「同性のカップル」や「内縁(実は不倫)のカップル」(5)など、法的に(おおむね社会的にも)婚姻が認められていない人や、子どもを産むことができない人が購入しているということである。同性愛者の婚姻を認める国も出てきたり、世界が多様性を認める方向にあるのに、一九八〇年代半ばの日本には、彼らが死んでも、その生き方を認める延長線上に、死後の墓がなかった。非継承墓は、そういった人々の受け皿にもなっている。

(2)　祭祀の永続性

「安穏廟」申込者は、家の墓に入り「子孫に永遠に祀られる先祖になりたい」と思っているのに、「継承者がない」ということで希望がかなわずにいるのか、あるいは積極的にこのような「非継承墓」を希望しているのかを知るために、「子孫に永遠に祀られたいと思うか」という質問をした。その結果を一九九五年に実施した「合祀墓『安穏廟』会員意識調査」でみると表V-4のようになった。

「安穏廟」を買っていても①「子孫に永遠に祀られる先祖になりたい」と思っている人が一一・五％存在した。そして「かつては子孫に永遠に祀られたい」と思ったが、「安穏廟」のような「非継承墓」の存在を知って③「これで良い」と満足している人が四七・一％、②「仕方がない」と思って納得した人が一三・二％いた。この「かつては子孫に祀られたい」と思ったが今では考え方を変えた人(②③)は、六〇・三％になる。次のTさんの例のように、最初は「子孫に永遠に祀られたい」と思うが、状況適合的に考えを変えていった人が多いことがわかった。

これまでに「子孫に永遠に祀られたい」と思ったことのある人(①②③)は七一・八％、それに対して「以前から子孫に祀られたいとは思っていない」という人は一六・四％と少数であった。

以上のデータが示すところを、具体的な事例によって検討していくことにしたい。

Tさん(一九九六年面接時八一歳、神奈川県在住の男性)の子どもは娘三人で、購入理由は「娘だけ」のケースに当たる。Tさんは青年・壮年期には、老いのこと、死後のことなど考えてもみなかったが、老いを感ずる頃に、死後の身の処し方を真剣に考えた。しかし、「後継者がいないので公営、民営、寺院で墓を持つ資格がないことを知り、寂しかった」と言う。今では折に触れ、各地に遍路巡礼している。「時々、無住の寺院で、ご本尊の前の経机の上に遺骨箱が所狭しと重ね置いてあるのを目にするにつけ、戦後の家族制度の崩壊が、あの世まで響いている感じがする」。このように嘆く反面、遍路巡礼しながらの信心の末に安らかな境地を得て、子どもたちに墓を守ってもらえないことを、今では何とも思っていない。「婿をもらって家名を名のらせる時代は過ぎた。私は今すごく割り切っている。親鸞上人は、自分が死んだら魚の餌にしなさいと言った。この精神で、死後にはこだわらない」。Tさんは後期高齢者である。小さい頃から仏教の寺を身近に感じ、墓や仏壇での祭祀をごく日常の行為として育った。したがって最初から自分たちの墓が子孫に継承されなくてよいと考えていたわけではない。娘だけなので「墓をもつ資格がない」「寂しい」とまで実感し、悩んだすえに親鸞の教えに共感して、非継承墓に行き着いて心が落ち着いた。先祖祭祀という小さい頃から遂行してきた祭祀パターンが、彼の中で終焉をみた。しかし、それを納得させたのも伝統仏教の教えであったというところが、後期高齢者の特徴を示していると言えるのではないか。

「合祀墓『安穏廟』会員意識調査」の自由回答欄を見ると、家や墓の永続よりも「生きている人々の心の中に残ればいい」という考えが記されていた。例えば東京在住の女性(六七歳、既婚)は「あたたかい家族に囲まれた老後がやはり一番だ。死後は子どもたちの心の中によい思い出として残ることができればそれでいい。安穏廟でご住職さまはじめ皆さまのおそばで供養され、安心して眠りたい」と語っている。

このようなことから、非継承墓の購入者は、決して家族を否定するものではなく、系譜的永続観念にとらわれない、近親追憶的な行為にその意味を感じている。

家の永続規範が強く働いている時代は、継承者がいない場合でも「養子縁組」によって継承者を補充してきた。そこで「養子縁組して家や墓を継続することを、どう思うか」と質問した。その結果「家や墓が絶えても今はしかたがない」(二一・五人、一三・八%)や、「継承者が絶えても存続し供養される安穏廟のような墓があればいい」(一〇四人、六六・七%)を合わせて約八〇%が、「養子縁組」までして家を永続させていこうとは考えていない。

安穏廟を購入して満足しているかどうか質問すると、後悔している人はなく、満足している人は一三〇人、八三・三%と高率であった。

(3) 先祖観

「あなたにとって『先祖』とは」という質問(複数回答可)では、「自分が実際に知っている祖父母の代から」(三四人、二一・八%)よりは、「遠い会ったこともない時代からの先祖を大切に思う」(六七人、四二・九%)が多かった。これは、回答者が五〇代以上、特に六〇代、七〇代に多く分布しているというところに起因していると言えるだろう。このような伝統的な先祖を想定する人が多い中で、「配偶者の先祖ではなく、自分の家の先祖を自分の先祖だと考える」と答えた人が、三〇人で一九・二％だった。その男女の内訳を見ると、女性が八一人中二三人(二八・四％)で、男性が七五人中一〇人(一三・三％)となり、女性の方が多かった。二八・四％の女性が「自分の家の先祖」を選んでいるところに注目したい。第2節2の「高齢女性の意識」(二〇二頁)でも、一般的には年代が上がるほど家意識的な傾向は高まるが、女性は高齢になると相対的に「自分の両親」「自分の先祖」を選ぶ人が多くなるという傾向を確認した。特に安穏廟購入者は家的先祖祭祀からは脱却した人たちなので、自由な発想がしやすいということもあるだろう。

(4)　生涯未婚者、娘だけ、再婚者の事例

意識調査の自由回答から、安穏廟購入理由に関する意見を拾い、そこから家族の変化や、先祖観、墓の継承意識などを考察していくことにしたい。

〈子どもが未婚〉東京在住の女性(七七歳、既婚)は、「長女は東京で暮らし、長女の子どもは娘一人。長男は独身で同居、二女は地方に嫁いで子どもは息子一人、という家族なので普通の墓に入っても早晩、無縁仏になるのは目に見えている。安穏廟に入り、年一回供養してもらうので充分だ」と言っている。

この事例のように子どもが三人いて長男が親と同居していれば、墓の継承者は容易に確保されそうに思われるが、一九八〇年代に入って顕著になってきた晩婚化や未婚化の一例を、安穏廟購入者の意見の中にも見出すことができた。

生涯未婚化が墓に及ぼす影響は、子どもが未婚であるため親世代が非継承墓を申込むというケースと、親世代の墓は別のきょうだいが継いで問題はないが、未婚者本人が「単身者」のため継承者がなく非継承墓を申込むという、親と子の両方の立場からの申込みとなってあらわれている。

〈子どもが娘だけ〉「娘だけ」のケースは、申込者の中で最も多く、親が墓を購入するケースと、次の事例のような娘が墓を買うケースがある。後者の事例には、次のような記述がある。「私自身は配偶者の墓に入るつもりだが、実家に跡継ぎがないため、父母を祀るために安穏廟を購入した。私の子どもの代までは供養してもらうようお願いしてあるが、孫の代まで供養できるかは確信がない。安穏廟にお願いすることで、少しでも親孝行できればと思う」。

〈再婚で子どもが娘だけ〉子どもが「娘だけ」というケースである神奈川県在住、五九歳女性の回答である。「私自身病気をかかえている。自分の身のまわりのことだけで精一杯。主人は今のところ元気だが、人間いつ病に倒れるかも知れない。二人の娘にもそれぞれの生活があるので迷惑はかけたくない。主人の遺骨を先妻の息子たちが引き取るのか、私の娘たちが引き取るのか、主人が意志を明確にしてくれないので、娘に負担がかかるのではと気にしております」。

非継承墓がなかった時は、関係者の意志など反映されず、「家」に帰属した人はその家の墓に入った。現代は家族が変化し、生き方が多様化した分、死後にも多様な選択肢が求められ、非継承墓がその選択肢の一つになっている。

（5）帰属意識と祭祀行為

新潟県在住のIさん(八〇歳、既婚)は、妻を失ったあと、夫を亡くした女性と「再婚」した。このような死別後の再婚では、墓や仏壇の入り方、祀り方が難しい。Iさんは婿養子で、前妻との間に三人の子どもがいる。

後妻は新潟県に生まれ、大阪に働きに出て結婚した。彼女が六〇歳の時に前夫が死亡し、その後、新潟の実家近くに戻ってきて、まもなくIさんと知り合い再婚した。後妻は大阪から戻ってくる時、実家に入るわけではないのに、兄嫁から「仏壇は持ってくるな」と言われたので、大阪の旦那寺で仏壇を処分してもらった。故郷に持ってきたのは、前夫の家の先祖代々の位牌だけである。老後の生活のために故郷に戻る選択をした時、前夫の家の先祖代々の仏壇を処分した。第Ⅳ章で紹介した事例(一八四頁、事例①)でみた、高齢の女性が老後の生活を送る場として実家に帰り、それが失敗すると娘の近くに引っ越し、その時に仏壇は封鎖された事情と共通点が見受けられる。

Ｉさん夫婦は、Ｉさんが三階の仏壇で前妻を祀り、後妻が一階で前夫の写真と小さな位牌を飾って仏壇らしいコーナーをつくり祭祀をした。Ｉさんには前妻が入っている養家の墓があり、それを守る子どももいる。そこで後妻は自分が入る墓が心配だった。彼女は継承者を必要としない安穏廟を買い、前夫の位牌と一緒に入るつもりでいた。しかし安穏廟を運営する妙光寺の住職から助言があって、前夫の位牌は前夫の家の旦那寺に預けることにした。Ｉさんは、生家の宗旨である禅宗にこだわりをもち、婿養子である身なので養家の宗旨の浄土真宗も捨てがたい。さらに後妻は日蓮宗である。「彼女は、小さい頃から慣れ親しんだ日蓮宗の経しかあげない。自然と昔からの環境に染まってきた。(後)妻が前に嫁いだ先が浄土真宗の檀家だったが、それでも日蓮宗の経でずっと通してきた」。この話から、小さい頃に慣れ親しんだ宗旨やその経を生涯持ち続けている姿がうかがえる。

Ｉさんは、生家の墓か、養家の墓か、後妻と一緒の墓か、どの墓を選ぶべきか生家の旦那寺に相談した。結局、前妻が入っている養家の墓は子どもに任せて、自分は後妻と継承者のいらない安穏廟に入ると決め、遺言書も書いた。一九九八年三月、後妻が亡くなった。Ｉさんは前妻と後妻の二人の写真を飾って、毎日、経をあげている。「私の親父が私の子どもの時分に毎朝仏壇にお茶を上げていたのを見ていたものだから、毎日お茶を二つ、三階に持っていく。お茶と線香をあげたら『二人仲良く飲め』と必ず声をかけている」。安穏廟を購入しても檀家になる義務はないが、後妻の体調が悪くなった時、葬式や供養のことも考えて、Ｉさんは日蓮宗・妙光寺の檀家になった。生家でもなく、養家でもなく、夫婦で入る墓を選んだのである。

(6)　安穏廟を選択した理由

継承者を必要としない墓が、各地にいろいろな形態(民営の霊園内にあるもの、任意団体が運営するもの、寺にあるもの、公営のもの等)で建立され、また遺骨を海や山にまく「散骨」を選択する人も出てきた。そこで「安穏廟」を申し込んだ人たちは、他に選択肢がありながら、なぜ寺が運営する「安穏廟」を選んだのかを探ってみた。

ここで注目したいのは、半数を超える「住職が供養してくれるから安心」(五五・八%)という回答である。他に「安穏廟」を買って「満足」している人たちの理由を尋ねた質問でも、一番多い回答は「お墓を得られたことで将来の安心が得られた」(五九・〇%)であったが、「住職が信頼できる」が(四八・一%)と半数近くで二番目に多い。また「安穏廟」を買った理由としても「住職が信頼できるから」(五四・五%)と一番多かった。それに比べて「ただ墓があるというだけでなく、会形式で縁あって集まった人々との生前の交わりがあるから」は六%でしかない。「縁あって集まった人たちが皆で」といった意識よりも、家族の代わりに死後の祭祀を「寺の住職」に託すことで安心を得ているようである。

安穏廟を選んだ理由の一位(複数回答可、「その他」を除く)は、先に述べたように「住職が信頼できるから」(五四・五%)であったが、次に「たまたま最初に知ったのが安穏廟だったから」(三二・一%)、「テレビや新聞に取り上げられたところなので信用した」(三〇・八%)、「商業主義的なにおいが薄いから」(二七・六%)と続く。

さらに「お寺にあるお墓だから、庭や本堂があって自然や風景が良い」(二六・三%)や、「お寺にあるお墓だから信頼できた」(二二・四%)といったように「寺にある墓だから」という回答が多いにもかかわらず、「仏教が好きだから」は八・三%と少なく、満足度を問うた質問(複数回答可)で「お寺が設置母体でありながら、あまり宗教色が出ていないのがよい」という回答が二九・五%と多かった。寺は庭や本堂があって自然や風景が良い存在ではあるが、宗教活動の場としてはさほど意識されていない。あまり宗教色が出ておらず、商業主義的なにおいが薄い寺だから信頼できたということである。

宗教について尋ねると、特定の教団の宗教を「持っていない」と答えた人は六九・九％で、「持っている」の二一・八％をはるかに上回った。その宗教もほとんどが仏教で、キリスト教徒は一人であった。いうなれば宗教宗派を問わないキリスト教徒も入れる墓ではある。

「安穏廟」のような非継承墓ではなく、最近は海山に遺骨をまく散骨もまた、継承者のいない人たちが選ぶ葬法の一つになっている。なぜ安穏廟申込者は散骨を選択しなかったのかを尋ねた。「散骨は考えたこともない」(一七・三％)という、決定の段階から選択肢になかったことがうかがえる回答が一番多く、「散骨ができるということを知らなかった」(四・五％)と合わせれば、二一・八％になった。そのような中で「散骨を希望するが、周りの者の同意を得られなかった」人が七・一％とわずかながら存在した。散骨を希望はしないが「遺骨を海山にまくのは、遺骨をなおざりにしているようでいやだ」(二一・六％)と否定する人も少ない。その他「血縁者でなくても供養をしてもらいたいから、ただ遺骨をまいておしまいという気にはなれない」(一四・一％)、「生きた証として地上に墓を残したい」(一五・四％)、「墓参りに来てくれる人のために、対象を残してあげたい」(一五・四％)というように「慰霊の対象」や「生きた証」として形ある墓を残したいと思っている。

「非継承墓」を人々がどのようにとらえているかを知るため、「安穏廟」購入時の周囲からの反対の有無を尋ねた。するとハ〇・八％の人が、反対はなかったと答えている。反対が「あった」人は一〇人で六・四％であった。子どもがいない人が多いため、反対するような人が周りに存在しないケースもあるだろう。反対が「あった」という人たちに「理由」を尋ねると、「無回答」三件を除けば、「『〇〇家の墓』に入らないことが問題」が三件「共同墓に入らなくても身内の者が墓を守る」が一件、「信頼性・永続性が心配」が一件、「世間体が悪い」が一件という回答であった。

2　脱墓石化――自然に還る葬法――

環境問題から散骨が登場

継承者を必要としない墓の活動が始まった一九九〇年がすぎると、九一年二月には「葬送の自由をすすめる会」(会長・安田睦彦)が発足し、海山に遺骨を撒く「散骨」が話題を呼んだ。墓地用地の乱開発による自然破壊が進む中で、環境問題を考える人々によって、墓はつくらず、自然に還る葬法が提唱された。一九九九年に墓石の代わりに花木を植える「樹木葬」が登場するが、一九九〇年代に入って登場したこのような葬法を、脱墓石化、あるいは人工的な形あるものを残さない無形化としてとらえることにする。継承を前提としないばかりか、墓石すらも残さないという、家的先祖祭祀の枠組みを超えた斬新的な葬法というとらえ方もあるだろうが、見方を変えれば、庶民が墓石を立てはじめた江戸中期より前の形態に回帰しているとも解釈できるのである。

どのようにしてこういった葬法が登場したかについて触れておくことにしたい。一九九〇年までは、埋葬と焼骨の埋蔵は「墓地」以外の区域で行ってはならないという「墓地、埋葬等に関する法律」(以下墓埋法と略す)」の規定や、刑法一九〇条の死体・遺骨遺棄罪などによって、散骨は法的に不可能との認識が国民の間に定着していた。そういった状況の中で、安田睦彦が呼びかけ、自然保護・環境問題を考える人たちや弁護士などが中心メンバーとなって「葬送の自由をすすめる会」が発足した。

同会は一九九一年一〇月、神奈川県三浦半島沖の相模灘において、自然葬(散骨を同会はこう呼称する)を実施し、公表した。それまで撒いてはいけないと思われてきた根拠の一つ、「埋葬又は焼骨の埋蔵は、墓地以外の区域に、これを行ってはならない」とする「墓埋法」に対して、遺骨を「撒く」という行為は、「埋葬」にも「埋蔵」にも該当しない。よって墓埋法のどこにも撒くことを禁止する条文はないとし、散骨は墓埋法の範疇外であるという法解釈をもって、散骨が法に抵触しないことを主張した。また、刑法一九〇条の遺骨遺棄罪に関しては、遺骨を遺棄することを目的にせず、葬送行為として行い、社会的な風俗としての国民感情、倫理に反しない限り抵触しないとの見解が定着した。

「葬送の自由をすすめる会」は二〇〇二年九月に特定非営利活動法人の認証を受けた。全国に一三支部一万一〇〇〇人の会員を擁し、同年一一月六日現在、七一〇回、一二四八人の自然葬を実施した。そのうち七割が海で実施されたものであるという。散骨実施者の数は、団体に属さず散骨を実施している人も多いのでさらに膨らむ。

「散骨」を希望する背景には、人間も自然の一部であるとして、自然に還りたいという強い願望がある。また根底には、近年の地価高騰に伴い上昇する一途の墓価や寺・霊園主導の墓のあり方に対する根強い不信感があり、増え続ける墓地が環境破壊を促進していることへの警鐘でもあるだろう。

散骨は、今のところ特に規定した法律はないので、提出を求められる公文書や諸方面への手続きはない。節度をもって(遺骨を遺棄することを目的にせず、葬送行為として行い、社会的な風俗としての国民感情、倫理に反しないように)、「自主規制」の形で行っている。具体的には、陸地では私有地を避け、海では沿岸を避けて遠く沖に出る、さらに、遺骨は砕いて細かくする等である。「海洋葬」といって業者が実施しているところもあれば、市民グループや、市民グループと提携した業者が行っているケースもある。しかし、誰かに届け出たり、頼んだりしなければいけないというものではないので、私的に実施しているケースも多い。

新たな形態「樹木葬」

一九九九年に岩手県一関市の祥雲寺(千坂嵃峰住職)が、はじめて樹木葬墓地の運営をはじめた。樹木葬とは、雑木林がそのまま墓地となる形態で、「美しい雑木林を後世に残す[6]」という主旨でつくられた墓地である。墓地として許可された里山の雑木林の中に、骨壺から出した遺骨を直接土の中に埋め、そこを目印として山ツツジなどの花木を植える新しい形態の葬法である。墓所は直径二メートルの円で囲まれる範囲で、外柵がなく、墓石やその下の納骨室など人工的な築造物は一切ない。山林なので埋骨場所を特定し、墓所を台帳に記録するためには、目印となる基準木からの距離を測る方法をとっている。埋骨地点には墓標として山ツツジなどの花木を植える。その他、山ドウダン、紫陽花といった低木を想定している。これによって墓所を示す外柵なしに埋骨位置が特定されるという仕組みになっている。宗教・宗派は問わず、継承者がいない場合も埋骨することができ、そのまま永続的に改葬されずに保護され、死後三三年以内は同じ墓所に重複埋蔵されない。納入金は二〇万円と墓地の環境管理に要する費用が別途かかる。

同じ自然に還る葬法でも散骨と樹木葬が大きく違っている点がある。散骨は「墓地、埋葬等に関する法律」には「どこにも撒くことを禁止した条文はない、だから法に触れない」という法解釈に基づいて行われているのに対し、樹木葬はすべて「墓地、埋葬等に関する法律」に則って「法の内」で行っているという点である。墓地として都道府県知事の許可を受けた森林墓地で行い、遺骨を「撒く」のではなく、「埋める」点が散骨と大きく違う。

樹木葬の申込者、見学者の意見

初めて「樹木葬」と称する儀式が行われたのは一九九九年一一月一一日であった。その時に埋骨された人は、一九九六年に八〇歳で亡くなった一関市のＳさんである。祥雲寺の住職と、故人の妻、長男ら関係者五人が立ち会って儀式が行われた。地面に穴を掘り、骨壺から遺骨を直接穴の中にあけ、その上から土をかぶせて埋めた。故人の家の庭から摘んできた梅もどきや小菊が手向けられ、埋骨したところには山ツツジが植えられた。最後に、住職による読経の中、皆が祈って儀式は終了した。妻は「私たち夫婦は中里に開拓者として入った。太平山が見えるジャングルのようなところを耕した。だからお墓に入るより、広々としたところがいい」と言う。長男は「数年前から樹木葬の計画を知っていて、生前の父に〝樹木葬をやりたいけれど、どうだろう〟と話していた。うちも見晴らしがいいところなので、一番高い見晴らしのいいところを選んだ」と語った。

この一事例を見る限り、樹木葬申込者は、「自然の中に眠る」ということに魅力を感じていることがわかる。しかし、見学者や申込者に聴き取り調査を試みると、自然志向だけではなく、別の選択理由も浮き彫りになった。聴き取り調査からわかった樹木葬に関する意識をまとめると次のようになる。

「自然志向」では、「石の墓の下で、何十年、何百年と骨のまま残っているよりは、自然に還って、木の栄養分になって、綺麗な花でも咲かせてくれたらうれしい」「花木が墓標とは素晴らしい。お墓参りに来た人も心が和む。季節が巡るごとに花をつけて成長していくのを楽しんで、時には一枝折って自宅に持ち帰り、しばらく共に過ごすこともできる」「私は跡形もなく消えたい。かねてから死んだら山に埋めて、そこに山桜を植えて、と言ってひんしゅくをかっていた」といった意見から、同じ自然でも「海も考えたけど、冷えそうなので山にした」という意見まであった。また、故人の遺志で樹木葬墓地を買った人は「主人が樹木葬の計画を闘病日記に書いていた。こんないいところとは思っていなかった。自然を愛した人だったから、生きていたらこういうことを率先してやっただろう」と語った。

一方、「継承者のいない人」や、「子どもに頼りたくない」という人が、この墓を多く買っていることも確認できた。「子どもがなく、亡くなった夫の遺骨は今、寺に預けてある。寺の墓では、あとがないため無縁になるからいや」「子ども(男女)はいるが迷惑をかけたくない」「子どもがあてにならない。子どもは一人娘。我々も親を看ていないのだから、子どもも同じこと」といった意見が聞かれた。こういった人たちは一方で、「墓がここに決まって、ちょっと安心した。ただ、生きている人が遺骨をここに運んできてくれるかどうかといった心配が残る」「私が主人を送るのはいいけれど、私の時は誰がやるんだろう」といったように、墓が決まっても遺骨の運び手の確保を心配している。

また、この樹木葬墓地は、購入者が祥雲寺の檀家になることを求めていない。宗教・宗派は自由であるため、「うちのほうでは、寺に檀家として納めるお金がすごく高い。樹木葬なら後腐れがない」といったように、既存の檀家制度に不満をもつ購入者もいた。

また、変わったところでは、「夫は従来の葬送がいやで、本人が生前に『宇宙葬』(7)を申し込んでいた。しかし、宇宙には遺骨をほんの少ししかもっていけない。夫の死後、新聞で樹木葬のことを知って、すぐに申し込んだ。夫が生前に知っていたら、どれだけ喜んだだろうか。私も安心して老後が過ごせる」。

同じ自然に還る葬法でも「散骨」との違いを、樹木葬は「場所がわかっているからいい」「墓地として許可を受けたところなので安心できるし、他人に迷惑をかけないでいい」と語った人が多かった。

樹木葬墓地は非継承墓

一九九九年一一月に樹木葬をはじめてから翌年の九月までに、全国から七七四件を超える問い合わせがあり、二〇〇三年一月一五日現在申込みは三八二件(そのうち九一件が納骨)にのぼった。前項でも確認したが、祥雲寺の住職によると「自然を愛する」という購入理由が一般的ではあるが、同時に「墓を守る人がいない」、あるいは「子どもたちに負担をかけたくない」という理由で樹木葬を選んだ人が多いという。その辺の事情を知るために、息子がいるのに樹木葬墓地を申し込んだ一関市在住のSさん夫妻(前出のSさんとは別人)に面接調査を試みた(二〇〇一年三月一〇日)。Sさん夫妻は、自分たち夫婦のために樹木葬墓地を運営する祥雲寺の一般墓を購入して六年ぐらいしか経っていなかったのに、樹木葬墓地に買い換えたのである。

Sさん夫妻は、埼玉県に住んでいたが、定年退職後に妻の実家がある一関市に移住して二二年になる。「墓を買って安心したい」ということから、八年前に祥雲寺の境内墓地を購入した。「当時は、それ以外に他の方法が考えられなかったから」と話す。同じ寺が樹木葬墓地を始めたことを新聞で知り、何の迷いもなく申し込んだという。自然に還りたいという思いだけでなく、墓というものへの考え方が変わったからだと言う。

彼らには息子が一人いるが、海が大好きで、親から独立した後は、神戸に住み、震災にあって横浜に移り、現在は沖縄の離島に住んでいる。息子は墓地には関心がなく「おれが死んだらモルジブの海に散骨してくれ」と言っていた。息子に樹木葬墓地を買ったことを告げると喜んでくれて、「全国的に、そのような墓地ができてくれたらいい」と語ったという。夫妻が樹木葬墓地を買った理由は、「遠くに住んでいる息子に負担をかけたくない」ということであった。妻は、「子どもが遠くにいるから、墓参には来られない。私の実家がすぐそばにあるので、弟や妹たちが私たち夫婦の墓を気に懸けると思う。樹木葬はそういう余計な負担もかけなくて済む。みんなに迷惑をかけたくない。墓は一代でいい」と語った。

「山はこころの故郷みたいで、その好きな山の土に還り、さらに今度は花に生まれ変わって、そして毎年毎年、きれいな花を咲かせていけるということに心惹かれました。だから次の世も楽しそうです。将来、どちらが先に亡くなっても、墓参のたびに墓石がわりの山ツツジの幹が太くなっていくのは楽しそうだ」と言う。

以上のように樹木葬墓地は、自然と一体化するうえで墓石を建てず樹木を墓標とするという「脱墓石化」の一形態である。また、継承すべき墓石を残さないという点で、非継承墓にも位置づけられる。

樹木葬墓地申込者の意識調査

二〇〇二年に「樹木葬墓地申込者の意識調査」(エンディングセンター研究代表者・井上治代)を実施した。有効回答数一八二人のうち、現住所は全国に及ぶが、東京都、岩手県の順に多く、関東と東北で九割以上を占めた。性別では男性が四割強、女性は六割弱と女性が約二割多く、年齢は六〇代が最多で、六〇代と七〇代で七割以上を占めた。既婚が五七・九%、既婚(死別)二〇・二%、既婚(離別)一三・七%、未婚が五・五%、無回答二・七%であった。子どもが「いる」人は一八三人中一三七人(七四・九%)で、そのうち「娘・息子の混合」五九人、「娘だけ」四六人、「息子だけ」三二人であった。

注目すべきことの一つに、樹木葬墓地申込者が墓を所有していたか否かの回答結果がある。新規に申込む以上、墓は「なかった」(三六・六%)という回答が多いのは当然だが、しかし一方「1継ぐ立場にある家のお墓があった」(一七・五%)や「3自分の代で買ったお墓があった」(九・八%)を合わせると、三割弱の人が継ぐ立場にある墓や自分で買った墓を所有していたことがわかる。さらに「2継ぐ立場にないが、入ろうと思えば入ることができる家のお墓があった」(二六・二%)を加えると五割を超す。

ではなぜ、墓があるのに樹木葬墓地を買ったのか、右記の1〜3の「お墓があった」と回答した人に、その墓に入らなかった理由を、三つ以内の複数回答可として尋ねた。最も多かった回答は「自然に還《かえ》ることを希望しているから」(八一・〇%)、次に「子どもに墓の継承のことで負担をかけたくないから」(四〇・〇%)、「継承者がいないから」(二三・〇%)と続いた。本章の第1節で筆者が一九九〇年代の墓の変化を自然志向と脱継承と想定したが、筆者の仮説を裏付けるような結果が得られた。

今度は「お墓がなかった」という人も含めた全員に「申込理由」を、三つ以内の複数回答で質問した(図Ⅴ-5)。その結果は多い順に「自然に還《かえ》ることができるから」(七六・五%)、「継承者がいなくてもいいから」(四三・七%)、「木を植え、その下に眠ることがいいから」(四一・五%)、「自然を守ることにつながるから」(三一・七%)、「宗教者(お寺)に管理してもらえるから」(二五・七%)、「死後のサポート体制(遺骨の届け、埋骨の立ち会い等)があるから」(一九・七%)となった。やはり、自然志向と脱継承の傾向がとらえられた。

「墓地に、誰が入るか」を複数回答可で尋ねたところ、「自分」(九二・三%)、「配偶者」(六二・三%)、「子ども」(一八・六%)と続き、その他の選択肢はそれぞれ一割にも満たなかった(図Ⅴ-6)。「単身」で入るケースが最も多く、続いて「夫婦」で、「子ども」まで入ることを想定している人は二割に満たない。

散骨との比較「散骨について、どう思うか」と尋ねると、「散骨も樹木葬と同じくらいよい」(三七・七%)との回答が最も多く、「本当は散骨がしたかった」(九・三%)を合わせると、約五割の人が散骨も支持していることがわかる。一方で、「他人がするのはよいが、自分や家族がするのは望まない」(一八・一%)、「あまり好ましくない」(二二・四%)など、樹木葬はいいが散骨は自分は望まない人が約四割いて、二つの葬法を区別する意識もうかがわれた。

そこで、「同じ自然に還る葬法でも散骨ではなく、樹木葬を選んだ理由」を、三つ以内の複数回答可として答えてもらった結果を見てみたい。

「墓地として許可を得た場所なので、安心である」(五三・〇%)が最も多く、「自然は好きだが、管理棟があって、あるていど管理や手入れが行き届いている方がよい」(三一・一%)を合わせると、墓地と特定された自然の中がよいとの意見が多いことがわかる。また、「死んだら木(花)になることにロマンを感じる」(四四・八%)が二番目に多く、「墓標

図 V-5　樹木葬墓地を申し込んだ理由は何か

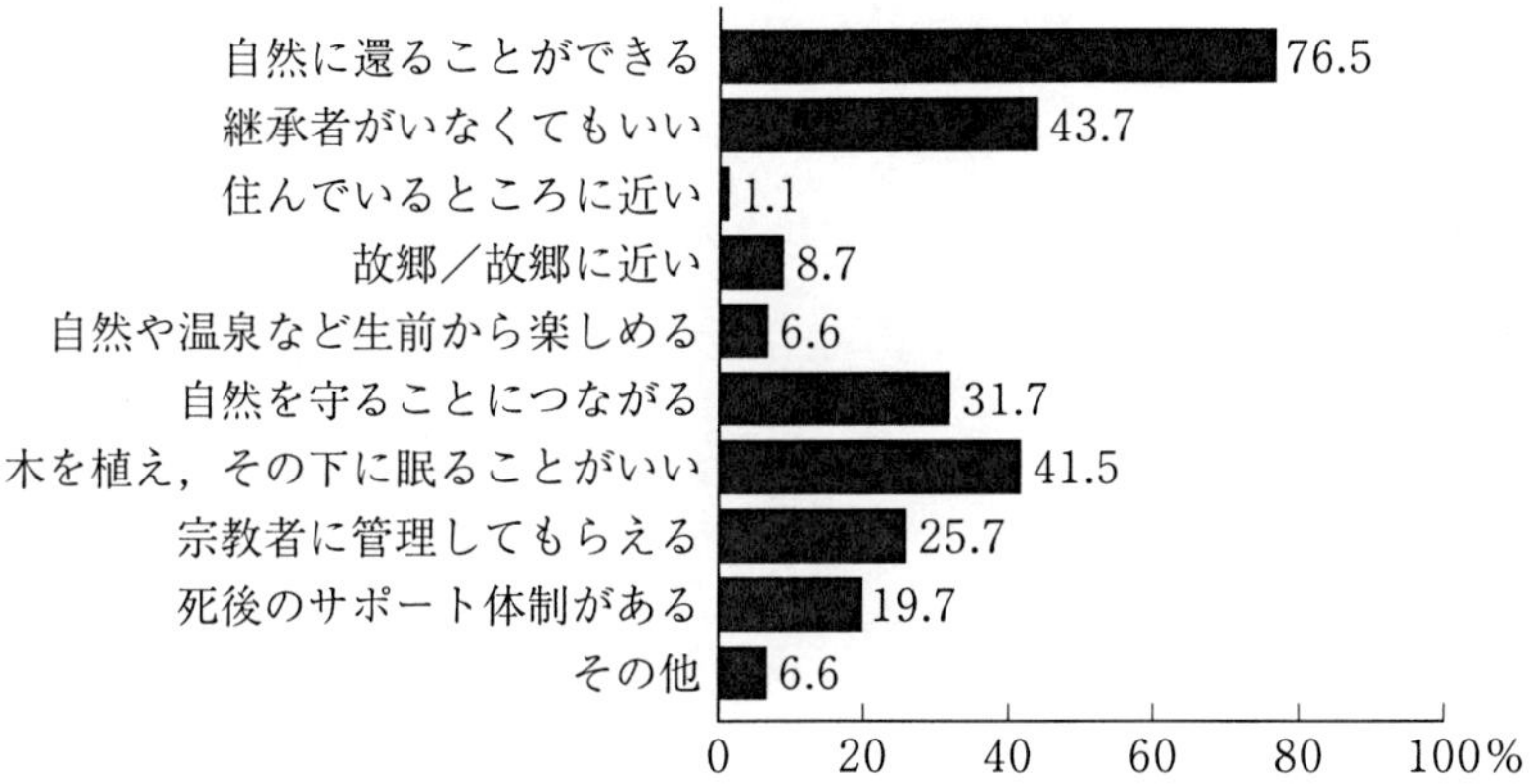

注：上位 3 つ以内回答

図 V-6　樹木葬墓地に誰が入るか

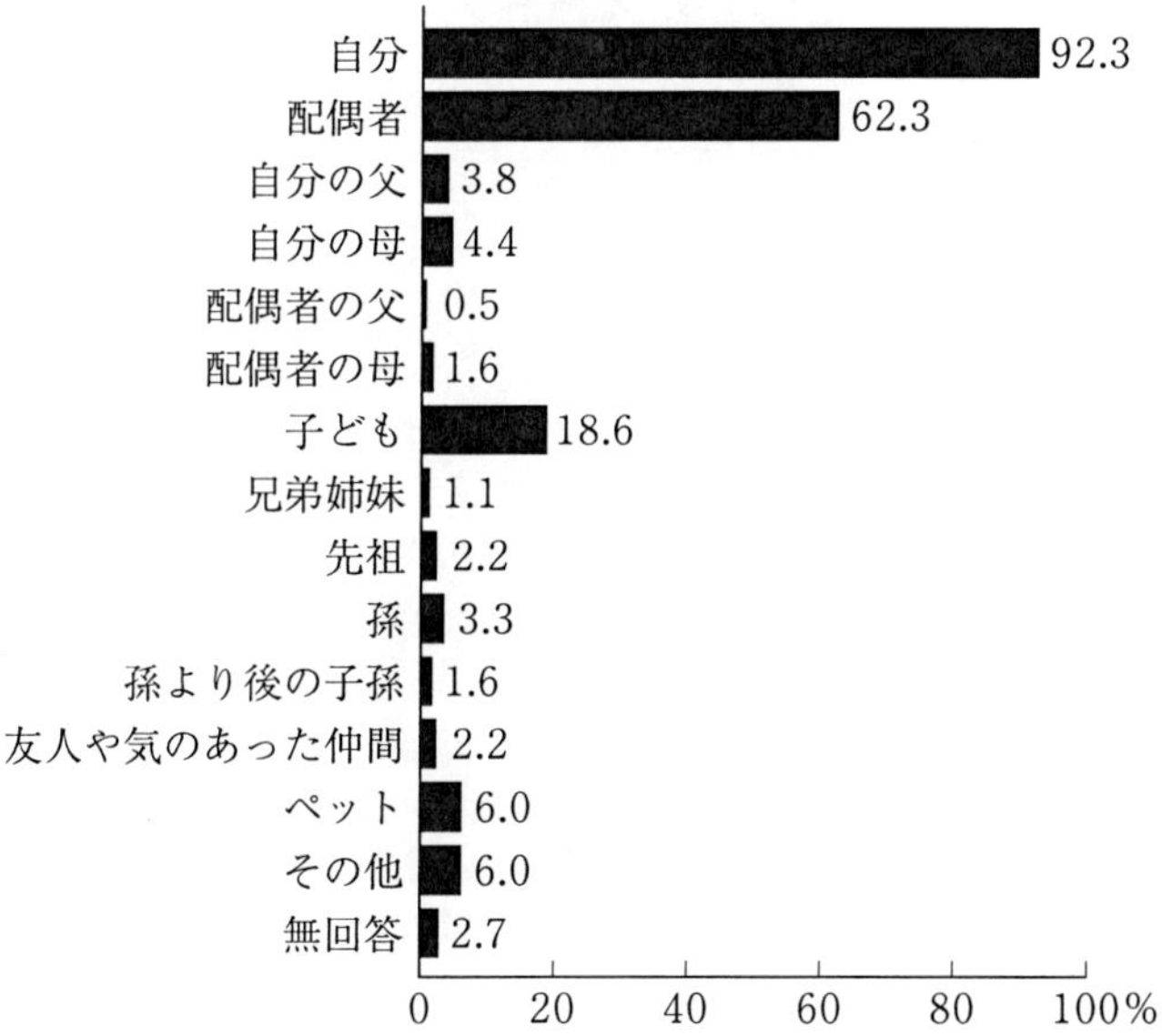

注：該当するもの全て回答

が全く何もない散骨より、遺骨を埋めたところに標《しるし》があって特定される方がよい」(二四・六)％と回答するように、「木になる」という「標」にその良さを感じていることもわかる。さらに積極的な環境保全意識として、「木を植えて緑を増やすことができるほうがよい」(三七・二％)という意見や、「遺骨を土に埋めた方が、早く自然に還れそうだから」(二八・四％)との意見も少なからずあった。「散骨は、遺骨を捨てるようで抵抗がある」(一二・六％)は比較的少数であった。

死後の霊魂観・他界観として、あの世と来世の存在について質問すると、「信じていない」(三一・七％)が最多で、「そう信じたい」「わからない」がともに二六・八％、「信じている」は少数で一二・五％であった。死後の霊魂の存在については、「そう信じたい」「わからない」が二六・八％、「信じていない」が二五・七％。この三つがほぼ同じ割合である。「信じている」だけが一五・三％と相対的に低い。しかし、死後の霊魂の存在を「信じている」「そう信じたい」を合わせると四割以上になり、その人たちに「魂は樹木に宿ると思うか」と問うと、「そう信じたい」(五〇・六％)が半数で、「そう信じる」(一三・〇％)と合わせると、約六割強を占めた。一方、「そうは思わない」(三八・六％)という人も約三割弱いることも明らかになった。なお、その他の質問の結果は『樹木葬を知る本――花の下で眠りたい』[千坂・井上編 2003]を参考にされたい。

3　継承難に対応した継承墓

期限制

家族の一代化による墓の継承問題に対応した葬法は、継承制から脱却したものばかりではない。継承制をとりながらも期限を切って使用する「期限制」が登場した。墓は従来と変わらないが、期限を区切って継承者の存在が確認され、更新していく方法である。継承者が誰もいなくなれば、遺骨は霊園の一角にある「合祀墓」に納骨され、空いた墓所は再利用される。継承者が絶えて荒れ果てた「無縁墓」がなくなり、利用者が循環されていく。

千葉県浦安市は、臨海埋立地によって面積が四倍にも広がり、人口が急増した地域である。墓地は寺院墓地があるだけで、一九七〇年代から墓地不足が予測されていた。一九九〇年一二月〜一九九二年三月にかけて墓地の研究会が設置され、社会の変化に対応する墓のあり方が検討された。その報告書が出た一九九二年の七月に公営の「浦安市墓地公園」が開園した。この浦安市墓地公園では、『ふるさと浦安』の心のよりどころ」を基本理念とし、研究会で検討された無縁対策として期限制を採用した。「浦安市墓地公園」の墓の使用期間は「永代」ではなく「三〇年」とした。三〇年後、更新の手続きを取る人がいれば、また三〇年の使用が認められる。もし三〇年経って継承者が絶えても「集合廟を備え、身寄りのない方々についても、市が責任をもって合祀する」とうたっている。

東京都町田市にある民営霊園の「町田いずみ浄苑」では、原則として一〇〇年の期限制をとるが、継承者のいない者でも一般墓を買うことができ、その場合、一〇〇年以内の年限で、購入者自らが期限を決め、その間の管理料や花代、読経に対する布施など生前に前納しておくこともできるシステムになっている。民生委員の紹介で申し込んだある単身高齢者は、七年間の期限を自分で決め、七年分の管理供養料を払ったという。七年が過ぎると、霊園の一角にある合葬墓に遺骨が移されて恒久的に祀られる。一般墓を期限付きで使用せず、初めから合葬墓「メモリアルオアシス」を選択することもできる。

これまで墓の使用は「永代」であったが、少子化社会や継承者をもたない生き方が市民権を得た社会では、「永代」という使用が実態と遊離し、問題化こそすれ、意味を持たなくなってきたのである。今後の霊園には、この期限制がますます導入されていくだろう。

一方、「非継承墓」にも期限制を導入しているものが多い。最初は固有スペースに個別に納骨するが、その固有スペースに期限制をとり、期限がきたら空け渡して共有スペースにほかの遺骨と一緒に合葬されるという形態である。「非継承墓」に期限制を採用して再利用されていくことで、家族を超えた人々の間で墓が継承され、共同使用されていくことになる。この再利用のシステムがなければ、「非継承墓」は管理者にとっても、将来的な運営費が見込めない墓となるだけでなく、墓域の際限ない拡大という環境面の問題もはらむことになる。

ちなみに、土葬率が高いヨーロッパの国の中には期限制で使用する形態が多い。遺体が自然に還る年数は地質によって違うので幅はあるが、だいたい一〇年から三〇年ぐらいの期限で、期限がくると墓所は次の者に再利用されている。ところがヨーロッパの中でもイギリスは期限制がとられてこなかった。したがって一九世紀後半から二〇世紀初めにかけての墓地は、荒れ放題になって問題となった。現在は、墓地の使用契約期間を五〇年〜七五年間と決めている。

アメリカでは管理のためのファンド(基金)の制度を設けている。墓を買った時に支払ったお金の一部(州によって違うが約一割)が葬儀(墓地)会社にファンドとして預けられ、その運用金が墓の管理費に充てられている。だから、継承者がいようがいまいが、墓は管理される仕組みになっている。

複数家族墓と非家名墓

継承制をとりながらも、継承難に対応した墓として、第Ⅳ章で言及した「複数家族墓」と「非家名墓」をあげておきたい。第Ⅳ章でも述べたように「複数家族墓」というのは、継承者が確保できない家族の存在があって形成される墓の形態である。すなわち一人の継承者が二つ以上の家族墓の責任をもつ形で成り立っている墓とも言える。継承者がいないからといって、不特定多数の人たちと墓を共有する形態に違和感を感じる人や、血縁者に守ってもらいたいという希望がある人、あるいは、子どもが娘だけの場合に娘夫婦に守ってもらいたいと望む人が、既存の継承制の中で何とか工夫をこらした形が「複数家族墓」である。その意味では、伝統的な継承戦略としての養子縁組に代わる現代的な継承戦略が複数家族墓といえるだろう。今後さらに少子・高齢化が進み、墓や仏壇の継承が期待される者同士の結婚が増加して、結婚改姓した娘も継承者となり、親族関係にある複数の核家族が墓を共有するケースが増えれば、家名を墓石に刻んでいたのでは、いくつも家名が連なるような状況が想定される。そのため墓石には家名以外の宗教語や任意語を彫るような傾向が認められる。もちろん、宗教心から宗教語を刻んだり、家名より好きな言葉を刻むことを好んでそうするケースもあることをつけ加えておかなければならないだろう。

4　脱継承から派生した問題と解決

葬送の担い手を欠く人々の増加

戦後の産業化によって農村から都会へ移動してきた人々による急激な人口増加から、都会では高度経済成長期に「団地」と呼ばれる集合住宅が建設された。当時、団地で暮らす人々の家族構成は夫婦と未婚の子という世帯が一般的であったが、いまではその家族も最晩年を迎え、子どもたちが離家した後、高齢者だけで生活している世帯が多くなっている。そのような中で、死後数日して遺体が発見される孤独死の件数が増え、葬送のサポートを行っている市民団体「エンディングセンター」には、「他人さまに迷惑をかけないようにしたい」という独居者の相談が寄せられている。独居でも親族のいる人は多いが、血縁が希薄化した今日、親族とは没交渉で、甥や姪になると小さい頃にしか会ったことがないという人も多い。親族が存在するということと、葬送の担い手がいるということがイコールではなくなって、いわゆる死後の担い手を持たない人々の問題が、一九九〇年代になって浮上してきた。

そのような人々の選択肢の一つに献体がある。近年、死後を託す家族や親族がいない人々の献体登録者が増加している。献体をするには家族全員の同意が必要であるが、家族がいない者には反対者もないため献体登録も問題なく進む。その際、遺骨は返還無用にしておくと、献体の受け入れ側である大学が所有する供養塔に納骨してくれる。そして大学では一年に一〜二回、慰霊祭を行っている。また、献体の受け入れ側では、希望があれば棺も無料で用意し、指定の場所まで遺体を引き取りに行く。そこで身寄りのない人は、棺をもって病院に引き取りにきてもらうことを献体先に指定しておくと、葬儀社も必要なく、死後のことを滞りなく済ませることができることになる。自分の遺体が世の中のために使われて、死後の始末ができ、加えて永代供養まで約束されている献体の会に、近年、単身者の入会が増加しているという。そのため最近では、献体者が比較的少ない地域は別として、献体受け入れ側では遺骨の引き取り手のいない人の献体を断り、遺骨を引き取ることを条件にしたところも多いという。

遺骨引き取りシステムの必要性

墓については、非継承墓が各地にできて、墓祭祀の担い手を持たない人たちの受け皿ができた。しかし、それらの墓を買った人たちの中から次なる問題が起こった。一九八五年に売り出された比叡山延暦寺の非継承墓「久遠墓」は、テレビで全国に放送されたこともあって、また当時はこの種の墓がほかになかっただけに、北海道から九州まで全国各地の人が購入した。九〇年代に入ると購入者の中から亡くなる人が出始め、中には延暦寺に遺骨が届かないケースが出てきた。身寄りがないために非継承墓を買ったが、遺骨をそこに届けてくれる人がいない。あるいは、墓が買ってあることすら他人にわからない、というようなことが起こった。非継承墓ができたことで墓の問題は解決したが、それとは別に、「誰が墓まで遺骨を届けるか」といった遺骨引き取りの問題が新たに浮上してきたのである。

かつて人が亡くなると通夜・葬式の後、葬列を組んで死者を墓まで送った。すなわち、死亡から墓に入るまでの一連の儀礼が葬送儀礼であった。ところが火葬化が進むと葬式終了後すぐに納骨せず、葬式と墓への納骨が別の儀礼になったため、葬送の担い手をもたない人が生前に葬儀はA社に、墓はB寺(霊園)に託すのでは、誰がAとBの間をつなぐのかという問題に直面したのである。

この問題を解決した事例もある。戦争中、多数の適齢期の男性が亡くなったために独身を余儀なくされた女性たちが中心となってつくった「女の碑の会」の非継承墓「志縁廟」でも、全国に分布する会員の遺骨を誰が「志縁廟」まで運ぶかが問題になった。同会では「志縁便」と名づけた仕組みをつくった。これは、遺骨を届けてほしい人が生前に居住する地域から「志縁廟」のある京都までの交通実費をあらかじめ払って依頼しておけば、死後、仲間が遺骨を運ぶというもので、会員同士の相互扶助による遺骨運搬システムが確立したのである。ところが二〇〇〇年には、会員の高齢化に伴って「志縁便」は終了を余儀なくされ、その後は葬祭業者に業務を委託している。

非継承墓である新潟の「安穏廟」の購入者が、墓に入るまでの看取りや葬儀の担い手についてどのように考えているのか、一九九五年に実施した「合祀墓『安穏廟』会員意識調査」の自由回答欄をみると、次のような記述があった。

「葬式は、仰々しい式はしなくても、ただ生花を飾ってもらえればといいと思っている。でも、それをしてくれる人をどなたかに頼まねばと思ったら、いつ頃が頼み時か、誰に頼んだら良いか、迷っている」。「私は借家で全くの独り暮らしをしている。母と妹がアメリカのテキサス州ヒューストンに住んでおり、母は八一歳、妹は働きながら母の面倒をみているので、もし私が亡くなっても私のために日本へ帰って来ることはままならない。そこで私のような独り暮らしの者が、費用を毎月納金または一括納金をしておいて、死んだらすぐに来てくれ、私の死後の面倒と後片づけ(公共料金の精算、日用品の全て、家の掃除)をしてくれる機関を希望している」。「死んだら安穏廟に誰が納骨に行ってくれるのか」「夫が先に逝きました場合、私の骨が安穏廟に無事に届くことができるか、時々ふっと不安になる」といったように、葬儀に加え、居住地から安穏廟へ遺骨を届ける人がいないことを心配する人がいた。

一九九九年には「安穏廟」購入者を対象に、介護や死後の葬儀などについてどのように考え準備しているかを知るために「『安穏廟』購入者の実態調査」を行った。「緊急に人の手助けを必要とする場合に、頼める人はいるか」の質問で「いる」と答えた人は約八〇%、「いないので不安だ」が一四%であった。「いる」と回答した人に、その人との関係を尋ねると、「別居の子ども」(三七%)がもっとも多く、「兄弟姉妹」(二七%)、「同居の子ども」(一八%)、「甥や姪」(一一%)、「配偶者」(一〇%)の順になった。

また「葬儀や死後の後片づけを頼める人の有無」を尋ねると、「いる」が八七%、「いない」八%であった。ほかは「考えてもいない」の五%である。「いる」と答えた人に、その人との関係を聞くと、「別居の子ども」(四四%)が最も多く、「兄弟姉妹」(二六%)、「同居の子ども」(二〇%)、甥や姪(一二%)と、ここまでは先の緊急時に頼む人と同じ順位であるが、数値は配偶者(二%)が減った分、「別居の子ども」が高くなっている。そしてこれらの人々に「日頃から気配りをしているか」と質問すると、「気を配っている」が四二%、「気を配っていない」が二四%であった。

本調査で、遺骨を届けてくれる人が「いない」と回答した人は七%と少数だったが、このような人が存在することが明らかになった。

生前契約とエンディングサポート

法律や福祉は死者を対象としていない。わずかに規定しているのは「生活保護法」による葬祭費の給付と、「行旅病人及行旅死亡人取扱法」による、旅行中の死亡者や住所氏名の不明な死亡者のうち、引取手のない者に関して、死体があった市町村長の責任において埋・火葬が行われる、といったことに留まっている。ところが、現在増えているのは、葬祭費もあり、身元もはっきりしているが、死後のことを託す者がいないケースであって、先の二つの法律の範疇を超えた、現行の法律が想定していない事態が進んでいるのである。

これまで身寄りのない人は、行政の措置という形で死後の一切が処理されてきた。実際は、行政から葬祭業者が委託されて死者を火葬し、遺骨は無縁塚などに納骨している。しかし、葬儀の担い手がいないからといって、葬儀代金をもっていないわけではない。だから、そういった人々の間で「子どもがいないというだけで、自分の希望する葬送を選べないのはおかしい」という人権意識が高まってきた。

人が死ぬと相続が確定するまで遺産は封鎖されてしまう。第三者が葬儀をしたとしても、遺言でもない限り第三者に遺産の相続権はないから、葬儀を行っても代金を死者の遺産から払ってもらうことができない。葬儀代金を生前に受け取っていたとしても問題がないわけではない。すなわち、まったく親族がいないならばいいが、いくら日頃、没交渉であっても遠縁の者でもいれば、生前に故人と口約束していたからといって、親族に優先して第三者が葬儀を主宰する権利はないのである。逆に言えば、葬儀を託す人を法的に指定できて、死後その代金の支払方法さえあれば、葬儀の担い手のいない人でも第三者に託すことができるということになる。

このような法的問題に配慮して一九九三年に登場したのが「Ｌｉｓｓ（りす）システム（Living Support Service System）」という「生前契約」である。立案者は（株）りすシステム（現在、特定非営利活動法人）代表・松島如戒で、法律家と協働して法的な拘束力のある生前契約をつくりあげた。

民法八九七条「系譜・祭具・墳墓の承継」に規定されている、被相続人が祭祀の主宰者を指定した場合、それが最優先されるということに着目し、この条文の「祭祀」には、「葬儀などの祭祀」も含まれると解釈して、葬儀等の生前契約に用いた。公正証書遺言を作成して、祭祀(葬儀・墓など)を主宰する者として生前契約団体の人を指定し、代金は、財産の中から、負担した義務を履行することを条件に第三者に遺贈するよう遺言する(民法一〇〇二条「負担付遺贈」)。そして民法六四三条「委任」に基づいて、自己の葬儀や死後の事務処理等を委託しておく。[8] これで葬儀の担い手を持たない人でも、葬儀や死後の事務手続き、住居・遺品の片づけなどが依頼できるようになった。

松島は二〇〇〇年二月に生前契約における監視機構と葬儀費用等の支払いや寄付などの決済を行う特定非営利活動法人「日本生前契約等決済機構」を設立し、その受託機関として同年一一月に株式会社として実績を積んできた「りすシステム」を特定非営利活動法人とした。九三年一〇月に生前契約のサービスをはじめて以来、二〇〇二年一二月三一日現在利用者が一一四六人、そのうち契約者(公正証書作成)は六五〇人となり、すでに九八人の葬儀等を施行している。

筆者は、終末期から死後に及ぶ、看取りから葬儀・墓および死後の事務処理等を、親族以外の者に外部委託し、それを実行する行為をエンディングサポートと定義する。多数の高齢者を少数の若者で支えるという少子・高齢社会の不均衡な構図から、年金や介護問題が指摘されているが、人間が死ぬと瞬時に、様々な医療や福祉サービスの担い手が手を引き、サポートやサービスの対象からはずされている。これまでは死後のことを担う家族が存在したから問題にもなって来なかったが、介護者を家族だけで確保できにくい時代に、死後の担い手を家族で確保できない人が存在することも想像に難くない。碑文谷創は、「住宅・土地統計調査」(九八年)をもとに、単身高齢者と夫婦だけで暮らす高齢者世帯のうち「子どものいない高齢者世帯」を一五八万世帯と推計している[碑文谷 2002:36]。彼らが全員、葬送の担い手を欠くとはいえないが、その数はエンディングサポートの必要性を暗示しているといえるのでなかろうか。

前出の樹木葬墓地の運営者・千坂嵃峰は、死後の担い手を持たない人々のニーズに対応し、エンディングサポートを実施している市民団体「エンディングセンター」と提携し、遺骨を運ぶなどの要望に応えている。エンディングセンターのサポーターは、依頼者の遺骨を自宅まで受け取りに行き、それを一関市の樹木葬墓地まで運んで、埋骨や植樹に立ち会い、その時の写真を持って依頼者に報告するなどの仕事を担う。そのほか身寄りのない人の死後の遺体の引き取りから火葬、死亡届や年金の停止などの死後の事務処理に加えて、自宅の部屋の片づけ等も担っている。エンディングセンターとは、一九九〇年に設立した「二一世紀の結縁と葬送を考える会」が発展解消してできた市民団体で、各地の葬送の市民団体や葬送関連団体ともネットワークでつながっている。

5　総　括

第2節「家族の個人化と墓をめぐる妻の選択」で分析した様々な意識調査の結果は、次の二点を明らかにした。一つは、「代々の先祖」や「子ども」よりも「夫婦で一緒の墓に入る」ことを望む人が一番多いという結果から、直系に永続させる家意識が薄れ、夫婦家族制理念が墓にも及んだという判断ができるであろう。二つ目は、夫婦で入ることを望みながらも「夫婦で入る必要はない」という意見に、全体の三分の一の人が同意しているという、一見矛盾するかのような結果である。筆者はここに「個人化」を読みとった。夫婦同穴、二人四脚といった「対の発想」が薄れ、夫婦であっても個を尊重する意識のあらわれであるとみる。そして夫と別墓にする妻を対象にした面接調査から、妻の脱家行動を浮き彫りにした。

第3節「家族の変化に伴う墓の脱継承」では、継承制から脱継承へ、これまでの墓に代替するものとして非継承墓の特徴や、散骨や樹木葬墓地の実態を分析した。妙光寺の非継承墓「安穏廟」の申込者の属性では、「子どもが娘だけ」「息子がいるが」「子どもがいない夫婦」が上位三位であった。従来の墓の継承からいえば、息子が確保できていて何ら問題ないケースで、非継承墓を買う人が多いということは、継承制そのものが現代家族のあり方から遊離し、まだ一部ではあるが機能不能の状態が露呈してきたといえるであろう。オグバーンのいうところの文化遅滞(cultural lag)［オグバーン(雨宮他訳)1944：185-264］が起きている。

今後は死後の担い手を持たないケースがさらに多くなることが予測される。少子化で一人ぐらいしかいない子どもが長命の親より先に死なないともかぎらない。また、未婚・非婚者や子どものいない夫婦も多くなる。より一層、家族だけでは担いきれない状況がそこにある。生前契約やエンディングサポートを紹介し、それをもって、これまで家族機能の一つとして喪主が行ってきた死者祭祀、先祖祭祀を、家族外の者に外部委託するという家族機能の外部化、死者儀礼のアウトソーシング(外部委託)と位置づけることにしたい。

注

(1)　性別役割分業のほか、家庭内領域と公共領域が分離したためにプライバシーが重視され、地縁・血縁者との交流は薄く、小家族員が強い情緒的関係で結ばれているような特徴をもった戦後の家族に対して、家族の社会史的研究における「近代家族」の概念が使用されることが多い。

(2)　藤崎宏子は「夫婦家族制にたつ家族のライフサイクルにおいては、子どもが成長し離家独立したのちは、一般に老夫婦のみが残される。この状態をひな鳥がすべて巣立ったあとの巣になぞらえて、エンプティ・ネスト(空の巣)という。直系家族制のもとでは起こり得ない事態であるが、近年の夫婦家族制の浸透を前提として、これに子ども数の減少や寿命の伸びなどの要因が加わり、日本の家族にもエンプティ・ネストの期間が出現していっそう長期化する傾向にある」と解説している［藤崎 1993：112］

(3)「都市型墓地に関する意識調査」では、「死者が墓に葬られること」の意で「埋葬」の語を使用しているため、本研究でも、そのままその語を使用した。「墓地、埋葬等に関する法律」で「埋葬」とは、「死体を土中に葬ること」(いわゆる土葬)であり、法的にいえば、現代社会で一般的に見られる火葬後の遺骨を墓に納めることは「埋葬」にはあたらず、焼骨の「埋蔵」が正しい。しかし一般用語としては「埋葬」の語が定着しているので、法的に論証する以外では「埋葬」の語も「死者が墓に葬られらること」の意味で一部使用することにした。

(4)仏教やキリスト教など既成宗教の宗教儀礼によらない儀式を行う時「無宗教」という語を使用することが多いが、もやいの会では、人間に全く宗教心がないということは考え難いということから「無」ではなく「超」の語をつけて「超宗教」と言っている。

(5)「内縁のカップル」の「夫婦墓」には、姓の違う俗名が彫られている。一九八〇年代後半に行った二回の聴き取り調査によると、墓の中には、女性が相手の男性の髪の毛などを生前からもらって入れているケースがあるという。男性が亡くなった時に、法律上の妻のもとへ遺骨が行ってしまう可能性が高いので、死後に一緒の墓に入りたいために、生前にそのような墓を用意した人がいたということである。

(6)一〇年前から祥雲寺の住職千坂嵃峰をはじめとする「北上川流域の歴史と文化を考える会」は、地域の歴史やその歴史を育んだ自然を見直して、それを地域の発展に役立てようという運動を展開してきた。一関市では、専業農家が成り立たなくなり、農業が副業化する中で、里山の手入れがなされず、荒廃の一途をたどっている。山に人間の手が入った首都圏近郊の山は「自然破壊」、山に手が入らない一関市は「自然荒廃」という対比的な姿が千坂の目に焼き付いた。千坂は都会と地方の自然を守る架け橋が墓地ではないかと考え樹木葬をはじめたという。一般的に墓地の認可は容易に下りるものではないし、さまざまな規約は、外柵で囲んで墓所を特定し、墓石を建てる一般の形態を想定した規約であって、自然のままの雑木林を墓地にする形態は想定されていない。しかし、こういった葬法が強い反対もなく、許可が下りた背景には、里山の荒廃のほかに、その荒廃した土地が産業廃棄物処理場になる可能性をもっていたからである。農協が墓地をつくるといったことを知った上で、千坂に土地を買ってほしいと言ってきた。それは抵当物件である。今、雑木林の多くは、農協などの融資の担保としておさえられ抵当に入っている。融資の返済が出来なくなれば、債権者は担保物件を現金にするようすすめる。そこを産廃業者が目を付けているという。そうであるならば墓地の方が自然であると千坂は考えている。

（7）「宇宙葬」とは、七グラムの遺骨を専用カプセルに入れ、ロケットに搭載して宇宙に送り出すという葬法である。カプセルの表面には、プロフィールやメッセージを刻むことができる。米国セレスティス社がはじめ、日本総代理店に(株)セキセーがなり、全国に代理店をもって募集している。申込者がまとまるとロケットを発射し「宇宙葬」が実施されている。

（8）「委任ハ、委任者又ハ受任者ノ死亡又ハ破産ニ因リテ終了ス」(民法第六五三条)となっているが、最高裁、平成四年九月二二日第三小法廷判決で「委任者が受任者との間でした自己の死後の事務を含めた法律行為等の委任契約と委任者の死亡による契約の終了」について、「破棄差し戻し」となった。判決要旨は次の通りである。「委任者が、受認者に対し、入院中の諸費用の病院への支払い、自己の死後の葬式を含む法要の施行とその費用の支払い、入院中に世話になった家政婦や友人に対する応分の謝礼金の支払いを依頼する委任契約は、当然委任者の死亡によっても右契約を終了させない旨の合意を含意する趣旨のものであり、民法六五三条の法意は右合意の効力を指定するものではない」。

第Ⅵ章　結　論

1　各章で得られた知見

本研究の課題は、夫婦制家族の本質的な特徴——夫婦は一代限りで、夫方妻方の双方の親子関係が重視される——と、単系で永続的に継承されてきた墓の家的システムが整合せずに顕在化した問題から、墓祭祀の脱家過程を社会学的にとらえ、家族の変化に伴った先祖祭祀の変容を浮き彫りにしようというものであった。また、それを論証することで、研究史的な課題の解明に取り組むことを試みた。

第Ⅰ章「序論」では、本研究の課題を述べ、先行研究の成果と課題を確認し、関連する概念規定と基本想定を提示した。また筆者は、戦後の家族変動が墓に及ぶまでには時間差あるいは遅滞(time lag)があり、変化が顕著にあらわれてくるのは一九九〇年代以降になると想定し、変化の指標を「脱継承」と「双方化」にして分析した。

第Ⅱ章「直系家族制地域の家族と墓の変化」では、高齢・親子同居地域である新潟県西蒲原郡巻町について、直系制家族の継承と、それと付随する墓の継承を考察し、その変化を分析した。巻町角田浜・妙光寺の一九二一年時の檀家名簿をもとに一九九五年までの七四年間の家の継承状況をみると、約四〜五割の家が養子縁組による後継子の補充を一回以上経験してきた。しかし定住した家族の一九九五年時の親世代では、家や墓を「養子を取ってまでして継がせたい」と考える人と「絶えても仕方がない」と考える人が、ともに三割で拮抗していたが、子ども世代では「絶えても仕方がない」が四割以上であった。実際に次代に継承困難な状況にある人は、無回答を除けば、みな「絶えても仕方がない」と回答した。直系制家族でも継承者が確保できない現実が到来したとき、継承制から離脱する意識が確認された。

第Ⅲ章「人口流出・親子別居地域の墓祭祀の変容」では、高齢・親子別居地域である鹿児島県川辺郡大浦町について、戦後の産業化による人口移動によって促進された家族の第一段の変化、すなわち急激な世帯規模の縮小と夫婦家族制理念の浸透によって墓がどのように変化したかを分析した。

大浦町では高度経済成長期の若年層の人口流出による人手不足から、墓が山の上の土葬墓から集会所近くの火葬墓(共同納骨堂)へと変化した。そこには、残された高齢者でも容易に墓の管理や祭祀ができるようにという意図があった。また共同納骨堂では、八〇年代後半から転出者など墓の掃除を担えない人に課せられた掃除免除金の滞納者が出始め、九〇年代に入って納骨堂の使用権を返還する人が出るなどの変化があった。転出者の地元代理人も高齢で、今後、代理人の確保も困難になりつつある。共同納骨堂のほか二基めの墓として、より祭祀の永続性が見込まれる寺の納骨堂を購入している人々が確認された。傷みはじめた共同納骨堂の、構造物としての永続性への不安と、地区の人々の高齢化や死亡も、祭祀の永続性への不安感を起こさせる要因となっている。

第Ⅳ章「家族の変化と墓祭祀の双方化」では、夫方妻方、双方の親子関係を重視する夫婦制家族の特質に着目し、それが父系という単系で継承されてきた墓祭祀にどう影響を与えたか、福岡市立霊園の新旧二つの霊園を対象とし、一墓所に二つ以上の家族が祀られている「複数家族墓」を分析した。別途に行った首都圏の複数家族墓所有者の意識調査を含めて、複数家族墓は夫方妻方の双方の家族を祀っている両家墓が多く、高度経済成長期あたりから増加し始めたことが推測できた。両家の墓石の大きさの違いからは、夫方を主とし妻方を従とする男系の意識を残しながら双方化する初期的な形態がみられたが、しだいに同じ大きさの墓石となり、配置も左右同位置になって、九〇年代からは一つの墓石に両家を統合して祀るようになった。墓標に刻む文字は、非家名(宗教語や任意語)が次第に増えている様子が確認できた。

両家墓に祀られている人々が双系的なのか双方的なのか――すなわち系譜意識の有無――を世代深度を指標にして判断した。古いタイプの墓に先祖代々が祀られた墓が確認されたが、それは単系で祀られてきたものを故郷から移し合葬しただけで、双系的に何世代もたどれるものではなかった。多くは夫婦家族が新たに造った墓で、世代深度は〇か一世代というケースが多数で、双方的であると結論づけられた。意識調査においても、今後、世代深度が深まるような傾向は見出せなかった。

従来の父系単系では継承が困難であると思われる「子どもが娘だけ」のケースの意識調査で、被調査者の想定した「先祖」とは、「自分と配偶者の先祖」が男女ともに最も多く双方的で、「親や祖父母の代まで」という回答も多く、世代深度はごく浅いことがわかった。

第Ⅴ章「家族の個人化と脱家現象」では、墓に誰と入ることを希望するかを質問した各種の意識調査において、「代々の先祖」や「子ども」よりも「夫婦」で入ることを望む人が群を抜いて多いという結果から、直系に永続させる家意識が薄れ、夫婦家族制理念が墓にも及んだことが確認された。また夫婦で入ることを望みながらも「夫婦で入る必要はない」という意見に、全体の三分の一の人が同意していることから、夫婦であっても個を尊重する個人化の意識がとらえられた。また面接調査の結果を通じて既婚女性の脱家行動にも触れた。

さらに九〇年代の脱家現象と代替システムの特徴を、継承制からの脱却＝「脱継承」と「自然志向」と位置づけて、非継承墓や散骨・樹木葬の分析を通じてその実態を浮き彫りにした。妙光寺の非継承墓「安穏廟」の申込者の属性では、「子どもが娘だけ」「息子がいる」「子どもがいない夫婦」が上位三位であった。葬送の担い手を持たない人々が増加したために登場した、死者祭祀を第三者に委託する生前契約やエンディングサポートについて言及した。

2　人口移動と世帯規模の縮小、夫婦家族制理念の浸透による変化

墓祭祀の脱家過程を分析するにあたり、その指標を「脱継承」と「双方化」とした。また家族社会学の知見を踏まえて、戦後の家族を三期に分類し、その間に起こった第一段の変化と、第二段の変化が、墓祭祀にどのような影響を与えたか、家族変動との関連で墓の変化を分析した。

戦後の産業化による人口移動によって促進された家族の第一段の変化、すなわち急激な世帯規模の縮小と夫婦家族制理念の浸透が、墓にどのような影響を与えたかについては、第Ⅱ章と第Ⅲ章で分析を試みた。新潟県巻町角田浜の調査では、移動者が故郷と移動地の両方に墓を持つなど故郷志向性が認められたが、移動地の墓が主であるのに対して、故郷の非継承墓は従であり、故郷の先祖代々の墓からみれば継承断絶を意味している。また伝統的な直系制家族であっても、墓の継承が困難な状況に遭遇した時は、養子縁組などの継承戦略を駆使せず、「継承制」からの離脱を選択する意識の変化が認められた。

筆者は、戦後の産業化に伴って地域移動した若者世代が形成した夫婦家族が転換期の家族であると想定した。自己の定位家族は直系制家族であるが、自己の生殖家族は夫婦家族で、この夫婦家族が夫婦家族制に向かうかどうか、初めから一方的な家族形成規範が働いていたわけではなかったであろう。形態的な変化でなく、人々の意識や文化レベルの変化は、転換期の家族がつける最終的な決着、すなわち墓の世代的継承でとらえられるのではないかと考えた。

鹿児島県大浦町調査では、はじめ土葬墓から火葬墓の共同納骨堂へという墓制の変化があり、これは若者がいなくなっても住民の皆で守るという共同性を有していたが、その後は墓に変化はなく、一九九〇年代に入って使用権の返

還が出始めるという顕著な結果が確認された。一地域の調査結果であるが、高度経済成長期に都会へ移動した当時の若年層が、自分の墓を考える高齢となった一九八〇年代後半から九〇年代に変化が出てくるのではないかという、筆者の予測を裏付ける結果がとらえられた。

3　家族の変化と墓祭祀の双方化

森岡清美は一九八〇年代前半に、仏壇や位牌は容易に新設・複製することができるため、夫婦双系的な先祖祭祀が出現しているが、墓においては「埋葬される故人はその家の系統の故人に限られ、よほどの事情でもない限り、配偶者側の故人が合葬されることはない」とし、「単系的に承継される墓地には、なお家の系統以外の故人は合葬されず、守旧的な先祖観の拠点となりやすい」と指摘した[森岡 1984：242-243]。それだけ墓の変化は、仏壇・位牌に対して緩慢であったと言える。それが家の系統以外の故人も合葬する墓が登場したのであるから、大きな変化と言えよう。

両家墓に関していえば、高度経済成長期に登場してきたことが確認された。最初は墓所を同じくするが墓石は別にしていたが、次第に墓石も一つになるなどの段階的な変化がとらえられた。単系で継承されてきた墓から、夫婦双方の親を祀る両家墓のような墓が出現したことは、大きな変化と言わざるを得ない。しかし見方を変えれば、継承戦略が「養子縁組」から「継承の共同」に変わったにすぎないという側面もある。なぜならば、息子に特別な事情でもない限り、両家とも息子がいるケースで両家墓をつくったという事例を見出せなかったからである。無子か、娘だけという、一方の家が息子による継承が困難な場合に両家墓をつくっていた。両家墓は、「継承者のいない家族（人）」と「継承者のいる家族」との「継承の共同」という、いわゆる一つの継承戦略であるといえる。ただし、それは系譜的観念がなく、世代深度もごく浅いと判断され、その意味で両家墓は脱家的であった。この戦略は、次の代でも同様な継承困難が起こると、さらにもう一家族が加わるということになり、墓石に家名を彫っている限り、墓石は家名だらけになってしまうという難点をもつ。つまり一代限りの夫婦制家族に継承が求められていること自体に無理があり、その意味で家名を彫った両家墓という継承戦略は、過渡期的なものであるとも言えるだろう。

少子化が進み、夫も妻も墓の継承の責務を負う立場にある者同士の結婚が増加して、ますます両家墓が増える状況は深化しているが、それに対応して両家墓は目に見えて増えているとは言い難いのは、一九九〇年代に登場した非継承墓、散骨、樹木葬など継承制を脱却した墓を選ぶ人がいるためであることが調査結果から推測された。

4　一九九〇年代以降の脱家現象と代替システムの登場

一代限りの夫婦制家族が主流になり、さらには生涯未婚者や子どもを持たない夫婦も増えると、家の墓を子孫が代々永続的に守っていく墓の継承制が不適切となり、一九九〇年前後から有効性のある現実的な代替システムが模索されてきた。特に家族の第二段の変化が起きた一九八〇年代以降の、家族の個人化や配偶者および子どもをもたないライフコースを選ぶ者の増加は、墓の継承制に打撃を与えた。また少子・高齢社会になって、仏壇や墓の継承をそれぞれ期待された男女の結婚が一般的となり、墓の継承問題をより一層深刻化させている。このような新たな社会的動向の中で登場したのが、世代的継承を前提としない墓や、墓地墓石を持たない散骨や樹木葬である。これらの登場は永続性を重視してきた家的墓祭祀からの脱却を意味した。

家的墓祭祀では、父系単系による継承制をとり、永代使用で、墓石を建立し、家名を刻むといった特徴があった。

脱家的な代替の墓のシステムは、これら五つの属性に対応したもので、次のような変化がとらえられた。

家的墓祭祀――系単系による継承制をとり、永代使用で、墓石を建立して家名を刻す

脱家的墓祭祀
- 継承可能
  - ①単系→双方的な両家墓(双方化)
  - ②永代使用→有期限制墓地(期限化)
  - ③家名→宗教語・任意語(脱家名化)
- 継承不要
  - ④継承制→非継承墓(個人化・脱継承・共同化)
  - ⑤墓石建立→散骨、樹木葬(脱墓石化・自然志向)

代替の墓祭祀の特徴は、継承制をとりながら継承難に対応した傾向(継承可能)と、継承を前提としない、継承制から脱却した傾向(継承不要)に大別できた。前者は、①両家墓にみる双方化、②有期限墓地にみる期限化、③家名を彫らず姓の異なる娘でも入りやすいようにという意図を持ったケースもみられる脱家名化である。後者には、④墓という施設それ自体と祭祀は共同になって、継承を前提としない墓、いわゆる合葬式墓地、永代供養墓、合祀墓などと呼ばれている非継承墓が登場し、個人化・脱継承・共同化の傾向がとらえられた。⑤墓石を建立せず自然志向の散骨や樹木葬などの脱墓石化は、継承者を必要としないという点で非継承の範疇に位置づけられた。

散骨や樹木葬は環境問題と関係が深く、いわゆるリスク社会の出現に対応した葬法という側面を持ち、外国でも脱墓石化、無形化の傾向がみられる。家族関係が急激に変化した結果、増えてきた墓地形態の事例として、善積京子がスウェーデンの「ミンネスルンド(追憶の杜)」と呼ばれる匿名性の共同墓地を報告している[善積 1998]。この家族を

超えた墓は、先に鯖田豊之や藤井正雄がドイツの「アノニューム(無名墓地)」などとともに言及しているが［鯖田 1990：111］［藤井 1993a：593-595］、近年のこれらの墓地の変化については、善積のほか、森謙二の著作が示唆深い。アノニュームは、「かつては名前を残さない、あるいは残したくない、例えば犯罪者のような人々の埋葬地に利用されていたが、最近では多くの人々がこの墓地を利用している」［森 1993：253-254］といったように、どちらかというと否定的な印象のあった墓地が肯定的な選択肢へと変化していることがわかる。日本でも絶家したり行き倒れの人など、祀り手を持たない人が寺の一角にある「無縁塚」「無縁塔」に納骨されていたが、新たに出現した「継承を前提としない墓」は、家族・血縁を超え個人の意思を尊重して入る肯定的な選択肢と位置づけられている。

5　家的先祖祭祀から近親追憶的祭祀へ

社会学における先祖祭祀研究の立場から孝本貢は、家・同族が弛緩・解体していくことと、先祖祭祀が衰頽・廃絶していくこととが必ずしも直接結びつかないのではないかと問題提起した［孝本 2001：11］。

筆者は、家・同族の弛緩・解体は、先祖祭祀の衰頽・廃絶に連なるという立場に立って論を進めた。ただし、あくまでもそれは家・同族と構造的関連を持った日本の家的先祖祭祀の衰頽である。「家的」先祖祭祀の衰退と断ったのは、筆者の分析枠組が、家制度時代にも親族集団内の連帯にかかわる半ば公的な「家的先祖」と、親子関係を重視した家庭内領域にかかわる「非家的先祖」が存在し、夫婦制家族のそれは、家的先祖が後退し、非家的先祖が全面に出てくると位置づけた、R・スミスや森岡清美の枠組に立脚しているからである。それはフリードマンから受け継がれた分析モデルでもあって、出自関係 descent と親子関係 filiation を区別し、単系で集団の成員権に関する原理(父系原理に基づく同族組織)と、双系的で家庭内領域の親子関係にかかわる情愛やモラルの領域に関する原理(姻戚を含む双系的原理に基づく親類組織)に分ける分類である。

このように先行研究では、「先祖」に「家的先祖」と「非家的先祖」の二つの先祖を想定し、戦後は、家的先祖祭祀の後退、非家的先祖祭祀の前進がとらえられてきた。だから一方では先祖祭祀は衰退し、一方では先祖祭祀は衰退していない、ということになろう。ところが一般的に人々が観念している「先祖」とは、家と結びついたものである場合が多く、分析モデルとしての二つの「先祖」の間に混同や誤解が生じやすい。したがって筆者は、スミスのいう「メモリアリズム」や、森岡のいう「非家的先祖」祭祀を、「先祖」の語をはずした「近親追憶的」祭祀と置き換え、戦後の墓祭祀の変化を、家的先祖祭祀から近親追憶的祭祀への移行と位置づけて論を展開してきた。

その結果、両家墓は、系譜観念がなく世代深度のごく浅い「双方化」の現象であることを論証し、意識調査では「娘に墓を継ぐという負担をかけたくない」「先祖とは祖父母の代まで」という意識など、系譜的な連続意識は消失し、近親追憶的な祭祀がとらえられた。また被調査者が同じ墓に入ることを希望する対象は、親や先祖ではなく、「配偶者」が約七割、「子ども」が約四割と、子どもさえあまり当てにしない夫婦家族の、墓への意識がとらえられた(近親追憶的祭祀については、二二三〜二二五、一五二、一五七、二〇〇、二三五頁などを参照)。

6　祭祀の共同性と家族機能(死者祭祀)の外部化

非継承墓の購入者が「娘だけ」「子どもがいない」「単身者」であることは誰もが想定したであろうが、新潟県・妙光寺の非継承墓「安穏廟」の申込者の属性では、「息子がいる」という従来の墓の継承からいえば何ら問題のないケースで、非継承墓を買う人が多いという事実が確認された。継承制そのものが現代家族の家族形成理念や生活形態から遊離し、まだ一部ではあるが機能不能の状態が露呈してきたと言えるであろう。それに対応して登場した代替システムは、言いかえれば永続性を規範とする家的先祖祭祀とは異なる祭祀形態が出現したということになろう。その特徴を、従来のものと何が変わって、何が変わらないのか、といった命題を含んで確認しておくことにする。

非継承墓が増えているが、それは人々が祭祀を望まなくなったことと同じではないということをあげておきたい。祭祀は廃絶の方向に向かっているのではなく、人々は追憶的祭祀は希望している。確かに身寄りがない人など全く儀礼を行わないケースも増えてはいるが、それはまだ少数で、筆者はそれを多様化の中の一傾向とみる。非継承墓では生前から積極的に活動を行い、家族・血縁者に代替する絆や縁づくりが展開されている。安穏廟の会員意識調査では、購入理由の一番に「住職が信頼できる」(五五%)があがった。生前の活動が何もなく、単に遺骨の収納場所を用意したに過ぎない非継承墓はほとんど売れていないことから、遺族の代替や祭祀は求められていることがわかる。

では一体、遺族や祭祀の代替とはどのようなものなのか。非継承墓はもともと系譜的永続といった観念に立脚していないので、もしそこに祭祀が存在しても、それは近親追憶か、家族の枠を超え墓を核として結ばれた家族も含めたネットワーク関係者の合祀である。そういった不特定多数の人々とともに入り、ともに守っていくというところに、家族機能を補完する葬送の共同性とサポート・ネットワークが存在する。

伝統的な墓祭祀は、家を単位として祭祀が営まれてきたのに対し、代替のそれは家を超え、家族を含めた共同化の傾向がみられる。大浦町の共同納骨堂のような共同性と、九〇年代に登場した新たな非継承墓の共同性の違いは、大浦町の共同納骨堂は相対的に家意識が薄い地域で、「家が単位」となりながらも全体的には「地縁」による共同性を有しているが、非継承墓の場合は、家・家族を超え、「夫婦または個」が単位となって、不特定多数の人々と「結縁」

によって共有する共同性である点において異なっている。ただし、共同性が家単位の個別の墓の継承難に対応する一傾向であることは両者とも共通するところである。

家制度時代の「永代」意識は理念上の幻と化そうとしている。家の枠組を離れ個として人間の本質を見据えると、現代の祭祀のあり方が暗示される。人は生まれた時から他者との関係性の中にある。そして観念の中で死は、「関係をもってきた他者」や「意識する自分」との別れを意味する。死んでもしばらくは自分がかかわってきた人々の中に生き続ける。そんな他者がいて、人はその死を受容してきた。ただしそれも「自分を知る人の中で」という限定付きであって、家のように代々という意識はない。それが家族であったり、家族がいない人は、それに代わる結縁を求めている。継承制は人々に人間関係の永遠性を約束してきたが、子孫があてにできない現代で、「絆」や「永遠性」の代替は、非継承墓が結ぶ縁や、散骨や樹木葬などの「自然にみる永遠性」(草木・森の思想の復活)としてとらえられた。

戦前における生老病死の中心的担い手は家族であった。しかし現代では誕生や死が医療現場へと移り、老親介護も家族外のサポートを駆使している。九〇年代に入って、死後においても家族以外の者が守っていく非継承墓や、第三者委託する生前契約とエンディングサポートが登場した。筆者はこれらの現象を、死者祭祀という家族機能の外部化、死者祭祀のアウトソーシング(外部委託)と位置づけた。本研究は脱家現象を論証してきたが、実はそればかりではなく、死者祭祀の担い手が「家族である」という自明性がゆらいだことも浮き彫りにしてみせた。

こういった傾向は今後も顕著になっていくであろうと推測する。その根拠の一つは、八〇年代後半で数基しかなかった非継承墓が、九〇年代で急増し、二〇〇三年一月現在、わかっているものだけで四五〇～五〇〇基(「六月書房」編集部調べ)になっているからである。この増加は注目に値する。また近年、エンディングサポートを行う団体が活動を始めていることも付け加えておこう。もう一つの根拠は、現代家族に親和性を持った形態であるからである。八〇年代以降の家族の特徴を家族社会学では、「家族の個人化」、「個人が織りなすネットワークとしての家族」といったキーワードでとらえている。家族という集団としての機能が弱まって、それぞれの家族員は家族外の人々と網の目のような相互作用を持ちながら、家族の成員としても存在している。その延長線上にある死者祭祀もまた、家族および家族外のサポートネットワークによる形態であることは適合的であろう。さらに一代限りの夫婦制家族にも適合している。筆者は今後も、死者祭祀の外部化についてさらに分析を深めていきたいと考えている。

本研究は、墓の家的システムに整合せずに顕在化した問題、あるいは主にそのような立場にある人を対象としてきた。その意味では、本研究の知見が現代日本の墓祭祀の全体をとらえているわけではない。だが、一般に社会的変化は問題・矛盾を抱えた事例から始まり普遍化する可能性が高いことを思えば、墓祭祀の脱家過程を社会学的に分析するという本研究の課題を、多少なりとも論証できたと言ってよいであろう。またそれによって先行研究では明確に触れられていなかった、家族の第二段の変化の影響による九〇年以降の墓祭祀の変化にも言及できたと考える。

あとがき

本書は、私にとって一〇冊目の著書となった。しかし、そのほかの本を書き終えた時のような、心地よい疲労感や達成感はいまのところない。いや、それどころか緊張感さえ覚えている。それは本書が、私の一〇冊目にして初めての学術書でもあることに起因している。これまで私が経験してきた一般書とはその作業が全く違うことに戸惑い、それを一つ一つ実感することで、学術書にまとめあげる作業を学習したように思う。

初めての学術書である本書は、二〇〇一年九月に淑徳大学大学院社会学研究科から学位授与された博士論文「家族変動と先祖祭祀の変容――墓祭祀を中心に分析――」のうち、「附録資料」を除いた本文を刊行したものである。主査は淑徳大学・森岡清美教授、副査は東洋大学・西山茂教授、淑徳大学・長谷川匡俊教授、同大学・米川茂信教授であった。諸先生方には並々ならぬご指導をいただき、そして本書が完成できたことに対し、厚くお礼を申し上げる。また本書は、日本学術振興会から平成一四年度科学研究費補助金(研究成果公開促進費)の交付を受け、岩波書店のご配慮をいただいて刊行の運びとなった。併せて冒頭に謝意を表したい。

論文の執筆にあたり手厚いご指導をいただいた主査の森岡清美先生から「論文は、俳句をつくる時のように、一語一語を吟味して、この表現以外にないと思える言葉や表現を用いること」といったアドバイスをいただいた。その教えの通り、言葉や表現を選択できたところもある。だがしかし、膨大な語や表現を前にして、それが完全にできてはいないという反省は尽きない。ともあれ、こうして刊行にこぎつけられたことを一つの通過点として、今後はより一層、研究活動に精進していきたい。

社会学を学んできて、この学問は実におもしろいと思う。人間と人間の関係を扱うこと自体も興味深いが、研究者が何をテーマに選んでいるかが、研究者個人の履歴書でもあったりするからである。かくいう私も「家族と墓」のことを調べ初めて二〇年が過ぎたが、その始まりは一九八一年の母の死がきっかけだった。私の定位家族には男子がなく、本書で論究してきたいわゆる「娘だけ」のケースで、継承問題を抱えた経験がある。その問題を切開したら、現代社会に残存する「家」が見えてきた。それは家意識が根強く残っているというよりも、むしろ希薄化したために家の本質的特徴を残した墓の継承制が、家族の変化や生き方の多様化に整合せず、一種の文化遅滞を引き起こしている状況であった。

ところが、八〇年代に取材活動を通じて私が出会った多くの人々は、継承問題をまだ社会問題とは認識していなかった。「私が子どもを生めなかったから」「うちには娘だけしかいないから」「私が離婚したから」「夫の家の墓に入るのは死ぬほど辛いけど、長男と結婚したから」と、個人的な境遇と認識して悩み抜いていたのである。そういう人々に「そうではない。これは社会問題なのだ」と、伝えてあげたかった。

そこで八六年に出版した本に「女性の姓と墓」の問題を取り上げ、さらに一九八九〜九〇年にかけて「現代人の墓に関する意識調査」を実施し、九〇年に墓の継承問題を『現代お墓事情——ゆれる家族の中で』という本にまとめて出版した。また同時に、九〇年から非継承墓を中心とした新たな墓のあり方についての市民活動に参加して今日に至っている。幸い、墓の継承問題や女性の自立と墓の実態が、マスコミでも取り上げられるようになり、個人的な境遇から社会問題という認識へ移行するのに一役かえたと実感する。特に後者の、夫と墓を分ける妻の存在は、「日本女性の自立」という観点から、外国のメディアにも複数とりあげられ、海外からも評価を得た。

このように八〇年代後半から、このテーマで雑文や一般書を書く機会を持ってきた私であるが、ある時から社会学の理論に基づいた論文にまとめあげたいと思うようになった。それは、社会で報道されるような単なる一現象としてではなく、現代の家族の変化と墓の実態を、大きな社会変動の中で学問的に裏づけしたかったからである。論文を書くために最初に学んだのが東洋大学大学院であった。そこで宗教社会学の西山茂先生に出逢い、修士論文のご指導をいただき、人類学の高橋統一先生からは宮座の研究など、日本の伝統的な社会のあり方と宗教の関連を学べたことは大きな収穫であった。また西山茂先生やゼミの学生から遠慮のない意見をいただき熱い議論をたたかわせたことが、いまの私の養分となっている。この修士論文が下地となって本書の第Ⅱ章が存在する。

修士論文提出後は、家族と墓がテーマであった私を、西山先生は、家族社会学と宗教社会学の両方を守備範囲とされている淑徳大学の森岡清美先生に紹介してくださった。私の研究テーマでご指導をいただくには、森岡先生はこの上ない師であり、そのめぐりあわせに感謝の気持ちを禁じ得ない。また、淑徳大学大学院では集団指導体制がとられており、主査のほかに諸先生方のご意見やご指導をいただけたことや、大学院生研究費補助金が研究調査活動に大いに役立ったことを、感謝の意とともに記しておく。

今後の研究課題という意味も含めて、本書で得た知見を付け加えておくことにしたい。本書では強調こそしなかったが、「脱家」現象だけでなく、「家族」という集団を超えて進行する社会現象も浮き彫りにした。それは、家族を形成しない人、あるいは夫婦制家族の最晩年の姿である「独居」を反映して、孤独死や、葬儀の担い手を確保できない、いわゆる家族による看取りや死者祭祀が困難な人々が登場し、その代替として非継承墓や葬儀の生前契約が登場したことである。非継承墓での祭祀は、家族の枠を超え墓を核として結ばれた、家族も含めたネットワーク関係者の合祀である。さらに自分の葬儀や死後の事務処理を生前に第三者に託す生前契約の登場を加え、死者祭祀の担い手が「家族である」という自明性がゆらぎ、家族機能を補完する葬送の共同性とサポート・ネットワークの出現がとらえられた。これは家族社会学における「家族の個人化」や「ネットワークとしての家族」に親和的な死者祭祀のあり方の萌芽とみる。今後、こういった事例の分析をさらに積み上げ、変化のゆくえを「家族」にも視点をあてて分析を試みたいと思っている。

さらに、ここまで家意識が希薄化すれば当然のように、家意識に根ざした寺檀制度にその運営基盤を求めてきた伝統仏教に、影響を及ぼさないはずがない。こういった伝統仏教の変容を、今後の研究テーマに加えたい。また、自然の中に遺骨をかえす散骨や樹木葬の影響が広がり、各地で同様な葬法が計画されている状況を耳にする。自然環境問題の視点や、仏教や神道などにみる森の思想などを踏まえつつ、環境社会学の立場から、これらの現象を分析したいと考えている。

本書を世に出すにあたって感慨深いのは、私がこのテーマを追いかけることになった原点が母の死であったことである。さらにまた、修士論文を書いているただ中で、父が入退院を繰り返し、亡くなったことも加えなければならない。したがって修士論文といえば、私にとって、同居の父の看取りと論文執筆の両立を、並々ならぬ覚悟でやり抜いたことが強烈な思い出となって残っている。実は、父の死が一日でも早かったら、葬儀と重なって論文提出はかなわなかったのである。私が徹夜続きの中、やっとの思いで修士論文を提出したのを見届けたかのように、翌朝、父は息を引き取った。そして、そんなことが続いてはならないのだが、博士論文を全力で執筆しなければならない時期に、姉が半年の闘病の末、癌で亡くなった。ほんの一部ではあるが私が行った面接調査の録音テープを活字に起こしてくれたり、調査の集計をコンピュータに入力してくれたのも姉だった。「論文さえなかったら」十分な看取りができたのに、あるいは「姉の介護さえなかったら」もっと論文が書けたのに、といった板挟みの記憶が、現在でも思い起こされる。

本書は母の死をもって始まり、父や姉の命と引き替えに紡ぎあげたものである。彼らはこの論文の中に生きている。そしてそれに代わって連れ合いや息子が私を支えてくれた。何よりも調査に応じてくださったたくさんの方々のご協力があってこそ、刊行にまでたどりつくことができた。その一人一人の方に、心より感謝の意を表したい。最後に、この本の刊行にあたって、助言を与えてくださった岩波書店の坂本純子さんに感謝し、また、あえてここに名前はあげないが、折に触れて私を応援してくださった方々に、心よりお礼を申し上げる。

二〇〇三年一月二七日

雪降る秋田にて

井上治代

引用・参考文献

有賀喜左衞門 1969a 「日本における先祖の観念——家の系譜と家の本末の系譜と——」中野卓，柿崎京一，米地実編『有賀喜左衞門著作集 VII 社会史の諸問題』未来社，325-356
初出，1959「日本における先祖の観念——家の系譜と家の本末の系譜と——」岡田謙・喜多野清一編『家——その構造分析——』創文社，1-23.

有賀喜左衞門 1969b 「先祖と氏神」中野卓，柿崎京一，米地実編『有賀喜左衞門著作集 VII 社会史の諸問題』未来社，357-381
初出，1967「先祖と氏神」日本民族学会第六回研究大会における特別講演のために用意された原稿，それをその直後に，慶應義塾大学村落調査会資料として，ごく少部数が複写された．その後，1967「先祖と氏神」日本民族学会編『民族学研究』第32巻3号，175-184に掲載された．

千坂嵃峰・井上治代 2003 『樹木葬を知る本——花の下で眠りたい』三省堂

Dore, R. 1958 *City Life in Japan : A Study of a Tokyo Ward*, Berkeley & Los Angeles : University of California Press.（ドーア，R. P.（青井和夫・塚本哲人訳）1962『都市の日本人』岩波書店）

（社）エイジング総合研究センター 1994 『大都市高齢者の移動実態と理由に関する研究——仙台市・北九州市・横浜市・名古屋市・福岡市の比較研究分析——』

Fortes, M. 1965 Some reflections on ancestor worship in Africa, in Fortes, M. and G. Dieterlen eds. *African Systems of Thought : Studies presented and discussed at the Third International African Seminar in Salisbury, December 1960*, Oxford University Press.

Fortes, M. 1970 Descent, Filiation and Affinity, *Time and Social Structure and Other Essays*, London : University of London, The Athlone Press, 96-126（Originally published in 1959）.

Fortes, M. 1976 An introductory commentary, in Newell, William H. ed., *Ancestors*（World Anthropology Series）, Mouton.（フォーテス，マイヤー（田中真砂子訳）1980『祖先崇拝の論理』ぺりかん社）

Freedman, 1958, Lineage Organization in Southeastern China, *London School of Economics Monographs on Social Anthropology* No. 18, University of London the Athlone Press.（M. フリードマン（末成道男・西澤治彦・小熊誠訳）1991『東南中国の宗族組織』弘文堂）

藤井正雄 1974 『現代人の信仰構造』評論社
藤井正雄 1988 「『現代における先祖祭祀の変容』へのコメント〈見える他界〉としての墓」石川利夫・藤井正雄，森岡清美編，比較家族史学会編『生者と死者——祖先祭祀——』シリーズ家族史 1. 三省堂，107-112
藤井正雄 1993a 『祖先祭祀の儀礼構造と民俗』弘文堂
藤井正雄 1993b 「現代の墓地問題とその背景」藤井正雄・義江彰夫・孝本貢編『家族と墓』シリーズ比較家族 2，早稲田大学出版局，6-24
藤崎宏子 1993 「エンプティ・ネスト」森岡清美・塩原勉・本間康平編集『新社会学辞典』有斐閣，112
福田アジオ 1988 「寺檀関係と祖先祭祀」石川利夫・藤井正雄・森岡清美編 『生者と死者——祖先祭祀——』シリーズ家族史 1 三省堂 171-196
蒲生正男 1970 「日本の伝統的家族の一考察」『民族学からみた日本——岡正雄教授古稀記念論文集——』河出書房新社，第二版，49-76
浜口恵俊 1977 『「日本人らしさ」の再発見』日本経済新聞社
碑文谷創 2002 「データで見る日本の家族・高齢化そして死」『SOGI』通巻 63 号 表現文化社，29-44
穂積陳重 1928 『祭祀及び礼と法律』岩波書店
池　潤 1996 「都市における葬送空間に関する研究——福岡市圏を事例として考察する——」九州芸術工科大学 1996 年度修士論文
井上治代 1996a 「家族移動と墓の継承——故郷志向性との関連で——」『東洋大学大学院紀要』33，91-101
井上治代 1996b 「家族の不連続化と墓の継承——新潟県西蒲原郡 M 寺の檀家調査を中心に——」『比較家族史研究』11，比較家族史学会，3-18
井上治代 1998a 「高齢者の死と葬送」『高齢者の保健福祉に関する総合的調査研究報告書』高齢者保険福祉研究会，56-69
井上治代 1998b 「男女別に見た墓地意識」『墓地に関する意識調査』厚生科学研究特別研究事業，107-113
井上治代 1999a 「高齢・別居地域の家族と墓の変貌——鹿児島県大浦町調査を中心に——」『淑徳大学大学院紀要』6，199-214
井上治代 1999b 「少子・高齢社会における墓・仏壇の継承——「女子だけ」「妻方同居」を対象とした分析——」『総合福祉研究室年報』4，淑徳大学総合社会福祉研究所総合福祉研究室，62-75
井上治代 2000 『墓をめぐる家族論』平凡社
井上治代 2001 「産業化による人口移動と墓祭祀の変貌——鹿児島県大浦町調査より——」『宗教と社会』7，「宗教と社会」学会，47-70
石川利夫 1988 「祭祀承継と相続——祭祀(財産)承継法理の独自性批判——」石川

利夫・藤井正雄・森岡清美編『生者と死者――祖先祭祀――』シリーズ家族史1，三省堂，113-141
伊藤幹治 1974 「祖先崇拝と〈家〉」青山道夫編『講座・家族』8 弘文堂，12-27
伊藤幹治 1982 『家族国家観の人類学』ミネルヴァ書房
亀井功・佐藤和男 1984 『角田浜村の歴史』巻町双書 32，巻町役場
川崎末美 1978 「死者祭祀の観念および行動の変容」『家族研究年報 4』50-65
国立民俗博物館編 2002 『葬儀と墓の現在』吉川弘文館
厚生省 1997 「第 22 表　墓地・火葬場・納骨堂数」『環境衛生』第 16，116
孝本　貢 1978a 「都市家族における先祖祭祀観――系譜的先祖祭祀観から縁的先祖祭祀観へ――」宗教社会学研究会編『現代宗教への視角』雄山閣，52-65
孝本　貢 1978b 「現代都市家族における祖先祭祀――岡山県倉敷市の事例――」『明治大学教養論集』112，79-104
孝本　貢 1978c 「民衆のなかの先祖観の一側面(一)――霊友会系教団の場合――」桜井徳太郎編『日本宗教の複合的構造』弘文堂，357-381
孝本　貢 1986 「現代日本における先祖祭祀の研究課題」森岡清美編『近現代における「家」の変質と宗教』新地書房，5-32
孝本　貢 1988 「現代における先祖祭祀の変容」石川利夫・藤井正雄・森岡清美編『生者と死者』三省堂，83-106
孝本　貢 1992a 「社会学における先祖祭祀研究の現在」『国立歴史民俗博物館研究報告』41，23-31
孝本　貢 1992b 「共同納骨碑の造立と先祖祭祀――新潟県糸魚川市押上『百霊廟』の事例――」『国立歴史民俗博物館研究報告』41，151-174
孝本　貢 2001 『現代日本における先祖祭祀』お茶の水書房
小村　弌編 1963 『越後の毒消し――角田・浦浜の歴史――』巻町双書 8，巻町役場
熊谷苑子 1998 『現代日本農村家族の生活時間』学文社
前山　隆 1983 「『家』の先祖から『家族』の先祖へ――ロバート・J・スミスの研究をめぐって――」ロバート・J・スミス(前山隆訳)『現代日本の祖先崇拝(下)』お茶の水書房，373-404
前田　卓 1965 『先祖崇拝の研究』青山書院
巻町 1988　巻町編『巻町史』資料編 4，近・現代(1)巻町
正岡寛司 1993 「単系出自集団」森岡清美，塩原勉，本間康平編集代表『新社会学辞典』有斐閣，976
光吉利之 1992 「家族変動への視点」日本家族社会学会編『家族社会学研究』4，25-30
光吉利之 1999 「伝統へのこだわり」日本家族社会学会編『家族社会学研究』11，1-2

最上孝敬 1967 「半檀家制について」『日本民俗学会報』50, 1-12
森　謙二 1992 「総墓の諸形態と祖先祭祀」『国立民俗博物館研究報告』41, 255-315
森　謙二 1993 『墓と葬送の社会史』講談社現代新書, 講談社
森　謙二 1998 『墓地に関する意識調査』1997年度・厚生科学特別研究事業
森岡清美 1970 「家との関連での社会学的分析」井門富二夫・吉田光邦編『日本人の宗教』淡交社, 143-180
森岡清美 1973 『家族周期論』培風館
森岡清美 1976 「近代日本における『祖先教』の登場」『中央学術研究所紀要』5, 24-45
森岡清美 1978 「家の宗教性喪亡過程」桜井徳太郎編『日本の宗教の複合的構造』弘文堂, 311-333
森岡清美 1983 「大正昭和戦前期の新宗教における先祖祭祀」喜多野清一編『家族・親族・村落』早稲田大学出版部, 95-125
森岡清美 1984 『家の変貌と先祖の祭』日本基督教団出版局
森岡清美編 1986 『近現代における「家」の変質と宗教』新地書房
森岡清美 1992a 「家憲と先祖祭祀」『国立歴史民俗博物館研究報告』41, 135-149
森岡清美 1992b 「日本の家族の現代的変動」日本家族社会学会編『家族社会学研究』4, 1-10
森岡清美 1993 『現代家族変動論』ミネルヴァ書房
森岡清美, 望月嵩 1997 『新しい家族社会学』四訂版, 培風館
森岡清美 1998 「家族社会学のパラダイム転換をめざして」日本家族社会学会編『家族社会学研究』10, 139-144
牟田和恵 1998 「家族制度・変動論の家族社会学における意味と意義」日本家族社会学会編『家族社会学研究』10, 111-138
村武精一 1970 「日・琉祖先祭祀からみた系譜関係の塑形性――いわゆる〈半檀家〉・〈入墓制〉などの民俗慣行から」『民俗学からみた日本――岡正雄教授古稀記念論文集――』河出書房新社, 115-134
諸戸素純 1972 「氏神信仰と祖先崇拝」『祖先崇拝の宗教学的研究』山喜房仏書林, 375-388
永田英彦 1995 「大浦町の講頭と番役(第10章第3節四)」大浦町郷土誌編纂委員会編『大浦町郷土誌』大浦町, 845-847
中野　卓 1958 「家と家族」(第二章第二節)松島静雄・中野卓著『日本社会要論』東京大学出版会, 43-55
中野　卓 1967 「家同族と先祖の観念」『祖先崇拝と社会構造』日本民族学会, 12-16

新潟中央高等学校社会科学クラブ 1961　浅妻康二監修『越後の女性——とその社会的背景』東洋館出版社
小川英爾編 1995　小川英爾編『'94 妙光寺の夏——老後の自立・死後の自立』表現文化社
小川英爾 2000 『ひとりひとりの墓——生者の墓「安穏廟」』大東出版社
Ogburn, W. F. 1922　*Social Change, with Respect to Culture and Original Nature*, Heubsch, New York.（オグバーン（雨宮庸蔵・伊藤安二訳）1944『社会変化論』育英書院）
大越家文書 1851 『嘉永四年，宗旨人別長』
Ooms, Herman. 1967　"The Religion of the Household : A Case Study of Ancestor Worship in Japan," *Contemporary Religions in Japan*, 8 : 3/4, 201-333
オームス・ヘルマン 1987 『祖先崇拝のシンボリズム』弘文堂
落合恵美子 1989 『近代家族とフェミニズム』勁草書房
落合恵美子 1994 『21 世紀家族へ』有斐閣
落合恵美子 1998 「新しいパラダイムの課題」日本家族社会学会編『家族社会学研究』10，145-150
大浦町郷土誌編纂委員会編 1995 『大浦町郷土誌』大浦町
Plath, David W. 1964　Where the Family of God is the Family : The Role of the Dead in Japanese Households, *American Anthropologist*, 66 : 2, 300-317
(株)ライフデザイン研究所 1994 『お墓から覗いたニッポン人』
鯖田豊之 1990 『火葬の文化』新潮選書，新潮社
斎藤晴造 1976 「産業構造の変革と過疎問題」斎藤晴造編『過疎の実証分析——東日本と西日本の比較研究——』法政大学出版局，28-36
斎藤順作 1971 「村・家・人」巻町双書 16，巻町役場
櫻井徳太郎 1974 「柳田国男の祖先観(上)」『季刊柳田国男研究』7 号
櫻井徳太郎 1975 「柳田国男の祖先観(下)」『季刊柳田国男研究』8 号
櫻井徳太郎 1977 『霊魂観の系譜』筑摩書房
櫻井徳太郎 1990 「日本人の祖先観」『櫻井徳太郎著作集』第 4 巻，民間信仰の研究下，第五編，吉川弘文堂 449-457
佐藤康行 2002 『毒消し売りの社会史——女性・家・村——』日本経済評論社
清水昭俊 1996 「出自」比較家族史学会編『事典・家族』弘文堂，428-430
清水浩昭 1986 『人口と家族の社会学』犀書房
清水浩昭 1999 「大都市圏と地方圏における過疎問題」『人口と開発』69，(財)アジア人口・開発協会，12-20
塩入亮乗 1999　今泉淑夫編『日本仏教史辞典』吉川弘文館，244
Smith, Robert J. 1974　*Ancestor Worship in Contemporary Japan*, Stanford Uni-

versity Press.（ロバート．J．スミス（前山隆訳）1981，1983『現代日本の祖先崇拝』お茶の水書房，上下）
染谷俶子 1997 『過疎地域の高齢者』学文社
高橋博子 1975 「家族形態と先祖祭祀」『家族研究年報』1，37-52
竹田　旦 1973 「西南日本における家族慣行」『日本民俗学』90号，日本民族学会，1-18
竹田聴洲 1957 『祖先崇拝』平樂寺書店
竹田聴洲 1976 『日本人の「家」と宗教』評論社
内匠　進 1978 『大浦町の民俗』自筆資料
内匠　進 1995 「大浦の門・屋敷，門割制度（第6章第3節二，三）」大浦町郷土誌編纂委員会編『大浦町郷土誌』大浦町，312-315
圭室文雄 1988 「『寺檀関係と祖先祭祀』へのコメント，福田報告への二，三の指摘」石川利夫・藤井正雄・森岡清美編 『生者と死者——祖先祭祀——』シリーズ家族史1，三省堂，197-198
田中久夫 1986 『祖先祭祀の歴史と民俗』弘文堂
田中久夫 1999 『祖先祭祀の展開——日本民俗学の課題——』清文堂
田中真砂子 1996 「リネージ」『事典 家族』弘文堂，865
統計数理研究所 1999 『国民性の研究 第10次全国調査』1998年調査，統計数理研究所研究リポート83
坪内玲子 1992 『日本の家族——「家」の連続と不連続——』アカデミア出版会
水流郁郎 1979 「鹿児島県の葬送・墓制」『九州の葬送・墓制』明玄書房，297-350
上野千鶴子 1994 『近代家族の誕生と終焉』岩波書店
上野和男 1985 「日本の位牌祭祀と家族——祖先祭祀と家族類型についての一考察——」『国立歴史民俗博物館研究報告』6，173-249
上野和男 1992 「祖先祭祀と家族・序論」『国立歴史民俗博物館研究報告』41，7-21
山田昌弘 1994 『近代家族のゆくえ』新曜社
柳田國男 1946 『先祖の話』筑摩書房
柳田國男 1967 『明治大正史——世相編——』平凡社東洋文庫105，平凡社
米村昭二 1974 「同族をめぐる問題（一）——家，同族と祖先崇拝との関連を主として——」『社会学評論』97，18-39
養老猛司，斉藤岩根 1992 『脳と墓』
吉原　睦 1995 「男女別複檀家制の基礎的研究——柏市周辺地域の事例から——」『日本民俗学』201，19-40
善積京子 1998 『スウェーデンの葬送と高齢者福祉——変わる家族の絆——』ビデオテープのサブテキスト

■岩波オンデマンドブックス■

墓と家族の変容

2003年 2月20日 第1刷発行
2004年 9月6日 第2刷発行
2017年 2月10日 オンデマンド版発行

著 者 井上《いのうえ》治代《はるよ》

発行者 岡本 厚

発行所 株式会社 岩波書店
〒101-8002 東京都千代田区一ツ橋 2-5-5
電話案内 03-5210-4000
http://www.iwanami.co.jp/

印刷／製本・法令印刷

ISBN 978-4-00-730556-6 Printed in Japan